《当代美国哲学家访谈录》

Philosophers in Conversation

Interviews from The Harvard Review of Philosophy

Edited by S. Phineas Upham

Published in 2002 by Routledge

Published in Great Britain by Routledge

Copyright © 2002 by The Harvard Review of Philosophy

《当代美国哲学家访谈录》，编者：S. 菲尼亚斯·厄珀姆，劳特利奇出版公司于2002年出版，本书版权为《哈佛哲学评论》杂志所有。

本书中文简体字版权属中国社会科学出版社所有

知识分子图书馆

PHILOSOPHERS IN CONVERSATION

当代美国哲学家访谈录

选自《哈佛哲学评论》The Harvard Review of Philosophy

编 [美]S. 菲尼亚斯·厄珀姆 (S. Phineas Upham)

译 张敦敏

中国社会科学出版社

图字：01-2008-4605号

图书在版编目（CIP）数据

当代美国哲学家访谈录/[美]厄珀姆编；张敦敏译．
—北京：中国社会科学出版社，2010.7
（知识分子图书馆）
书名原文：Philosophers in Conversation
ISBN 978-7-5004-8964-1

Ⅰ.①当⋯ Ⅱ.①厄⋯②张⋯ Ⅲ.①哲学家—访谈录—美国—现代 Ⅳ.①K837.125.1

中国版本图书馆 CIP 数据核字(2010)第 142694 号

责任编辑　张小颐
责任校对　林福国
封面设计　每天出发坊
技术编辑　李　建

出版发行	中国社会科学出版社			
社　　址	北京鼓楼西大街甲 158 号	邮　编	100720
电　　话	010—84029450（邮购）		
网　　址	http://www.csspw.cn		
经　　销	新华书店		
印　　刷	北京君升印刷有限公司	装　订	广增装订厂
版　　次	2010 年 7 月第 1 版	印　次	2010 年 7 月第 1 次印刷
开　　本	640×960　1/16		
印　　张	16.75	插　页	2
字　　数	216 千字		
定　　价	30.00 元		

凡购买中国社会科学出版社图书，如有质量问题请与本社发行部联系调换
版权所有　侵权必究

《知识分子图书馆》编委会

顾问：弗雷德里克·詹姆逊
主编：王逢振　J. 希利斯·米勒
编委：（按姓氏笔划为序）
　　　J. 希利斯·米勒　王　宁　王逢振
　　　白　烨　弗雷德里克·詹姆逊　李自修
　　　刘象愚　汪民安　张旭东　罗　纲
　　　章国锋　谢少波

总 序

1986—1987年，我在厄湾加州大学（UC Irvine）从事博士后研究，先后结识了莫瑞·克里格（Murray Krieger）、J. 希利斯·米勒（J. Hillis Miller）、沃尔夫冈·伊瑟尔（Walfgang Iser）、雅克·德里达（Jacques Derrida）和海登·怀特（Hayden White）；后来应老朋友弗雷德里克·詹姆逊（Fredric Jameson）之邀赴杜克大学参加学术会议，在他的安排下又结识了斯坦利·费什（Stanley Fish）、费兰克·伦屈夏（Frank Lentricchia）和爱德华·赛义德（Edward W. Said）等人。这期间因编选《最新西方文论选》的需要，与杰费里·哈特曼（Geoffrey Hartman）及其他一些学者也有过通信往来。通过与他们交流和阅读他们的作品，我发现这些批评家或理论家各有所长，他们的理论思想和批评建构各有特色，因此便萌发了编译一批当代批评理论家的"自选集"的想法。1988年5月，J. 希利斯·米勒来华参加学术会议，我向他谈了自己的想法和计划。他说"这是一个绝好的计划"，并表示将全力给予支持。考虑到编选的难度以及与某些作者联系的问题，我请他与我合作来完成这项计划。于是我们商定了一个方案：我们先选定十位批评理论家，由我起草一份编译计划，然后由米勒与作者联系，请他们每人自选能够反映其思想发展或基本理论观点的文章约50万至60万字，由我再从中选出约25万至30万字的文章，负责组织翻译，在中国出版。但

1989年以后，由于种种原因，这套书的计划被搁置下来。1993年，米勒再次来华，我们商定，不论多么困难，也要将这一翻译项目继续下去（此时又增加了版权问题，米勒担保他可以解决）。作为第一辑，我们当时选定了十位批评理论家：哈罗德·布鲁姆（Harold Bloom）、保罗·德曼（Paul de Man）、德里达、特里·伊格尔顿（Terry Eagleton）、伊瑟尔、费什、詹姆逊、克里格、米勒和赛义德等。1995年，中国社会科学出版社决定独家出版这套书，并于1996年签了正式出版合同，大大促进了工作的进展。

为什么要选择这些批评理论家的作品翻译出版呢？首先，他们都是在当代文坛上活跃的批评理论家，在国内外有相当大的影响。保罗·德曼虽已逝世，但其影响仍在，而且其最后一部作品于去年刚刚出版。其次，这些批评理论家分别代表了当代批评理论界的不同流派或不同方面，例如克里格代表芝加哥学派或新形式主义，德里达代表解构主义，费什代表读者反应批评或实用批评，赛义德代表后殖民主义文化研究，德曼代表修辞批评，伊瑟尔代表接受美学，米勒代表美国解构主义，詹姆逊代表美国马克思主义和后现代主义文化研究，伊格尔顿代表英国马克思主义和意识形态研究。当然，这十位批评理论家并不能反映当代思想的全貌。因此，我们正在商定下一批批评家和理论家的名单，打算将这套书长期出版下去，而且，书籍的自选集形式也可能会灵活变通。

从总体上说，这些批评家或理论家的论著都属于"批评理论"（critical theory）范畴。那么什么是批评理论呢？虽然这对专业工作者已不是什么新的概念，但我觉得仍应该略加说明。实际上，批评理论是60年代以来一直在西方流行的一个概念。简单说，它是关于批评的理论。通常所说的批评注重的是文本的具体特征和具体价值，它可能涉及哲学的思考，但仍然不会脱离文本价值的整体观念，包括文学文本的艺术特征和审美价值。而批评理论则不同，它关注的是文本本身的性质，文本与作者的关系，文本与读者的关系以及读者的作用，文本与现实的关系，语言的作用和地位，等等。换句话说，它关注的是批评的形成过程和运作方式，批评本身的特征和价值。由于批评可以涉及多种学科和多种文本，所以批评理论不限于文学，而是一个新的跨学科的领域。它与文学批评和文学理论有这样那样的联系，甚至有某些共同的问题，但它有自己的独立性和自治性。大而化之，可以说批评理论的对象是关于社会文本批评的理论，涉及文学、哲学、历史、人类学、政治学、社会学、建筑学、影视、绘画，等等。

批评理论的产生与社会发展密切相关。60年代以来，西方进入了所谓的后期资本主义，又称后工业社会、信息社会、跨国资本主义社会、工业化之后的时期或后现代时期。知识分子在经历了60年代的动荡、追求和幻灭之后，对社会采取批判的审视态度。他们发现，社会制度和生产方式以及与之相联系的文学艺术，出现了种种充满矛盾和悖论的现象，例如跨国公司的兴起，大众文化的流行，公民社会的衰微，消费意识的蔓延，信息爆炸，传统断裂，个人主体性的丧失，电脑空间和视觉形象的扩展，等等。面对这种情况，他们充满了焦虑，试图对种种矛盾进行解释。他们重新考察现时与过去或现代时期的关系，力求找到可行的、合理的方案。由于社会的一切运作（如政治、经济、法律、文学艺术等）都离不开话语和话语形成的文本，所以便出现了大量以话语和文本为客体的批评及批评理论。这种批评理论的出现不仅改变了大学文科教育的性质，更重要的是提高了人们的思想意识和辨析问题的能力。正因为如此，批评理论一直在西方盛行不衰。

我们知道，个人的知识涵养如何，可以表现出他的文化水平。同样，一个社会的文化水平如何，可以通过构成它的个人的知识能力来窥知。经济发展和物质条件的改善，并不意味着文化水平会同步提高。个人文化水平的提高，在很大程度上取决于阅读的习惯和质量以及认识问题的能力。阅读习惯也许是现在许多人面临的一个问题。传统的阅读方式固然重要，但若不引入新的阅读方式、改变旧的阅读习惯，恐怕就很难提高阅读的质量。其实，阅读方式也是内容，是认知能力的一个方面。譬如一谈到批评理论，有些人就以传统的批评方式来抵制，说这些理论脱离实际，脱离具体的文学作品。他们认为，批评理论不仅应该提供分析作品的方式方法，而且应该提供分析的具体范例。显然，这是以传统的观念来看待当前的批评理论，或者说将批评理论与通常所说的文学批评或理论混同了起来。其实，批评理论并没有脱离实际，更没有脱离文本；它注重的是社会和文化实际，分析的是社会文本和批评本身的文本。所谓脱离实际或脱离作品只不过是脱离了传统的文学经典文本而已，而且也并非所有的批评理论都是如此，例如詹姆逊那部被认为最难懂的《政治无意识》，就是通过分析福楼拜、普鲁斯特、康拉德、吉辛等作家作品来提出他的批评理论的。因此，我们阅读批评理论时，必须改变传统的阅读习惯，必须将它作为一个新的跨学科的领域来理解其思辨的意义。

要提高认识问题的能力，首先要提高自己的理论修养。这就需要像经济建设那样，采取一种对外开放、吸收先进成果的态度。对于引进批评理论，还应该有一种辩证的认识。因为任何一种文化，若不与其他文化发生联系，就不可能形成自己的存在。正如一个人，若无他人，这个人便不会形成存在；若不将个人置于与其他人的关系当中，就不可能产生自我。同理，若不将一国文化置于与世界其他文化关系之中，也就谈不上该国本身的民族文化。然而，只要与其他文化发生关系，影响就是双向性的；这种关系是一种张力关系，既互相吸引又互相排斥。一切文化的发展，都离不开与其他文化的联系；只有不断吸收外来的新鲜东西，才能不断激发自己的生机。正如近亲结婚一代不如一代，优种杂交产生新的优良品种，世界各国的文化也应该互相引进、互相借鉴。我们无需担忧西方批评理论的种种缺陷及其负面影响，因为我们固有的文化传统，已经变成了无意识的构成，这种内在化了的传统因素，足以形成我们自己的文化身份，在吸收、借鉴外国文化（包括批评理论）中形成自己的立足点。

今天，随着全球化的发展，资本的内在作用或市场经济和资本的运作，正影响着世界经济的秩序和文化的构成。面对这种形势，批评理论越来越多地采取批判姿态，有些甚至带有强烈的政治色彩。因此一些保守的传统主义者抱怨文学研究被降低为政治学和社会科学的一个分支，对文本的分析过于集中于种族、阶级、性别、帝国主义或殖民主义等非美学因素。然而，正是这种批判态度，有助于我们认识晚期资本主义文化的内在逻辑，使我们能够在全球化的形势下，更好地思考自己相应的文化策略。应该说，这也是我们编译这套丛书的目的之一。

在这套丛书的编选翻译过程中，首先要感谢出版社领导对出版的保证；同时要感谢翻译者和出版社编辑们（如白烨、汪民安等）的通力合作；另外更要感谢国内外许多学者的热情鼓励和支持。这些学者们认为，这套丛书必将受到读者的欢迎，因为由作者本人或其代理人选择的有关文章具有权威性，提供原著的译文比介绍性文章更能反映原作的原汁原味，目前国内非常需要这类新的批评理论著作，而由中国社会科学出版社出版无疑会对这套丛书的质量提供可靠的保障。这些鼓励无疑为我们完成丛书带来了巨大力量。我们将力求把一套高价值、高质量的批评理论丛书奉献给读者，同时也期望广大读者及专家学者热情地提出建议和批评，以便我们在以后的编选、翻译和出版中不断改进。

王逢振

1997.10. 于北京

献给我们的理事

威廉·罗伯茨（William Roberts），约翰·西姆基斯（John A. Simkiss, Jr.），埃里克·汉森(Eric Henson)，斯蒂芬·马西斯(Stephen J. Mathes)。

在你们的支持下，《哈佛哲学评论》得以兴旺发达。

纪念我们的导师罗伯特·诺齐克（Robert Nozick）。

目 录

让我们与哲学大家面对面——中译本序言 ………… 江 怡（1）
前言 ………… 哈佛大学托马斯·斯坎伦（Thomas Scanlon）（5）
编者手记 ……… S. 菲尼亚斯·厄珀姆（S. Phineas Upham）（8）
约翰·罗尔斯（John Rawls） ………………………………（1）
约翰·罗尔斯：为了纪录 …………………………………（5）
希拉里·普特南（Hilary Putnam） ………………………（20）
希拉里·普特南：论心灵、意义与实在 …………………（23）
翁贝托·艾柯（Umberto Eco） ……………………………（30）
翁贝托·艾柯：论符号学与实用主义 ……………………（33）
哈维·曼斯菲尔德（Harvey C. Mansfield） ………………（40）
哈维·曼斯菲尔德：论政治哲学 …………………………（43）
威拉德·范·奥曼·奎因（Willard van Orman Quine） …（70）
威拉德·范·奥曼·奎因：对逻辑、科学和哲学的
　观察 ………………………………………………………（73）
艾伦·德肖维茨（Alan Dershowitz） ……………………（87）
艾伦·德肖维茨：论法哲学 ………………………………（89）
理查德·罗蒂（Richard Rorty） …………………………（96）
理查德·罗蒂：展望后形而上学文化 ……………………（99）

亨利·埃里森（Henry Allison） ………………………… （110）
亨利·埃里森：个人的与专业的 ………………………… （113）
迈克尔·桑德尔（Michael Sandel） ……………………… （131）
迈克尔·桑德尔：论共和主义和自由主义 ……………… （133）
科内尔·韦斯特（Cornel West） ………………………… （146）
科内尔·韦斯特：哲学信仰在行动 ……………………… （148）
斯坦利·卡维尔（Stanley Cavell） ……………………… （164）
斯坦利·卡维尔：反思一种哲学生活 …………………… （167）
亚历山大·尼赫马斯（Alexander Nehamas） …………… （180）
亚历山大·尼赫马斯：论哲学的生活 …………………… （183）
科拉·戴蒙德（Cora Diamond） ………………………… （204）
科拉·戴蒙德："在太阳上是几点了？" ………………… （207）
彼得·昂格尔（Peter Unger） …………………………… （226）
彼得·昂格尔：科学与哲学的可能性 …………………… （230）

让我们与哲学大家面对面

——中译本序言

江 怡

2002年的初春，在哈佛大学哲学系大楼的图书馆，我偶然看到了一本《哈佛哲学评论》，便立即被其清新而又不失庄重的封面所吸引。我大致浏览了其中的文章，发现有不少哲学大家在上面发表重要文章。这本杂志是年刊，在2000年号上就有普特南在哈佛大学的告别演讲《整体地思考》，还有对亚历山大·尼赫马斯和科拉·戴蒙德的两篇重要访谈；2001年号上有普特南与塞尔的著名通信，还有弗诺斯达尔（Dagfinn F. llesdal）对他的老师奎因的回忆；2002年号上有哈佛大学的著名教授戈登法伯（Warren Goldfarb）、帕森斯（Charles Parsons）等人的重要文章，以及对乔姆斯基的两篇访谈。光看这些内容就足以让人对这本杂志翘首以待了。不久，我在哈佛大学对面的哈佛书店里看到了一本新书，由英国著名的劳特里奇出版社于2002年出版，收入的正是《哈佛哲学评论》中曾首发的哲学家访谈，这立刻引起了我的强烈兴趣。这就是读者在这里看到的本书。翻阅全书，如沐浴于思想的春风，畅快淋漓而又沁人心脾，那些看似远离常人的思想家们仿佛就在你的身边，与你倾心交流，侃侃而谈却又入木三分。回国后，我就着手安排这本书的翻译出版工作，并首先试译了书中的第一篇与罗尔斯的访谈，标题译为《为了历史的记录》，发表在《世界哲学》2003年第2期上。

正如斯坎伦教授在本书的前言中所说，该书收录的这些访谈都是由哈佛大学哲学系的本科生和研究生完成的，其中的采访对象大部分是来自哈佛大学的哲学家，但也有一些来自其他美国大学的哲学家，他们代表了当今美国哲学的最新发展，也大体反映了整个英美哲学的基本现状。根据我的理解，这些哲学家可以被分为两类。一类是在当代英美哲学界中被公认为哲学大家的人物，他们包括罗尔斯、普特南、奎因、罗蒂、桑德尔、卡维尔等人，还有一类则是在他们相关的研究领域中处于领军地位的人物，包括艾柯、曼斯菲尔德、德肖维茨、埃里森、韦斯特、尼赫马斯、戴蒙德、昂格尔等人。从这些哲学家们的研究领域以及影响范围可以看出，当代美国哲学研究凸显了这样一个特点，即哲学家们的视角正在从远离人民和社会的象牙之塔转向我们所面临的现实世界，哲学讨论的话题已经发生了重要改变，对心灵、社会、政治、法律以及生活的不断追问，逐渐成为哲学家们关心的核心问题。这个特点就明显地表现在本书的采访者对哲学家们提出的相似问题以及哲学家们的不同回答之中。

当然，本书为我们提供的更为重要的方面，是让哲学家走出了他们的书斋，以朴实亲切的方式讲述他们对那些重要哲学问题的真知灼见，表达他们对那些更为重要的社会问题的强烈关注。罗尔斯在访谈中的一段话的确发人深省："我认为，在一个民主社会里，比如在我们的社会里，我们距离应当做到的情况还有令人遗憾的差距，尽管如此，我仍然认为，政治哲学的重点是公民社会，而不是政府。重要的是，要进行最深层次的政治讨论，尽可能把政治哲学做得更清晰，这样人们才能普遍接近它。如果他们发现你的思想是可信的，你才有可能以这种间接的方式改善社会，或者更现实一点说，你才能防止社会恶化。在一个民主社会里，政治哲学肯定不具有任何权威，但它却能够争取赢得人类理性的权威。在政治哲学方面，你是否获得成功，没有机构做出判断，与科学或其他理性探讨相比，它的情况更是如此。因此人类理性是政治哲学承认的唯一权威。"普特南在访谈的最后所说的一段话也十分有趣："我发现有两件事帮助我建立新思想，一个是自我批判，即批判我先前发表过的任何东西，还有一个就是阅读伟大的哲学家。第一件事指的是，我对自己从前写过的这个或那个东西**永远**不满意，我要查找原因，努力思考我为什么不满意，怎么办，同时，我通常还要为我的下一个著述布置任务。但这种工作方式也会程序化，进入循环状态。我觉得，阅读总会开辟新的可能性，如阅读康德、亚里士多德、维特根斯坦、约翰·杜威、威廉·詹姆斯。由于我越来越成熟，康德、亚里士多德等也都变得越来越成熟了。我还有一个工作习惯，就是步行。为了写一篇文章，我必须行走许多英里的路程，我喜欢这种户外活动。对于我来说，哲学就是一种健康的生活！"这些都让哲学家们的形象栩栩如生，令人难以忘怀。的确，阅读本书，让我们每个普通人都有了与哲学大师面对面的难得机会，也让我们真切地认识了这些哲学大师的深刻思想和高尚品格。

我要衷心地感谢本书的译者张敦敏先生。2003年，我从美国带回了本书的英文本后，就曾组织翻译该书。但由于各种原因，翻译工作始终没有得到最后落实。后来，我尝试邀请张敦敏先生翻译该书，因为我知道，他曾翻译出版了多部西方哲学和伦理学等方面的著作，获得了国内学界的好评。我也知道，他手头的工作任务也很繁重，可能无暇安排这个翻译工作。但出乎我意料的是，他很快就答应了我的请求，并很快就全力投入到这个翻译工作之中。在翻译过程中，他克服重重困难，字斟句酌地体会着原著的思想，这些都让我非常感动！可以说，本书的字里行间不仅反映出当代美国哲学家的活生生思想，而且体现了本书的这位译者对原著的无私奉献!

亲爱的读者,相信你阅读本书,就会感受到这些哲学大家的思想风采,就会领略到当代美国哲学的万千变化!

2010 年 1 月 1 日

前　言

哈佛大学　托马斯·斯坎伦[*]

本书中的这些访谈首次见诸于《哈佛哲学评论》，这是一本非凡的学刊，它是完全由本科生创刊和管理的。十年来，它一直保持着质量的高水平，它发表的文章其撰稿人既有著名哲学家，也有学生，并且吸引着广泛的读者群。本书收集的访谈录从一开始就具有鲜明的特色。对罗尔斯的访谈发表于该刊的第一期。这些访谈完全是由学生们做的，而且通常（尽管不是完全）由本科生做。采访亨利·埃里森（Henry Allison）的是斯蒂芬·格罗斯（Steven Gross）；参与采访迈克尔·桑德尔（Michael Sandel）的有莱夫·韦纳（Leif Wenar），他们当时都是哈佛大学哲学系的研究生。

访谈涉及的一些思想已经在一些发表过的著述中表达过，然而访谈的范围已经远远地超过了要求他们解释那些著名观点和对批评的回应。就像该刊物的创始人之一、编辑乔希·哈兰（Josh

---

[*] 托马斯·斯坎伦担任哈佛大学阿尔福德（Alford）教授，讲授自然宗教、道德哲学和公民社会政体（civil polity）。他的主要领域是道德和政治哲学。他的著作《我们彼此负有什么义务》（*What We Owe to Each Other*）由哈佛大学出版社于1998年出版。哈佛大学用某些人士的姓名来命名教授职位，是因为他们为哈佛大学作出过经济贡献，如本脚注中的阿尔福德教授。类似的情况在下面的正文中也有，如正文第2页的"詹姆斯·布莱恩特·柯南德荣誉教授"；第40页的"小威廉·肯南政治学教授"；第147页的"小阿方斯·弗莱彻大学教授"。——译者注

Harlan)在《哈佛哲学评论》第一期的创刊词中所写的那样,学生对更大的问题有好奇心,如"什么是哲学","哲学有什么实用性","为什么要探索它"。因此,受访者不仅被问到"你这样说是什么意思?""你怎么回应某某教授的反对意见?"而且在几乎每一次的采访中都要问:"一开始你是怎么对哲学感兴趣的?""你从事哲学的目的是什么?""为什么你认为哲学很重要?"

这些专访还有一个显著特点是,有两个问题被经常问到。第一个问题是:英美分析哲学和欧陆(以德法为主)哲学的关系问题。分析哲学是北美和英国主要大学哲学系的重点,而大陆哲学至少到最近为止在法国和德国还占据着主导地位。关于这个问题,受访哲学家们有各自的观点。这种不同的观点在对艾柯、普特南、罗蒂、奎因的专访中都有反映。第二个问题是:学习哲学史与研究某个具体的哲学问题的关系。这些具体问题包括认识论的怀疑论或者道德的基础。不论是在本科生阶段还是研究生阶段,标准的哲学基本训练包括学习哲学史上伟大人物的著作,其跨度为上至两千多年以前,下至该分支学科的最新进展。在进行哲学训练时,要学习大量的哲学史内容,而其他学科,如化学就没有那么多化学史的内容需要学习。这是为什么?对于我来说,在阅读访谈录时最感兴趣的事情之一是,受访者对这个问题给出了种类繁多的不同答案。对亨利·埃里森的访谈尤其包含了持续不断的和探索性的讨论。

这些专访还涉及了许多不同哲学领域,其中,政治哲学有突出的表现。曼斯菲尔德、罗尔斯、罗蒂、桑德尔等哲学家,他们不仅对正义问题、而且对政治哲学与日常政治的关系问题都阐述了各自不同的观点。专访涉及的内容还有,心灵哲学、语言哲学、逻辑学等,涉及的哲学家有苏格拉底、康德、尼采、海德格尔和维特根斯坦。艾柯、尼赫马斯和韦斯特阐述了哲学与文学的关系;而哲学与宗教的关系在一些访谈中也有讨论。就像这个清单所显示的那样，受访的作家们形成了一种折中的混合，这反映了学生们在各个不同的时期为《哈佛哲学评论》工作的兴趣和热情，胜过了目前哲学中的某个具体问题。

在《哈佛哲学评论》刚成立的几年间，学生们采访的是向他们直接授课的教授，包括哈佛大学哲学系内外的教授。后来，学生们也采访了哈佛大学以外的人，因为他们阅读过这些人的著作。这对于读者有一个益处，因为教师希望与学生的对话方式，并不仅仅限于是对采访者说话的方式。因此，读者就有这种难得的机会听到那些求知欲强、聪明并且思想严谨的学生以咄咄逼人的方式敦促那些著名的教授回答涉及他们自己对哲学的态度以及哲学在他们的生活中所起的作用的问题。而这些教授的不同凡响的观点和非凡的人格正是通过他们回答学生们的问题而体现出来了。没有一位读者会感到，所有这些访谈的有趣和吸引人之处是相同的。不管什么人，只要他对现代哲学感兴趣，有好奇心，都肯定会喜欢与这些杰出的思想家交锋。

编者手记

S. 菲尼亚斯·厄珀姆（S. Phineas Upham）

我要感谢那些使本书得以问世的人们，尤其是威廉·罗伯茨（William Roberts）先生，他是《哈佛哲学评论》的主要理事，他的鼓励和支持在《哈佛哲学评论》中是无法估量的部分。我们很高兴本书在劳特里奇（Routledge）出版社出版，我们得到了那里的编辑们的帮助，他们是：达米安·特雷夫斯（Damian Treffs）、达蒙·祖卡（Damon Zucca）和罗伯特·伯恩（Robert Byrne）。在哈佛大学哲学系内部，有我们的导师托马斯·斯坎伦（Thomas Scanlon）和罗伯特·诺齐克（Robert Nozick），他们是我们取之不尽的资源。感谢你，乔舒亚·哈兰（Joshua Harlan），是你于1991年创建了《哈佛哲学评论》，而且在整个编辑工作中，你一直在帮助我。

本书中的访谈是由《哈佛哲学评论》的工作人员完成的，他们大多数是1991年至2001年的本科生。感谢约翰·梅尔（John Maier）、贝里斯拉夫·马鲁西克（Berislav Marusic）、本·威克勒（Ben Wikler）、尼古劳斯·彼得里（Nicolaus Petri）、克里斯廷·泰尔亚恩（Christine Telyan）、田马一梅（Tian Mayimin）和阿里·温斯坦（Ari Weinstein），他们对联系这些访谈做出了慷慨的贡献。我还要特别感谢约翰和贝里（Beri），他们对本书的出版给予了慷慨的援助，还有西蒙·德蒂奥（Simon

Dedeo），他在《哈佛哲学评论》中起到了重要的作用。

  作为1998年至2000年《哈佛哲学评论》的主编，同时也作为曾为这些访谈的出版做过准备工作的人，我比以往任何时候都更加感谢《哈佛哲学评论》以自己的各项活动所体现出的奉献精神和优秀品质。这些访谈既深入又浅出、既风趣又严肃、既令人感到满足又启发人们思考。它不仅使人们理解了伟大的哲学家，同时也使人们理解了是什么使哲学如此伟大。

约翰·罗尔斯
John Rawls

约翰·罗尔斯有一位老朋友，也是他的哲学家同仁，名叫罗杰斯·奥尔布里顿（Rogers Albritton），有人请他描述罗尔斯，他说："首先，我对杰克[Jack，罗尔斯的全名是约翰·杰克·博德雷·罗尔斯，（John Jack Bordley Rawls）——译者]的主要感觉，是他在与人打交道时具有的道德感纯粹得令人难以置信。他不仅写出了一部伟大的著作，而且是一位非常令人敬佩的人。他是我们之中的佼佼者。"① 罗尔斯的著作《正义论》发表于1971年，这本书一直被人们说成是当代政治哲学的分水岭。它重建了政治哲学这个重要领域，以满足人们的哲学关注。同时，这本书也是当代自由主义最全面、最具影响力的著作，在全世界的销售量多达20万册，讨论这本书的著作和文章的数量达5000种之多。这种情况之所以特别引人注目，是因为《正义论》是一部严肃的纯理论著作，而且晦涩难懂。

罗尔斯在自己的著作和文章中，以保持个人生活的私密性著称，但对那些帮助过他或与他有思想交流、从而得到他充分信任的人除外。他谢绝了大多数采访，只接受与他有个人联系的大学

---

① 引自本·罗杰斯《在无知之幕的后边：约翰·罗尔斯与自由主义的复兴》（Ben Rogers, "*Behind the Veil: Rawls and the Revival of Liberalism*", Lingua Franca 9.）。

（牛津、普林斯顿、哈佛）授予的荣誉学位，并且早就把自己从《名人词典》（Who's Who）中去除了。他同意《哈佛哲学评论》做的这次采访是1991年进行的，在罗尔斯仅接受的三次采访中，这是第一次。这三次采访全都是由学生或曾经的学生做的。罗尔斯成年后的生活几乎完全贡献给了对社会正义、合作和个人权利问题的思考、教学和写作。

罗尔斯于1921年生于巴尔的摩的一个受人尊敬的富裕家庭。他在这个家庭的五个儿子中排行第二。他先是进了康涅狄格州的肯特预备学校（Kent prep school），然后在1939年，作为新生进入了普林斯顿大学读本科，最后在那里获得哲学博士学位。在完成本科学业和就读研究生期间，他还服过兵役。那是在第二次世界大战期间，他在位于新几内亚岛和菲律宾的美军第32步兵师，曾参加过几次最血腥的战斗，后来又参加了对日本的占领。罗尔斯在康奈尔大学和麻省理工学院从事过教学工作，之后，就在哈佛大学落户了，在哈佛大学，他获得了詹姆斯·布莱恩特·柯南德荣誉教授（James Bryant Conant University Professor Emeritus）的称号，他的居住地是马萨诸塞的列克星敦（Lexington）。他做过访问学者的单位有：牛津大学、斯坦福大学行为科学高级研究所、密执根大学和普林斯顿高级研究所。他也曾多次获奖，最近的两次都是在1999年，一个奖项是由克林顿总统颁发的"全国人文奖"，另一个是瑞典皇家科学院颁发的罗尔夫·绍克（Rolf Schock）奖。

罗尔斯把民权与政治权利视为自己哲学的核心。他把我们选择自己目标的自由当作人性的独具特征。他关于正义的著作复兴了以权利为基础的社会契约的自由主义传统中所忽略的内容。在这部著作中，他拒绝了功利主义，这种功利主义提倡最大限度地扩大社会的集体福利，而不是充分尊重个人权利。他非常敬佩康德，本着康德的精神，他坚持人是目的，而不是手段。罗尔斯论证了认真地对待权利就意味着认真地对待社会平等，以此批判了自由意志论，这种理论认为，个人权利绝对不容侵犯。他感觉到，避免侵害民权和政治权利是不够的，人们在社会中还必须能够有效地使用这些权利。

罗尔斯以建立"原初状态"的概念著称，这是一个思想实验，在这个实验中，他把人置于他所称的"无知之幕"的后面，即否认人们拥有使自己成为具体个人的任何知识，包括财富、年龄、才能、种族、宗教、技能、性别以及任何有关幸福生活的概念。罗尔斯相信，在这种状态下的人们为自己的社会所做出的选择就可以被视为正义的原则。他认为，在这种状态下，人们会选择一种低风险的策略，在这种策略中，甚至可以用降低这个项目或那个项目的平均水平为代价，来促进自由和最大限度地提高机遇、财富以及降低权力到最低水平。罗尔斯还有一个与此相关的概念是"差别原则"，这也许是最具争议和最经常受到挑战的概念。在这里，罗尔斯的论点是，只是在社会和经济差别有益于社会中最弱势的人的条件下，这些差别才是可以接受的。

在罗尔斯的整个事业生涯中，他投身于写作、讲演、精心建构他的正义理论、回应大量的批判。他之所以出名，并不仅仅是因为他澄清了那些批评他的人对他的误解，而且还因为他愿意反思和修改自己的论证。1993 年，他发表了第二部著作《政治自由主义》，对人们 30 多年来对他的批评做了最全面的回应。该书的平装版本于 1996 年面世，包含了第二次导言，还有《答复哈贝马斯》，平装版实际上就是第二版。罗尔斯遭受了数次中风，第一次是在 1995 年，因此，他的工作能力受到了损害。尽管如此，罗尔斯还是在 1998 年完成了他的《万民法》，也许这是他流露情感最多的著作，该书与《公共理性观念再探》（*The Idea of Public Reason Revisited*）一起发表于 1999 年。经过数十年的工作，罗尔斯于 2001 年发表了《作为公平的正义：一个重述》(*Justice As Fairness: A Restatement*,中译本名为《正义新论》——译者)一书,在我们的采访中,他谈到了该书的内容。这本简短的著作是由埃林·凯利(Erin Kelly)编辑的,在书中,他努力以紧凑的形式表述他用毕生的时间对正义所做的研究工作。1999年,他又出版了自己的《文集》,由塞缪尔·弗里德曼(Samuel Freedman)编辑,以及他的《道德哲学史讲演录》(*Lectures on the History of Moral Philosophy*),由芭芭拉·赫尔曼(Barbara Herman)编辑,于2000年问世。

在哈佛大学爱默生楼(Emerson Hall,为哈佛大学哲学系所在地)里,哲学专业的学生间传诵着一个关于罗尔斯的故事。有一次,罗尔斯在参加论文答辩时,注意到阳光直射博士候选人的眼睛,便起身站起来为他遮阳,虽然站得很不舒服,但他一直站到答辩会结束。从罗尔斯的工作、思想和生活(尽管他倾向于保持个人生活的私密性)中映射出了一个人的形象,这个人密切注视着正义、社会福利和个人幸福。

约翰·罗尔斯：为了纪录

采访者：塞缪尔·艾巴尔（Samuel R. Aybar）
乔舒亚·哈兰（Joshua D. Harlan）
翁·李（Won J. Lee）
采访时间：1991 年

哈佛哲学评论：请向我们谈谈你的一些个人情况。你是怎样对哲学产生兴趣的？

罗尔斯：我觉得我真的不知道我是怎样对某件事情产生兴趣的，或者说不知道为什么会产生兴趣。我只能说说当时发生的事情。我去普林斯顿大学，并最终成为一名专修哲学的学生。在我还是新生的那年 9 月份，希特勒侵犯了波兰，欧洲战争的阴影笼罩着一切。我花费了大量时间阅读有关第一次世界大战和关于战争问题本身的文献。当然，在那一代人中，我们都知道自己早晚要投入战争。战争经验使那一代人与晚近的几代人极为不同。我从军三年，从 1943 年初到 1946 年初，在太平洋区域的新几内亚和菲律宾以及在日本度过了一些时光。我不能确切地说出这对我有什么影响，但影响肯定是有的。战争结束后，作为 1946 年春季学期的研究生，我回到了普林斯顿，

哈佛哲学评论：你进入普林斯顿时，希望自己成为哲学专业的学生吗？

罗尔斯： 当时我也不知道要干什么。我曾在康涅狄格州的肯特学校就读，那是一所私立学校，在那里，我没有很好地发展和形成我的学术兴趣，我曾考虑过几个专业，包括化学和数学，但我马上就发现这些专业超出了我的范围，最后我选定了哲学。

哈佛哲学评论： 再告诉我们一些你在军中的成长经历。你后来的一些关于正义的思想是否更多地受到了你对美国当时面临的一些社会问题思考的影响？或者说受到了你对军队社会结构感受的一些影响？

罗尔斯： 就像我说过的那样，我不知道我们去做某件事情是为了什么，或者说不知道某件事情以这样或那样的方式会对我们产生什么影响。我三年的战争经历肯定有重要的影响，但我说不出这些年代对我具体有什么塑造作用。当我思考我持有的哲学观点时，我看不到它们可以追溯到我在那些年代中的经历。我经常想，肯定有联系，但我一直不能确定。也许这是我对自身反思的失败。当然，就像许多人那样，我不喜欢军队，我认为军队的第一要务是服从文官政府，因此我坚决地退役了。对此，我没有什么新想法。

哈佛哲学评论： 你是否在当上研究生时才对你在其中最终成名的哲学领域产生了兴趣？

罗尔斯： 我始终对道德哲学感兴趣，一开始有很长一段时间，我还对宗教感兴趣。肯特学校是一所教会学校，是西尔（Sill）神父创建的，属于圣公会，学校里也经常有圣公会的其他成员。我们每天都去教堂，星期天则去两次。我不能说这个学校学生的宗教感特别强，但你不能完全回避宗教。你不得不对宗教做出反应。

哈佛哲学评论： 你的原籍是哪里？

罗尔斯： 我生长在巴尔的摩，在那里度过了青春时代，但每年夏季都会在缅因州度过。在我十几岁时，一年中的大部分时间都是在寄宿学校度过的。我的父亲来自北卡来罗纳，母亲则出身于马里兰的一个古老家族。我的家人大多数都在那里，我岳母的家庭也是。我早年的许多朋友仍然在那里。

哈佛哲学评论：你是什么时候开始真正的思考和写作、而后创作出《正义论》的？

罗尔斯：我开始收集材料大约是在1950年秋季，在我完成了博士论文之后。那时，我已经独自阅读了一些经济学著作，在那年秋天，我参加了由鲍莫尔（W. J. Baumol）主办的研讨会，他现在已经是著名的经济学家了。我争取把工作做得更全面些。我阅读了《价值与资本》（Value and Capital），该书作者是希克斯（J. R. Hicks）。我努力把握这本书，同时也努力把握萨缪尔森（Samuelson）的《经济分析的基础》（Foundations of Economic Analysis）一书的部分内容。他的关于福利经济学一章使我写出了数篇关于所谓的新福利经济学的文章。在我的研究生期间，这些工作就已经进行了，并且一直持续到我在普林斯顿大学担任讲师的两年时间里，即1950—1952年。我还阅读了利昂·瓦尔拉斯（Leon Walras）的《纯粹经济学原理》（Elements of Pure Economics），而且我对博弈论也略有研究。诺伊曼（Von Neumann）和摩根斯坦（Morgenstern）合著的那本书在1944年刚刚问世，那是一本博弈论的奠基性巨著。我发现，弗兰克·奈特（Frank knight）的《竞争伦理学》（Ethics of Competition）中有几篇文章极具教益，他对社会哲学就像他对经济学一样有兴趣。全部这些情况的结果，似乎还有我在博士论文中论述过的道德论素材，在1950—1951年间，孕育出了那个思想，它最终演变成初始状态。这个思想意在设计一个讨论的章程，而这种讨论可以产生出合理的正义原则。那时，我曾有一个比最后得出的结果更为复杂的步骤。在这个时期的全过程中，我还必须讲授哲学课程，但我尽力保持对经济学的兴趣。后来我和妻子带着两岁的女儿前往英格兰，做了一年的富布赖特访问学者（Fulbright Fellowship）。

哈佛哲学评论：你发表过那个原来的、更为复杂的公式吗？

罗尔斯：没有。我没能把它做出来，还都是写在废旧纸张上的笔记，放在家里的某个地方，正在发黄变色。

哈佛哲学评论：能告诉我们一点那个公式的情况吗？

罗尔斯：我已经提到，这样做是努力使人们讨论的章程公式化，如果他们的条件已定，这样的讨论就能使他们在什么是合理的正义原则问题上达成协议。他们必须对中间仲裁者提出建议，但却不知道他人要提出的建议是什么，对论证进行的时间也有所限制，从而使某种协议得以达成。还有许多细节。你可以想象。终于，我们通过设置无知之幕，给人们的知识设置极大的限制才冲破所有这一切。我还使得这种协议具有永久性。全部的工作就是使工具得到极大的简化。原来的方法太复杂，有许多似乎不可解决的难题；例如，要施加多大的压力才能使人们达成协议，我们允许的时间有多长。记住，对于任何答案我们都（曾）需要有哲学的证明。后来的初始状态公式所具有的优越性是避免原先那些引起我兴趣的问题，如经济学家使用的博弈论和一般均衡等，这些问题我了解得不多，但那时却被我遇到了。"好，我必须摆脱所有这一切。"回想起来，我觉得，这就是我做过的事情。虽然我觉得用其他的方法或许也能完成这些工作，而且也确实能够完成。例如，斯坎伦教授（T. M. Scanlon，哈佛大学）并没有使用类似无知之幕的概念，在他的论证中也有某种类似的初始状态，但实际上他的思想却有明显的不同。因此，他的观点是一种可能性。还有，我知道，你也可以设计出一个讨论的章程，也许更为现实，而且能够在我失败之处取得成功。我不会排除这些可能性。

哈佛哲学评论：在《正义论》与《正义新论》（*A Briefer Restatement*）之间，有什么重要的改变吗？

罗尔斯：我想让《正义新论》既紧凑又有全面地表达，尽管就某个方面而言它只是一个纲要。顺便说一下，我不喜欢这个书名，但现在还没有更好的，所以只好用它了。我希望这本书比《正义论》更容易接受，更具可读性。我想马上就完成，但还有些内容没有完成。我争取做到三点，一点是从初始状态开始，重新打造论证，把它变成更为简单的形式，改正书中论证的缺陷；另一点是答复各种反对意见，解释我为什么拒绝接受某些意见，而对另一些人要求的修改却加入到书中；最后，我争取把这本书的观点与《正义论》问世以后我所写的一些文章的内容结合起来。

哈佛哲学评论：那些文章是否大都是答复批评意见的？

罗尔斯：我觉得也不尽然。我的确已经答复了人们，因此肯定有一些答复的内容在那些文章中。但是，由于写完了这些文章后，我才理解，你并不总是明白你所做的工作，直到你做完这些工作为止。因此，我在这些文章中所做的工作主要是梳理我的观点，使它们不再内在地前后不一致。需要解释的是，为了说明正义即公平，该书从头到尾都使用了良序社会的概念，它假定该社会的每个成员都接受相同的总体性观点。后来我觉得，这绝不可能是民主社会的情况，不是该书的原则要求的。这就是内在的不一致。因此，我必须修改对良好秩序社会的解释，这样就产生了重叠共识的概念以及相关的概念。这实际上就是那些后来的文章所涉及的内容。文章情况就是这样，其中前三篇是发表在《哲学杂志》（*The Journal of Philosophy*）上的讲演录。

因此，我认为这些文章主要还不是为了答复人们的反对意见，尽管我在这些文章中的这里或那里、或者在脚注里确实回应了一些重要的反对意见。如果人们的反对意见有可贵之处，能够以理性的方式做出回应，就应该得到答复。如果你从事这种工作，那这就是你的责任。但主要目的是推进这种观点的另一些内容，然后把它与《正义论》的观点整合在一起，在我看来，推进是从内部进行的，也就是说，我看到了一些错误，因此我必须纠正。当我开始梳理重叠共识及其相关概念时，我认为很简单，甚至琐碎。我觉得，这种共识的概念如此明显，不是什么问题。但它超出了我的预想，越来越复杂，我仍然还没有搞定。同时，在《正义新论》中，就像我指出的那样，我想在论证上做一定程度的改善。但有时情况不明，有时则有一些简单的错误。

哈佛哲学评论：你说过，如果你能理性地做出回应，你就觉得回应批评似乎是你的"责任"。那么，你认为自己作为担负这种责任的作家起到了什么作用？

罗尔斯：这种作用有若干种。我认为，首先你作为一个学术界的成员，有责任对人们做出答复，如果答复是理性的，并且是以能够推进讨论的方式进行。你要避免毫无结果的争吵。有些人批评得非常好，应该回应。这完全是属于学术生活的内容。我认为，在一个民主社会里，比如在我们的社会里，我们距离应当做到的情况还有令人遗憾的差距，尽管如此，我仍然认为，政治哲学的重点是公民社会，而不是政府。重要的是，要进行最深层次的政治讨论，尽可能把政治哲学做得更清晰，这样人们才能普遍接近它。如果他们发现你的思想是可信的，你才有可能以这种间接的方式改善社会，或者更现实一点说，你才能防止社会恶化。在一个民主社会里，政治哲学肯定不具有任何权威，但它却能够争取赢得人类理性的权威。在政治哲学方面，你是否获得成功，没有机构做出判断，与科学或其他理性探讨相比，它的情况更是如此。因此人类理性是政治哲学所能承认的唯一权威。

哈佛哲学评论：据说，你的理论影响了东欧的民主运动，你对此有所了解吗？

罗尔斯：没有。《正义论》已经被翻译成各种主要的欧洲语言。但我不知道它在东欧人民中的传播有多广。曾有人告诉我，

《正义论》的某些部分被翻译成俄语了,但我还没有看到。还有人告诉我,有些部分翻译成匈牙利语了。我还没听说有波兰文译本,但也许是一个节译本,在一段时间以前,它已经被翻译成中文、韩文和日文了。

哈佛哲学评论:《正义论》引起的这些反响你以前想到过吗?

罗尔斯: 没有。我肯定没有想到,我没有想到也许是好事。否则,我就不会写这本书了。我的意思是,如果那样的话,我会觉得,在写书时就有人注视我了,我就必须特别当心。

哈佛哲学评论: 这本书怎么会如此著名?它在 1971 年出版,出版后马上就出名了吗?

罗尔斯: 这是一个有趣的问题。要回答这个问题,我不是最佳人选。依照我个人的观点,回答了你这个问题,就等于授予《正义论》某种荣誉。我不知道这种荣誉有多高,这不应该由我来说。我觉得,当时它受到注意是出于几种情况的结合。你必须记住历史环境。那是在很久以前,因此你可能记不得了。为什么你应该记住呢?我要是你也记不住了。那是在越南战争时期,民权运动也刚刚结束。这些事件主导了当时的政治。但当时却没有新书,没有系统的论述,你也可以说,没有有关政治正义观念的论述。在很长一段时间里,政治哲学处于一种贫乏的状态,政治学和道德哲学也都是如此。后来,有人做了一些非常好的事情,具有持久的重要意义。我指的是哈特(H. L. A. Hart)撰写了《法的概念》(*Concept of Law*)和其他一些著述。伊赛亚·伯林(Isaiah Berlin)撰写了《自由四论》(*Four Essays on Liberty*)和他的其他许多论文,还有布赖恩·巴里(Brian Barry)的《政治辩论》(*Political Argument*),所有这些情况都发生在 20 世纪 60 年代。但当时没有涉及正义这一概念的著作,而这个概念触及到那个时代的问题如此之多,其规模和范围简直有点疯狂了。在写作《正义论》时，我猜想该书大约有 350 页，但在付诸印刷时，出版社告诉我，将近 600 页，确切地说是 587 页，我大吃一惊。但不管怎么说，你需要这种书，我把它说成是对"政治理性"的需要。例如，在第六章中，讨论了良心反对和公民不服从问题，这在当时是有大量讨论的问题。然而，当时却没有书系统地涉及这些问题。当然，有一些更老的书，当时还有一些论文，我是指迈克尔·沃尔泽（Michael Walzer）的一些优秀文章，收在了他的《论义务》（*Obligations*）一书中。因此《正义论》是那段严重的政治冲突时期的第一部大型著作。而严重的政治冲突表明了对政治哲学的需求，也呼唤了它的出世。因此《正义论》迅速地抓住了人们的注意力，但是，你知道，我不能真正做到以客观的态度来对待这一切。因此，这仅仅是我的解释。这个问题是各种情况的综合作用。而在大约 15 年前或者晚一些时候，情况则完全不同。当然，你知道，它遭到的批判是严厉的，而且其中大部分是纯粹的批判。但人们似乎还在继续阅读这本书。由我来说它逃过了这些批判是不适合的。

哈佛哲学评论： 当这本书受到批判时，你的感受是什么？

罗尔斯： 人必须学会接受批判。通常，这些批判没有充分的根据，是出于误解，对此，我尽量忽略。但有些批判是非常好的。对于这样的批判，我虽然不会大喜过望，但我的确非常欣赏，并且努力将这些批评纳入我今后的写作之中。我给你举一个例子。哈特（H. L. A. Hart）于 1973 年对我的关于基本自由的观点提出了根本性的批判，他完全正确。我一直在思考怎样做出回应，八年后，我确定了应该怎样做出答复。我把答复写了出来，并于 1982 年发表。它对我有巨大的价值。当然，它带来了一些痛苦，但我现在能够用更强有力的形式陈述这个观点了。

哈佛哲学评论： 在哈佛大学哲学系内，有些批评者是引人注目的，这是怎样一种情况？是否会产生紧张状态？或者说，你对此是否同样欣赏？

罗尔斯：这种情况实际上具有两面性。这会有一定程度的紧张。比如，诺齐克（Robert Nozick，哈佛大学教授）就持有令人感兴趣的重要的反对意见，有些是非常好的意见，有些则是出于误解。虽然我没有写出一篇专门答复他的文章，但我已经在几个方面回答了他（尽管没有指名道姓），那是在1978年我（写）的一篇文章中。现在，我看得更清楚了。在《正义新论》中有一部分，即关于把自然禀赋视为公有财产的那一节，就是为了回应他的反对意见的。因此，即使你认为反对意见并不完全正确，但它却提出了一个实际问题，能够改善你对问题的理解。

哈佛哲学评论：当你和像诺齐克这样的人有批评性的意见要交换时，你只是在哲学期刊上交换呢，还是在办公室坐下来一起讨论？

罗尔斯：这要视情况而定，如果是在同事之间，我们会坐下来讨论，但若是与哈特，他住在英格兰，我们有来往信函，他有时也过来，我们就一起讨论。这要因人而异。我始终把哲学视为一种对话的学科。讨论是学习的最佳方式，而写作应该在讨论和批评之后进行，有时这种事情好像没完没了，一直到付印才结束。

哈佛哲学评论：出名有何感受？

罗尔斯：我尽量不想这件事情，但也许做不到。出名表现在人们是怎样对待我的，例如，当他们被人介绍给我，第一次见到我的时候。对于任何人来说，考虑这个问题都不会有什么好处的，因为这会给他们的工作带来坏的影响。因此，我尽量不去想这件事。

哈佛哲学评论：那么，你发现与批评者们打交道最大的好处是厘清自己的思想，对吗？

罗尔斯：是的，我喜欢这样想，这样的确厘清了我的思想。如果我说，我不在乎人们的反应，那就是不诚实。我当然在乎人们的反应，而且我还在乎怎么接受反应。我想到我发表了《正义论》，有些朋友就要阅读。写作这本书用了很长时间，最后终于脱稿了，我可以做其他事了。在写书时，也有这样的时候，我对自己说："这本书写得真好。"我以此来鼓舞自己的士气，坚持做下去。如果这本书被认为是一部严肃的著作，就足以使我满意了。任何注意都会伴随批评，虽然受到批评暂时会感到痛苦，但对我是重要的。

哈佛哲学评论：当该书刚一出版，你就希望转移到新的话题了，是吧？

罗尔斯：是的，我当时已经计划要做其他一些事情，主要与该书的第三部分有关，这部分是我最喜欢的，即论述道德心理学的部分。这个话题并不是全新的，但却是一个相关的话题。我以前从来没有考虑过这个话题，也从来没有这个意愿。我当时认为，更有成效的做法是，如果我花费时间争取以更令人信服的方式论述作为公平的正义，努力对人们做出回应，消除反对意见，情况会有所改善。我不能肯定这是我做的最好的事情，但我已经做了。我真的处于狂热状态。我想使事情做得正确。但在哲学领域，人们不能做到这一点，这不是信心问题。真正的困难总是摆在那里。

哈佛哲学评论：在发表著述和教学方面，我们在近期的未来对你能有什么样的期待呢？

罗尔斯：我已经满 70 岁了，因此我必须考虑年龄。我希望不久我能够让《正义新论》成形。它现在已经达到了应有的篇幅，不到 200 页，我不想把它搞得更长了。书中没有惊人之语。你已经看到的就是你得到的。同时，我还整理一些讲演录，这些讲演是 1980 年在哥伦比亚大学做的。从后来的一些文章中，我要选择三篇加入到这三篇讲演录中去,从而最终使它们也得以发表。这两本书的篇幅是一样的。在这之后,我就没有计划了,你停止写作的时间也就到了,情况也许就是这样。

哈佛哲学评论:在课堂中使用过《正义新论》是否对它的发展也是有益的?

罗尔斯:是的,肯定是如此。一开始,它是讲义。我使用过它几次,而每次使用,它都有所扩充。实际上,我写作这本书也大都是以这种方式进行的,它曾有若干个版本,最早在1963年就有了。我不知道除了在哈佛以外,我还能够在其他什么地方写这本书,学生们从来没有抱怨过,我对此非常感激。

哈佛哲学评论:除了你自己之外,你怎样选择政治哲学方面的作者,让学生们阅读他们的著作的?

罗尔斯:去年,我选择了四位。我力图说明长期存在于我们的政治文化中的民主思想传统。要做到这一点,就要阅读一些政治哲学方面的历史文献。人们研究的是,当代的重新论述是怎样努力认真地运用这些文献中的思想的。这是研究政治哲学的一种方法。思想是以特定的方式变化的,但它们仍然存在着。如果你阅读的这些比较古老的文献,认真地阅读它们,你就会明白一种思想传统是怎样随着时间的推移而演变的。当然,你也能够以同样认真的方式阅读当代作者的作品,而且以更好的方法阅读。但我还没有经常做这些事情,也许明年做。我不知道我最经常使用的这种历史的研究方法对学生是否有吸引力,但这是研究政治哲学的一种方法。去年,我选择了四位作者:洛克、卢梭、密尔和马克思,他们的重要性是显而易见的。还有四位的情况也是相同的。我选择马克思是因为他现在往往不被认真对待,但了解他的思想是有益的。他对资本主义的批判在民主传统中是重要的组成部分。我尽自己的最大能力系统地展示他,我不知能否做到,但我要力争。我努力认真对待他们。他们非常值得研究。

哈佛哲学评论：你是否曾经对自己进入政界有过兴趣？

罗尔斯：没有，我对此从来不感兴趣。我是对政治感兴趣，但对拥有政治生涯不感兴趣，我想我极不擅长此道。

哈佛哲学评论：你似乎过于诚实了。

罗尔斯：我不知道我是否过于诚实，因为我可以学得不诚实，人们拥有的技能是不同的，但进入政界不适合我的禀性。

哈佛哲学评论：当你在关注当前事件时，你是否一般都在自己头脑中的《正义论》的框架之内来思考它们。

罗尔斯：不是。就像其他任何人一样，我对当前事件做出反应和提出问题是以一定的方式进行的。我确信，我的观点必然以某种方式影响着我对它们的看法，但我并不简单地问，作为公平的正义会说什么。那样做是有局限性的。我认为，正义这个政治概念不会告诉我怎样思想。认为可以把它作为解答问题的工具、在你需要时它会解答所有问题，这种想法是极端错误的。这是我不愿意就具体的政治话题来回答问题的一个原因。这样做会提出一个错误的思想，你可以用某种理论的方法来做此事，但通常的情况绝非如此。我认为公平即正义是为了要解答某些特定但又非常基本的问题。它的范围是有限的。在任何情况下，理性的观点是重要的，但仅依靠它自身从根本上说是不足的。判断、在信息充足的情况下产生的观点、应有的思考等等，这些都是需要的。通常的情况是，如果一个问题引起了我的兴趣，我会对它的优点形成一个观点，这也许是要做的最好的事情，然后再考虑这个观点是否合理，其他人会怎么想。我一般不问某观点是否与《正义论》一致，特殊情况除外。在任何时候都使用某人的原则是错误的。你在考察情况时必须与这些原则保持距离，否则，你就有成为空想家的风险。如果有人对任何事物的观点都是从自己的所谓原则中形成的，那么这个人是不可信的。

哈佛哲学评论：你对宿舍窗口悬挂南部邦联旗帜在校园内产

生的争议有什么反应？

罗尔斯：对此事我不知道我有什么有用的观点。我不熟悉情况。但这对黑人学生是极端无礼的。引发内战的南方各州脱离联邦的行为完全是没有道理的，因为他们要保存奴隶制。有些情况是允许脱离的；但必须有合理的原因。保存奴隶制显然不是这种原因。这个事实是情况的主导因素。同时，我们必须问，对于本科生来说，什么样的符号适合展示。我会尽力鼓励南方的学生找一种象征他们南方文化的其他符号，因为不论他们给自己找出什么理由，南部联邦旗帜的意义已经被我们的历史、也被脱离行动定性为一种保存奴隶制的形式；上个世纪就已经如此了，甚至从世界上最悠久的民主制度的脱离行动发生的当时就已经如此了。现在不可能改变这个旗帜的意义了。

哈佛哲学评论：假如你是大学的管理者，你是否也持有博克（Bok）校长的立场（"我不赞成这种做法，但我不会强迫任何人把旗子拿下来"），你是否觉得应该强令阻止学生的无礼行为。

罗尔斯：我还没有从校长的立场考虑这个问题。人们可以在思想的自由讨论与被恰当地认为是对其他学生的无礼行动之间做出区别，这种自由讨论在大学里是极其重要的，而这种无礼行为则应该受到某种形式的处罚。但如果假定展示旗帜是一种言论行为，你就必须决定在什么样的情况下，这种形式的行为是合法的言论，界限在哪里，而这是很困难的。我认为我会努力劝说南方的学生找其他一个符号。学生群体本身就被视为一个小型的民主社会，其中有些形式的言论由于历史或其他充分的理由，被某些群体视为具有无礼或贬低或敌意的性质，因此为了郑重和礼貌相待，这样的言论不宜说出。但经过全面考虑，我的所作所为也许和博克校长一样。在本科生中应该对正派和礼貌的行为准则有默认的理解，因此人们希望这种行为应该得到学生自己的肯定，而没有行政的强制性。人们希望在对待其他人合理的感情时，什么样的行为是正确的这个问题上，学生们能够有共识。

哈佛哲学评论：对那些对哲学感兴趣的学生，你有什么话要说？你会说让哲学成为职业生涯吗？

罗尔斯：即使我鼓励人们投身哲学的情况曾经有过，也是很少的。我给他们留下的印象是呈退缩状。如果你有强烈的愿望做哲学是另外一回事，否则，你不应该进入哲学，因为做哲学是艰难和枯燥的，大多数哲学研究做得好的人干别的事情会更好，至少按照社会的标准是如此。哲学真正的奖赏具有个人性和私人性，你们应该了解这一点。我觉得，哲学是一门非常特殊的学科，尤其对我们的社会来说更是如此，我们的社会对严肃哲学很少注意，即使哲学做得好也是这样。但这不是抱怨，也许这还是件好事呢。

哈佛哲学评论：为什么从事哲学？

罗尔斯：在每一种文明中，都应该有人思考这些问题，这并不是说这种探索本身是好的，而是因为一个社会如果没有人认真地思考形而上学和认识论的问题，没有人思考道德和政治哲学问题，这个社会就是有缺陷的。文明在某种程度上说就是能够意识到这些问题，能够解答这些问题。这些问题影响着你怎样认识自己在世界上所处的地位，如果哲学做得好，它就能够对这些问题给出理性的答案，而善于思考的人可以理解这些答案，这些答案的存在也是文化的组成部分。艺术和音乐也有同样的情况，如果你是一个好的作曲家，或者如果你是一个好的画家，你就对人们的知性做出了贡献。别再问我这到底是怎么回事。

具体说到政治哲学，它有各种不同的形式。社会通常有非常艰深的难题需要认真思考。在民主社会，在自由和平等之间总是有冲突。此外，还有一些问题没有解决，我认为，这些问题有，什么是宽容的最恰当的基础，什么是我们的社会以其为特征的基本多元性的最恰当的基础。对这些问题所持的观点是至关重要的。同样重要的还有，对一个社会要有整体观念。我相信，全体人民，至少是许多人都需要有这样的观念，这对保护现有的民主制度是有作用的。而政治哲学则可以满足这种需要。

希拉里·普特南
Hilary Putnam

在20世纪的英美哲学界,希拉里·普特南是一位杰出人物,他对这个学科的许多讨论都做出了重要贡献。在心灵哲学、数学哲学、语言哲学、价值论和宗教哲学,还有人工智能和量子力学等学科上,他都有所著述。他提出的许多建议和理论受到了广泛的赞誉。他的思想特征是,对自己的观点有仔细和彻底的审视,有时会发现其中的问题。因此,普特南还以放弃自己的哲学立场著称,而且经常是在他的学生们为此感到极度沮丧之时,在他的同事们继续为有关的研究项目而努力工作之时。人们曾批评他经常改变自己的观点,他回答说:"当你发现自己有错误时,你怎么办呢?"普特南愿意重新考察自己的立场,改变自己的思想,这证明了他在学术上具有正直诚实的品格。

在这里应该提到的是,普特南思想上有两个转折点。第一个是他提出过的功能主义(functionalism)方案和随后对该方案的批判。按照普特南的看法,该方案是这样一个观点,在描述脑的精神特性(mental properties)时,这些特性可以不用化学或物理的方法定义,而是用图灵机表示。普特南对这个观点的批判来自对指称本质(nature of reference)的更深刻的反思。普特南思想的第二个转折点是,他提出过一个被称为内在实在论(internal realism）的立场，他把这种立场表示为对关于真理和证明的那个权威观点的替代，这种权威观点是以形而上学实在论而著称的。内在实在论是这样一种观点：说一个陈述在其被考虑的条件（如语境）中为真，就是说如果认识条件足够好，它是可以被证明的。后来，普特南总结道，这种观点遇到了各种难题。他现在认为，第一，即使某些经验性的陈述不能被验证（他指出，"地球外的智慧生命是不存在的"这个陈述就可以是一个例证），它们也可以为真；第二，没有任何一个单独的词汇系统能够表达全部为真的陈述。他尤其否认了科学的词汇系统是这种词汇系统。普特南还主张，价值判断、事实描述以及语言惯例（linguistic conventions）是"相互渗透的"。通常，"这是一个事实还是一个价值判断"这个问题是一个坏问题；正确的答案可以是"二者都是"。（普特南称其为实用主义的实在论。）

普特南认为，像功能主义、形而上学实在论以及内在实在论这些观点都充满了哲学诱惑，最终，他一方面转向了维特根斯坦，另一方面转向了威廉·詹姆斯和约翰·杜威。目前，普特南的写作是围绕美国实用主义、怀疑论和斯坦利·卡维尔（Stanley Cavell）的著作进行的。最近，普特南为弗朗兹·罗森兹维格（Franz Rosenzweig）的《理解疾病与健康》（Understanding the Sick and the Healthy）写了一篇导言，从而把自己的反思扩展到了犹太思想。即使在普特南退休之后，他仍然是一位多产的和兴趣广泛的作家。

希拉里·普特南1928年生于芝加哥，在宾夕法尼亚大学获得数学和哲学学士学位，此后跟随汉斯·赖兴巴赫（Hans Reichenbach）学习，于1951年在加利福尼亚大学洛杉矶分校获得哲学博士学位。他曾在西北大学、普林斯顿大学和麻省理工学院任教，然后于1976年来到哈佛大学。他担任了沃尔特·贝弗利·皮尔逊数理逻辑教授（Walter Beverley Pearson Professor of

Mathematical Logic），后来担任科根（Cogan）大学教授，并于 2000 年退休。他的著作有：《带着人类面孔的实在论》（*Realism with a Human Face*，1990）、《实用主义：一个开放的问题》（*Pragmatism: An Open Question*，1995）、《三重束缚：心灵、躯体和世界》（*The Threefold Cord: Mind, Body, and World*，1999）。他在哈佛的最后一次讲演发表在《哈佛哲学评论》第八卷上。

希拉里·普特南：
论心灵、意义与实在

采访者：乔什·哈兰（Josh Harlan）
采访时间：1992 年

哈佛哲学评论：心灵哲学的终极目标是什么？心灵哲学与某些领域，如神经科学、认知科学和心理学有什么区别？

普特南：心灵哲学就像所有的哲学分支一样，讨论一些有松散联系的问题，随着时间的推移，一些问题加入（有时是脱离）了心灵哲学。由于问题的复杂性，两千年来，"心灵"这个概念本身一直在发生着很大的变化。例如，亚里士多德就没有一个完全对应于我们的"心灵"概念。在亚里士多德的哲学中，psyche，或者说是灵魂与我们的"心灵"并不相同，因为它的功能也包含了非精神的因素，如消化和繁殖。（之所以如此是因为，在亚里士多德哲学中，"灵魂"仅仅是有组织的生命体的形式。比起我们当今的心灵概念，这是否是一个显然更糟糕的概念呢？）在亚里士多德哲学中，心灵（nous），或者理性（reason）不包含许多我们认为具有精神性质的功能［其中有些被 *thumos* 所代替，它是一个综合性的中心（integrative center），被亚里士多德定位在心脏］。

即使在我这一生中，也已经看到了两种理解心灵的极为不同的方式：一个是从英国经验主义传下来的，它把精神理解为首先是由感觉组成的。"感觉"或者是哲学家有时说的感受性（qualia）是否等同于大脑机制（brain processes）？这个问题对于该传统来说是"身心问题"。[理解为感觉束的心灵被称为英格兰心灵（English mind）。]心灵的另一种理解方式主要以理性和意向性为特征，即判断能力和指称能力。[这可以被称为"日耳曼心灵"（german mind）。]

有趣的是，计算机的兴起以及计算机对认知的模拟导致了"感觉说"的衰落，并且使人们越来越多地在英语哲学文献中谈论思维和指称（referring）。但在英语哲学家中，对"身心同一性"关注中的物质性倾向不是衰落了，而是这个问题又被表述为："思维和指称是否可以等同于大脑的计算状态？"

我目前的观点是，这些"同一性"的问题具有误导作用，尽管得出这个结论耗费了我多年时间。我为此做的长篇答辩见《表征与实在》（Representation and Reality）。我认为，在与思维和指称之描述相关的性质和物理的、至少是计算的性质之间寻求同一性，是受到一种**恐惧**的驱使，即恐惧返回到二元论而别无其他选择，返回到"机器中的幽灵"（ghost in a machine）的图景中。但这不是唯一的选择。还有一个正确的选择，捍卫这个正确选择的不仅有我，以前还有维特根斯坦、奥斯汀、斯特劳森和唐纳德·戴维森，还有更早的，这就是威廉·詹姆斯，他们以各种不同的形式捍卫了这个选择。这个选择就是要着眼于自然科学对人类生命体的描述，这种描述从目的和意义中做了系统的提炼，同时着眼于对目的和意义所做的"精神性的"描述作为补充。

这两种描述不能相互还原，但这并不意味着它们是完全对立的。当然，这包括了拒绝这样一个主张，即科学描述是对实在的唯一的"一阶"描述，也就是说，它是一种对实在全方位的描述，是"视角无涉"的描述。这个主张深深地根植于17

世纪以来的西方思维方式。因此,今天对心灵哲学的讨论已经成为压制不住的讨论,讨论的主题是形而上学、认识论以及元哲学等。

回到你提出的问题,即心灵哲学的"终极目标"问题。有人会说,有两个相互竞争的答案。传统哲学的答案是,它的目标就是回答我在前面列举的同一性问题,即要么是从纯物质的角度告诉我们,思维、指称、感知等是由什么构成的,简言之,就是在科学的框架内汲取目的和意义的概念框架;要么是建立起这样一个概念:二元论是正确的,在我们的躯体和大脑之上,我们还有非物质的灵魂。我所描述的这些竞争性思潮的答案则是,它的目标应该是废弃心灵哲学,就像传统上理解的那样,我把自己也包括进在内。第一种思潮是以还原论的形式出现的,它确实期待从神经科学、认知科学和心理学的角度(按照**它**对它们的理解)回答心灵哲学的难题。而第二种思潮认为,这些学科给我们的信息限制了我们用目的和意义的语言所能谈论的有关人的内容,而且这种把精神概念还原成"科学"概念的做法具有误导作用。

哈佛哲学评论:在讨论某些问题时,你提到过科幻小说的创作,如"艾萨克·阿西莫夫的机器人"(Isaac Asimov's robots)。科幻小说在哲学中能够起到什么作用吗?

普特南:哲学,就其定义而言,正是对探索一切可能事物的边界感兴趣〔《感觉的边界》是彼得·斯特劳森(Peter Strawson: *The Bounds of Sense: An Essay on Kant's Critique of Pure Reason*,1966)的名著〕。科幻小说就是设想出我们往往容易忽略的可能性的丰富源泉。至少我是这样认为的。

哈佛哲学评论:你的著名之举是,设想有一个世界,其中的全体有感知的生物都是"缸中之脑",你用这样一个世界模拟了笛卡尔的怀疑论。这个思想实验向我们说明了什么?我们关于实在的观念能否是一个幻想?

普特南： 关于把笛卡尔的怀疑论模拟成"缸中之脑"的问题，我的讨论由于篇幅过长，所以很难在这里概括，但我可以说，我的目的是论证概念和世界是相互包容的，你拥有的概念取决于你居住的世界以及你与它有什么样的关系。我们首先以纯粹"私人的"方式拥有了概念，**然后**你必须继续关注是否有事物对应于这些概念，自从笛卡尔以来，这个想法强有力地抓住了我们的思维，但从根本上说，这个想法是前后完全不一致的。或者说，至少是我极力要说明有不一致的情况。我们的实在观念必然是要被修正的（而这种修正也是**实在**观念的组成部分），但它可以是一个"幻想"这种想法只是做表面文章。

哈佛哲学评论： 请你告诉我关于你的新书《带着人类面孔的实在论》（*Realism With a Human Face*，Harvard University Press，1990）的有关情况，它是怎样反映出你改变了先前想法的？

普特南： 与早十年写成的《理性、真理与历史》相比较，《带着人类面孔的实在论》并没有反映出我思想上的变化，但它确实反映出我的思想在若干方向上的发展。首先，我在《理性、真理与历史》中对形而上学实在论的各种批判正在被罗蒂等人使用来为相对主义辩护，我认为，相对主义是一个伪选项（a bogus alternative）。所以我不得不仔细地考察罗蒂的相对主义。此外，我还不得不力图说明，我在"内在实在论"的名义下提出的哲学观点是真正的**实在论**，放弃那种认为只有一个真的和完整的对实在的描述，如科学的描述，并不意味着放弃我们的描述必须与其保持一致的客观世界的概念。

也许最重要的是，我力图捍卫的思想是，哲学的理论和实践方面是相互依赖的。杜威在《哲学的改造》（*Reconstruction in Philosophy*）中写道："当哲学不再是处理哲学家难题的工具，而是成为由哲学家培育出的一种方法，用来处理人的难题，哲学就恢复其本色了。"我认为,哲学家的难题和男人女人的难题是有联系的,而揭示这种联系是负责任的哲学的一项任务。

哈佛哲学评论:你能否说明你正在考虑的这种联系?

普特南:相当容易。规范判断(normative judgments),尤其是伦理判断能否是"客观的",这样的疑问如今几乎具有普世性,而且显然与这样一个观点相关:"事实"和"价值"在根本上是二分的,该观点是哲学制造的产品。我把瓦解这种二分视为核心任务之一,这样,人们才能够处理实际世界中的衰败现象,同时也能处理理论哲学中的一系列问题。

哈佛哲学评论:哈佛大学哲学系似乎很少关心当代欧洲大陆哲学,这是为什么?

普特南:我知道这种似乎存在于本科生中的情况是怎么回事。但事实上,在我们的研究生教学中,欧洲大陆哲学的内容我们比其他重点大学的哲学系要多得多。我已经不止一次地讲授过哈贝马斯的哲学,而且也涉及过德里达的某些观点。斯坦利·卡维尔(Stanley Cavell)讲授过海德格尔和拉康等大陆哲学家的著作,而弗雷德·诺伊霍瑟(Fred Neuhouser)和查尔斯·帕森斯(Charles Parsons)二人都讲授德国哲学,包括马克思和胡塞尔。

但在本科生教学中,很难在这项工作中做到公正。记住,欧洲的学生在高中三年都有哲学课程。讨论一个大陆哲学家首先要有这种教育背景才行。如果没有西方哲学史的充分准备,是不能负责任地讨论大陆哲学家的著作的。据我所知,有些人机械地模仿德里达的辞藻,但却没有研究过德里达所研究的内容,我们哲学系不想培养这样的学生。

哈佛哲学评论:德里达的哲学观点被哈泽德·亚当斯(Hazard Adams)说成是"对目前盛行的'意义'或'合理性'的观念的激进挑战"。你对德里达持什么观点?

普特南:尽管德里达的立场看起来可能是支持非理性主义

的，但这肯定不是德里达所想看到的情况。我认为，他对你提到的那个观念进行的挑战在我们的传统中也不是完全没有相应情况的。在我下一部著作《复兴哲学》(Renewing Philosophy，即将由哈佛大学出版社在秋季出版）中，我把德里达的立场与纳尔逊·古德曼（Nelson Goodman）的立场做了比较，事实上有重要的重叠。顺便提一下，德里达自己认为，他对意义观念的挑战并不完全是他原创的，他一再把荣誉归于索绪尔（Saussure），尤其归功于他的《普通语言学教程》（Cours de Lingpistique Générale）。德里达最新的思想是**阅读**的方式，其特征是在文本的正式意义和该文本中使用的修辞（tropes）之间发现致命的矛盾，我认为，这种阅读方式是有价值的；但不是对**所有**文本的阅读方式都是如此。令我吃惊的是，一个声称要成为"解构主义者"的哲学家，一个哀叹在哲学中存在的"断言式语气"的哲学家，他自己就无情地具有断言性，而且是一个无情的推广者。当人们阅读德里达之后，还有一个没有解决的问题是，如果德里达害怕人们把他视为非理性主义者，那么他实际上是否给自己留下了**回答**这一指控的资源呢？我今天不想回答**这个**问题。

哈佛哲学评论：你能否从更为个人的层面来总结你的工作习惯？你在选择研究领域和建立新思想的时候，是一个什么样的过程？

普特南：我发现有两件事帮助我建立新思想，一个是自我批判，即批判我先前发表过的任何东西，还有一个就是阅读伟大的哲学家。第一件事指的是，我对自己从前写过的这个或那个东西**永远**不满意，我要查找原因，努力思考我为什么不满意，怎么办，同时，我通常还要为我的下一个著述布置任务。但这种工作方式也会程序化，进入循环状态。我觉得，阅读总会开辟新的可能性，如阅读康德、亚里士多德、维特根斯坦、约翰·杜威、威廉·詹姆斯。由于我越来越聪明，康德、亚里士多德等也都变得越来越聪明了。我还有一个工作习惯，就是步行。为了写一篇文章，我必须行走许多英里的路程，我喜欢这种户外活动。对于我来说，哲学就是一种健康的生活！

翁贝托·艾柯
Umberto Eco

翁贝托·艾柯最著名的小说《玫瑰之名》(*Il nome della rosa*, 1980) 是以一座中世纪图书馆的焚毁结尾的，里面存放着许多经典，包括亚里士多德论喜剧的著作，这些著作现在已经遗失。在某种意义上，艾柯是一位智慧的图书馆员。

1932年，翁贝托·艾柯出生在意大利皮埃蒙特（Piedmontese）区的一个叫亚历山德里亚（Allessandria）的小镇。他进入都灵大学后，先学习的是法律，然后学习中世纪哲学和文学。1954年，他撰写了关于托马斯·阿奎那的博士论文。他的第一份工作是就职于一个地方电视台，这对于一个研究中世纪的学者是个陌生的工作。1959年，他转入邦皮亚尼杂志社（Case Editrice di Bompiani）工作。从那时起，在他从事各种学术和文学工作的生涯中，总是伴随着各种新闻工作。在随后的大约15年中，他的文章经常见诸于大多数比较著名的意大利报纸杂志的文化版面上。同时，他发表了第一批论述中世纪美学和解释中世纪文献的著作，其中最著名的是《开放的作品》(*Opera Aperta*, 1962)，这是一本文集，收入了他讽刺解释和注释的文章，书名也就是这些文章首次发表在报刊时的专栏名称。

一年之后，艾柯开始教书，先是在米兰，不久又去了佛罗伦萨。他的第一个符号学教授职位是在米兰技术学院建筑系。在这期间，他发表了第一部重要的符号学专著《缺失的结构》（*La struttura assente*，1968），这部著作预示了他在该学科中最有影响的一部著作《符号学理论》（*The Theory of Semiotics*，原文为英文，1976）中的观点。

1975年，艾柯接受了一个终身职位，即博洛尼亚（Bologna）大学首任符号学教授，他至今一直担任这个职位。同时，他也在六所美国大学教书，还任教于英国的剑桥大学和法兰西学院。他是荣誉军团骑士（Chevalier de la legion d'Honneur），并获得意大利共和国授予的大十字骑士的称号（Cavaliere di Gran Croce al Merito dealla Repubblica Italiana）。他最新的符号学专著是《康德和鸭嘴兽》（*Kant e l'ornitorinco*，1999），该书重新探访了概念图式（Conceptual Schema）的观念，并且讨论了语言适应于新发现的对象和现象的情况。

艾柯的小说家生涯始于博洛尼亚大学对他聘任后不久。1980年，他发表了《玫瑰之名》，引起了公众和批评界的喝彩。随后，他又撰写了三部小说：《傅科摆》（*II pendolo di Foucault*，1988）、《昨日之岛》（*L'isola del giorno prima*，1994）和最近的《波多里诺》（*Bendolino*，2001）。在艾柯进行小说和符号学写作的同时，他还出版了两本文集，一本论述了对小说的解释，另一本论述了小说的写作任务。同时，他也继续发展他的符号学理论，这种情况见于他的著作《符号学与语言哲学》（*Semiotica e filosophia del linguaggio*，1984）和《欧洲文化中的完美语言研究》（*La ricerca della lingua perfetta nella cultura europea*，1994）。在后两本书中，艾柯提供了对语言起源辩论的总体看法。人们要把这些辩论的结论转换为完善我们所说的语言之计划，他对此持批评态度。

艾柯的专业背景是中世纪思想和神学，他把自己的博学带入了对写作和符号的研究中，带入了文本解释之艺术的神学考察，也带入了伟大的著作是怎样发展起来的这个问题。除了《昨日之岛》以外，他的小说和非小说作品都是关于书籍的。他的写作是关于书籍的，他的谈话也是关于书籍的，他的图书收藏，也就是他在米兰的个人图书馆，有3万多册图书。他在业余时间投身于市民项目，如建立多媒体图书馆的计划。艾柯认为："图书馆能够替代上帝。"他既涉及古代也涉及现代，既涉及悲剧性，也涉及具有悲剧性质的滑稽，艾柯提醒我们阅读具有乐趣，提醒我们要从古老的书籍中提取宝贵的东西，在当今健在的人物中，他也许在这些方面做的工作是最多的。

在下面的访谈中，我们看到，艾柯已经放弃了他先前的定义或概括符号学努力。他在1996年说："我（再也）不认为给符号学理论做出总结是可能的。"他甚至总是拒绝对自己的文本做出任何解释。他在《玫瑰之名》的后记中指出："作者是不可以做出解释的，但他必须告诉大家他是为什么及怎样写书的。"根据这种思想，艾柯在这次访谈中经常说的就是，他把自己的小说视为谜语，而一个谜语的谜底与它具有的读者人数一样多。同时，他的小说与他的哲学作品是有差别的，哲学作品要求对确定的问题给出确定的答案。他把这种差别比做在维特根斯坦的《哲学研究》（*Philosophical Investigations*）和他的《逻辑哲学论》（*Tractatus Logico-Philosophicus*）之间的差别。有趣的是，把艾柯对谜语和哲学的评论与克拉·戴蒙德（Cora Diamond）对《逻辑哲学论》的讨论（也见本书）进行比较，本身就是一个谜。

[本文图片由南茜·克兰普顿（Nancy Crampton）提供]

翁贝托·艾柯：论符号学与实用主义

采访者：洪正民（Chong-min Hong）
　　　　大卫·卢里（David Lurie）
　　　　伊罗·塔纳卡（Jiro Tanaka）
采访时间：1993 年

哈佛哲学评论：你的大部分学术工作都是围绕着符号学这个领域进行的。符号学到底是什么？在你看来，它的目标是什么？

艾柯：技术性的答案应该是，全方位地研究符号阐释过程（semiosis），说到这里，我应该给符号阐释过程做一个定义。由于我已经就这个主题写过好几本书，所以，只用几句话回答这个问题也许是不适当的，或者说是不足的，否则，那些著作全都没有必要了，这是我不能接受的。从学术的意义上说，我不认为符号学是一个学科，甚至不是一个门类（department），但也许是一个学派，一个跨学科的网络，它研究的是人，因为是人创造了符号，而且不仅是言说（verbal）符号。

对一种具体的符号系统的研究通常被称为"……的符号学"。例如语言学是一种言说语言的符号学；还有交通信号灯符号学。在像英语这样的语言和交通信号灯系统之间的差别是后者比前者简单。因此，也就有了对符号行为总体的一般的研究，而我把它称为一般符号学。在这个意义上，符号学询问的是基本的哲学问题。

想象一下，语言哲学分析的不仅是言说行为，而且还分析各种符号的产生和解释。一般符号学对我来说是哲学的一种形式，说实在话，我觉得，它是今天唯一能接受的哲学形式。当亚里士多德说"存在"（Being）能够以各种形式被言说的时候，他就把哲学的特征归结为符号学的探究了。

哈佛哲学评论：显然，你已经发现，除了你在哲学和评论性工作中有所建树以外，你还能够在小说创作方面有所建树。当你创作小说时，你研究哲学问题的方法与你作为理论家时的方法是不同的，这是一种什么样的情况？

艾柯：你的问题可以有两个答案，事实上是因为它关系到两个问题，第一是文学创作心理学，第二是在哲学辩论中文学所起的作用，尤其是在今天。关于第一点，我要说，当开始一部小说的写作时，我并没有想到任何具体的哲学问题。我是从一种形象、一种境况开始的，而且我也不知道我要走到哪里去。只是到了后来，我才认识到我以某种方式涉及了哲学问题，这并非是那么无法解释的问题，因为它们是**我的**问题。在这种情况下，我认识到，当我以随笔的方式涉及哲学问题时，我要争取到达结论，一种意义明确的结论，并准备为它辩护，即使我意识到为了到达这样的结论，我必须断绝观察相同问题的其他可能的途径。

与之相反的是，当我在创作小说时，我还有一种印象要展现，我力图表现这样一个事实：结局可以有许多。换言之，我提供给读者的是一系列的问题，而不是答案。要在一种"哲学"隐喻的意义上转述这种情况就是，撰写学术著述就像撰写《逻辑哲学论》，反之，创作一部小说更像撰写那部《哲学研究》。

这就把我们引入了你的问题的第二部分。我们时代的人数稳定的一批哲学家已经把文学创作作为处理哲学问题的平台来使用了，哲学家们反思卡夫卡（Kafka），反思曼（Mann），反思普鲁斯特（Proust）。他们运用文学就像古希腊哲学家运用神话一样，是一种人的问题的开放式的和无结论的表征，这正是因为诗学的或叙事的话语不被接受、或者说被拒绝（被忽略或被舍弃），但可以被当作无止境的问题之来源进行探索。

哈佛哲学评论：你的作品，尤其是你的小说将被形形色色的读者以许多不同的方式解读。正确的解读与错误的解读之间有什么区别？

艾柯：在我哲学生涯的初期，我受到路易吉·帕莱松（Luigi Pareyson）的影响很大，他的解释哲学事实上是解释学的一种形式。正是由于这个原因，我在数十年后遇到了皮尔斯（Charles Sanders Peirce）的思想后，就被他的解释理论征服了，因为他的解释理论是一个统一的范畴，能够解释心灵和语言（甚至也包括自然）是怎样运作的。但皮尔斯哲学的核心特征是，每个解释行为既包括自由也包括诚实（或尊重）。你是自由的，因为你是从自己的视角观察某物，但你是在观察**某物**。这种自由和忠诚之间的辩证关系在我的思想中仍然保持在核心位置，这表现在我对皮尔斯无限制的符号阐释过程之观念的详细说明中［见我的新著《解释的局限》（*The Limits of Interpretation*）中的几篇文章］。

粗略地表示总体情况就是，我仍然相信在语言中存在着字面的层面，这是零等级的情况。解释就是从这个层面开始的，而且不能忽略这个层面。你能把《芬尼根的苏醒》（*Finnegan's Wake*，又译《芬尼根的守灵》）解读为《飘》的自由解释吗？如果答案是"不"（就是"不"，别傻了），这就意味着，一个文本的若干种解释是不能被当作该文本的某一种解释来接受的。那么，如果你要我做这种事（我已经做过这种事了，那是在我的一个讽刺性模仿（parody）的作品中，该作品现在已经用英文发表了，题为《误读》），我就能写一篇文章，把乔伊斯

(Joyce) 写成玛格丽特·米切尔 (Margaret Mitchell)。你可以说，即使如此，这也是解释文本的一种方式，我也同意。但你会承认，在解释过程中，存在着各种不同的忠实程度。我能够用奥卡利那笛 (ocarina) 演奏肖邦的作品，这种做法是解释学的成果，但在一般情况下，人们都承认，柯尔托 (Cortot) 的精彩演奏更接近于肖邦，我认为，人们这么想是正确的。

哈佛哲学评论：圣托马斯·阿奎那和詹姆斯·乔伊斯 (James Joyce) 两位文豪在你的作品中都处于非常显著的位置。他们有什么吸引你的地方？

艾柯：人们看中某个作家有许多原因，而且事前是没有任何安排的。这就像坠入爱河：事情就这样发生了，"为什么是甲而不是乙？"问这样的问题有点傻。在以后的生活中，你也许觉得这就像安排好了一样，但当然这只是目的论的幻想。为了玩目的论幻想的游戏，我把他们看作是对我所受的教育极有补充作用的两个人物（阿奎那和乔伊斯）：人们好像是为了建立秩序而工作，但经他们建立秩序的世界隐藏着一种打乱先前传统之整体性的微妙方式；而另一个则是在玩偶然和无序的游戏，但要玩这种游戏人们需要一个支持性的有序结构。好一个"恐怖的对称"，是吧？当然，它没有依靠有意设置的情节。但谁知道呢？

哈佛哲学评论：为什么一般来说，美国实用主义、具体说就是哈佛哲学家、实用主义者皮尔斯如此吸引欧洲大陆的注意？

艾柯：说到美国的实用主义，我会在詹姆斯或杜威的实用主义与皮尔斯的哲学之间做出区别，你知道，皮尔斯曾经被他的思想之詹姆斯的版本惹怒，所以，他决定把自己的哲学称为实效主义 (pragmaticism)，以区别于实用主义 (pragmatism，他说，没有人盗用过这个丑陋的词）。在詹姆斯和杜威意义上的美国实用主义在本世纪的上半叶在意大利有许多追随者，这种情况是对克罗齐 (Croce) 和金蒂莱 (Gentile) 的唯心主义的一种反对行动。

皮尔斯主要是在本世纪的下半叶被重新发现的，他是在符号学方面吸引欧洲人的（顺便说一下，在美国的那些研究皮尔斯的少数幸福的人们很少考虑这个情况，直到最近仍然如此）。人们研究皮尔斯是因为，结构主义符号学的研究方法把特权授予了语言学模型，而皮尔斯意识到，我们制造和使用的符号种类繁多。

哈佛哲学评论：你是怎样区分欧洲大陆哲学和分析哲学的？

艾柯：凡是按照他们的难题、问题和答案对大陆哲学和分析哲学进行的区分都是误导。人们在每一步都能发现它们之间的共同之处要比我们通常相信的多。但是，共同之处被掩盖了，仿佛双方的工作就是为了使两个领域不可相互渗透似的。

为了解释真正的区别，让我使用一个关于中世纪哲学和近代哲学之间的类比：那些中世纪大学中的哲学、逻辑学和神学教授们（Shcoolmen）持续不断地改革，但他们却力图掩盖改革，因此就给出一种假象，好像是在对一个统一的传统做注释。反之，近代哲学家，如笛卡尔，是假装从"白板说"出发的，采取的方法是，把先前的传统本末倒置来巧妙地质疑它。我觉得，分析哲学仍然持有一种中世纪的态度：似乎每一个话语都被要求从前一个话语出发，人人都承认某种准则或规范，让我们举一个弗雷格的例子。按照这个思路，人们必须尊重一套共同的哲学行话，从一套规范的问题出发，任何新的提议都必须剥离出这个问题和答案的集合。大陆哲学则力图表明，他们与先前的哲学话语没有任何关系，即使在他们只是把旧的问题转换成新的哲学语言也是如此。就我所知还有另外一些区别，但还是让我把重点放在这样的区别上，它更多的是基于哲学风格的区别，而不是内容和方法的区别。

哈佛哲学评论：17世纪英格兰著名哲学家约翰·洛克（John Locke）在他的《人类理解论》（*Essay Concerning Human Understanding*）中，有一个著名的论断："即使是思想也是符号",皮尔斯似乎也持这一立场。心灵难道真的能被建构成一个符号过程吗?如果不能,那么什么是符号学真正的"研究对象"(subject)呢?

艾柯: 概念或思想是符号这个想法比奥康姆(Ockham)的思想还古老,因为这个想法能够在更早的时期发现。让我们来设想,在所谓的心灵中发生的情况。如果心灵等于大脑,那么,心灵中发生的情况就等于一定的物理状态;如果不是这样,我就让你自由决定它是什么状态。它们肯定不是事物。但通过心灵,我们能够考虑事物。因此,在心灵中不管发生了什么,即使是小人在跳舞,它也代表着另外的事物了。这就是符号的定义,或是符号过程的定义,自古以来就是如此。因此心灵是一种符号的运作。

哈佛哲学评论: 近年来,美国学术生活的中心是对知识的政治本性的热烈辩论。作为一个欧洲人和一个基于西方传统的学人,你是怎样看待这个争议的?

艾柯: 在欧洲的中学,12岁时,你就开始阅读荷马和维吉尔(Vergil,古罗马诗人),到了16岁,就要求你了解柏拉图和亚里士多德的各个方面了。但你决不阅读《圣经》,也不谈论《可兰经》,佛教的原理也只是在谈到某些西方哲学家的情况下才被引述,而只有那些在大学里研究文化人类学的人们才听说过非洲神话。这样的课程设置是错误的,因为它是以欧洲为中心的。但同样错误(而且是种族主义的)的是,只让黑人学生接触非西方文化,让他们远离柏拉图和亚里士多德。本杰明·李·沃夫(Benjamin Lee Whorf)说得对,当代核物理学用霍皮人(Hopi,美国亚利桑那州东南部印第安村庄居民——译者)的语言表达也许比用英语表达更好,但只有在人们对西方遗产的基本原理有所了解后,才能了解现代科学的大部分;了解这些是每一个人的权利。明天课程设置的难题是怎样给出一个文化的全景（希腊人称为 enkyklios paideia，即一种全方位的教育），之所以称其为"enkyklios"（全面），就是因为它将不仅是以欧洲为中心。

哈维·曼斯菲尔德
Harvey C. Mansfield

人们所知道的哈维·曼斯菲尔德是一位政治哲学家和研究过去思想家的学者，这些思想家包括博克（Burke）、马基雅维利（Machiavelli）和托克维尔（Alexis Tocqueville）。同时，在曼斯菲尔德的学者同仁和他的学生们的印象中，他对于那些广为人们接受的设想，不是给予挑战就是增强其周密性。曼斯菲尔德通常被认为是个保守主义者，但他拒绝这一标签，在我们的采访中，他把这称为"仅仅是暂时的政治状态"。

哈维·曼斯菲尔德于1953年在哈佛大学获得本科学历，并且一直担任教师，从1962年至今，他一直拥有小威廉·肯南政治学教授（William R. Kenan, Jr. Professor of Government）的头衔。他出版过十多本书，其中有些对当代的政治辩论有重要影响。他的那些书有时与过去的伟大思想家发生紧密的联系，有的是通过批判，有的是通过翻译。他的第一部著作《治国之才与政党政治：博克与博林布鲁克研究》（*Statesmanship and Party Government: A Study of Burke and Bolingbroke*）于1965年发表。当时对博克流行的看法认为，博克是一位基督教自然法理论家，曼斯菲尔德在该书中对此提出挑战，并强调他的审慎与改革精神。曼斯菲尔德通过这样的论证，把对博克的理解从传统的思想家转变到近代的保守主义者。1979年，他又完成了一部著作，名为《马基雅维利新的时尚与秩序：关于李维的话语研究》（*Machiavelli's New Modes and Orders: A Study of the Discourses on Livy*），1998年翻译了马基雅维利的《君主论》（*Prince*），最近，在2000年，他又翻译了亚历克西·德·托克维尔的《美国的民主制》（*Democracy in America*）。通常，曼斯菲尔德的工作是把过去的伟大的思想家的光芒投射到当今的政治环境中。他1978年的《自由主义精神》（*The Spirit of Liberalism*）和《驯化君主：近代执政权力的两重性》（*Taming the Prince: The Ambivalence of Modern Executive Power*）两部著作，从过去的思想家那里吸取教训，并且把它们运用在我们当今的条件下。曼斯菲尔德认为，马基雅维利的思想最全面、最生动地展示了近代政治学，表明自由的立宪主义是怎样顾及到活跃的和雄心勃勃的政客们，同时也给经济和学术生活留有空间。它驯化但不压制政客。曼斯菲尔德将马基雅维利的思想视为美国实验的理念和成功的核心内容。

尽管曼斯菲尔德长期以来对美国宪法有很高的评价，认为从现象上看，它是一个成功的文件，但他还是本着列奥·斯特劳斯（Leo Strauss）的精神认为，保守主义者在自己的思想中坚持一种持久的保守传统是犯了一个基本的错误。他认为，被深深地珍爱的传统通常正是从不连续性、革命以及渎圣行为中崛起的，而这些都是反对正统的保守主义的。

今年，在一本曼斯菲尔德的纪念文集中，收入了他的研究生过去和现在的文章，该书取名为《教育君主》（*Educating the Prince*）。这个项目是为了通过反思、通过收集曼斯菲尔德以前学生的文章来赞颂他，并希望把这位老师清晰地展现出来。当然，这些文章的范围和质量证明了曼斯菲尔德的广泛兴趣以及可喜可贺的学术水平，他最近的项目是研究男子气概（manliness）

的课题。他希望,从政治和历史的混乱情况的掩盖下,重新发现这个词的基本的和固有意义。而他的思想照常是非正统的,是具有挑战性的,而且也肯定是辩论的核心。

哈维·曼斯菲尔德：论政治哲学

采访者：乔什·哈兰（Josh Harlan）
　　　　克里斯多弗·卡盖伊（Christopher Kagay）
采访时间：1993 年

哈佛哲学评论：你是怎么成为政治哲学家的？

曼斯菲尔德：我成长为政治哲学家不是一个决策。在本科生阶段，我心目中的英雄是萨姆·比尔（Sam Beer），他是一个出色的男人，现在已经退休了。我父亲也是一位政治学教授。我最初的想法是，当一名苏维埃的专家，去了解你的敌人。后来我意识到如果我这么做了，我就会用毕生的时间，用一个由苏联党政官员炮制的只有 500 个词的词汇系统阅读。在我大学二年级的时候，我遇到了萨姆·比尔，他那时的兴趣是，在研究从政治哲学中发展出来的比较政府学（comparative government）的同时，询问各种问题。而我对这些问题比对实际应用更感兴趣。于是，在我还没有毕业的时候，我就被列奥·斯特劳斯所吸引。在他的著作《自然权利与历史》（*Natural Right and History*）问世的那一年，我从哈佛大学毕业了，那是 1953 年。我那时也认识了他的几个学生。我从来不是斯特劳斯的学生。我是在伯克利（Berkeley）认识他的。他那时却在帕洛阿尔托（Palo Alto）行为研究所。他当时正在开办一个非正式的读书研讨会。

哈佛哲学评论：在你看来，政治哲学是什么？为什么人们应该认真对待它？

曼斯菲尔德：让我从哲学的立场上来回答这个问题。我要说的是，政治哲学是关于自我知识的学科。在不思考思想环境、不思考怎样能过上思想家生活的情况下，你就不可能全面地思考。这个问题的答案具有政治性，因为政治决定了思想家得以思想的条件。仅从思想家和哲学家的立场出发，我就认为政治哲学是必须研究的学科，这不是出于偶然。对政治是否感兴趣，没有选择余地。政治哲学讲述的是哲学家或思想家与非哲学家之间的联系，是思想中在学术上可理解与不可理解的内容之间的联系，或者是在人类中特有的或最高级的品质以及人类最低级的品质与其他动物、还有自然界其他事物之间共有的东西之间的联系，这些共有的东西为生命之必需。如果你反思这些，政治哲学似乎就是哲学中的一个关键领域。虽然不是最高的，但却是至关重要的。这就是思想与无思（non-thinking）相遇的症结之处。

哈佛哲学评论：当一个保守主义者意味着什么，你对这个标签感到舒服吗？

曼斯菲尔德：不舒服，因为这个标签的政治意义只是暂时的。在其他情况下，我很可以想象自己是一个自由主义者，但当一个保守主义者总的来说是有很多困难的。我尤其想到了两个困难。一个是如果保守意味着固守传统，而传统又包含着矛盾的因素，因此人们就必须做出选择，不再是简单地当保守主义者。另一个困难是策略问题。你是否应该缓慢前行或走回头路。缓慢前行意味着固守着已经做过的事情，放缓正在做事的速度。其意义是在于使过去和现在保持联系。走回头路则意味着在过去和现在之间制造断裂，因而不再保持那种联系。你今天在最高法院可以看到这种情况。斯卡利亚（Antonin Scalia）想走回头路。而肯尼迪（Anthony M. Kennedy）为首的温和派，还有中间派苏特

（Souter）和奥康纳（O'Connor），他们想放缓步伐。我觉得无法说这两部分人中，哪一部分属于更好的保守主义传统。

哈佛哲学评论：是否存在这样一种观点，它把保守主义等同为珍视自下而上形成的社会实践？造成这种观点的理念是，传统高于那种自上而下形成的思想，这些思想总是力图在合理性的基础上设计社会实践。上述观点是否为有关保守主义的另类观点？

曼斯菲尔德：不是。我认为，那是关于保守主义的合理观点，是为什么保守主义的统一性和普世性可以被质疑的又一理由。显然，具有合理性通常是比较好的情况，合理性似乎是必要的，就像你说的那样，它来自顶层，因为具有合理性的思想来自最理性的思想，来自人们从那些最具理性的人们那里发现的思想。保守主义者习惯于尊崇这样的创始人，这种说法没有错，但创始人的行动却是非保守的行动。

哈佛哲学评论：这似乎完全是一个悖论。

曼斯菲尔德：是的，所以保守主义者不可能一以贯之，也不可能总是有理。

哈佛哲学评论：斯特劳斯学派（Straussian）是否为某一类型的保守派？

曼斯菲尔德：从本质上说不是。斯特劳斯自己说过，那些追随他的思维方式的人们只是在名声上具有保守主义政见。尽管大多数斯特劳斯派确实是保守主义者，但也有一些人是自由主义者。从本质上说，这关系到政治哲学的复兴，而与改变美国无关。一个斯特劳斯派的成员可以是保守主义者，但对个人来说，这不是首要的条件。

哈佛哲学评论：斯特劳斯有什么吸引你的地方？

曼斯菲尔德：首先征服我的是，在他尽可能真实地再次彰显古典政治哲学的问题之时表现出了单枪匹马的勇气。同时，我也寻求理解位于相对主义和绝对主义之间的道德和政治。这似乎给出了一种理性的中间状态。这就是首先吸引我的地方。另一个吸引我之处就是他那非凡的处理原著的方式，他对原著的解释，还有在原著中发现内容的能力，不是编造和想象，而且是发现内容，并且表明内容就在原著中有待理解，我也阅读过这些原著，但只是快速和肤浅地阅读。后来，我与他见面了，他在很大程度上是我见过的最智慧的人。

哈佛哲学评论：你的政治信仰是否从你的政治哲学研究而来？

曼斯菲尔德：政治哲学研究顶多也就是为人们的政治思考提供一个环境，而不是人们可以从中轻易地获得政策的一些原则。政策相对这种情况来说，是太过具体的事情。但人们也许可以从政治哲学中学到东西，例如，可以从亚里士多德的政体概念中了解到，每一种政体都有一种特征，人们必须使自己的政治思考适应这种特征。在一个已经建立起来的民主制度中反对民主是无济于事的。因此，人们在设立自己的政治前提时，不仅要根据愿望，更要根据实际情况。这并不是说应该忽略其他可能性。要在民主制里更好地当一个公民，就要意识到有反民主政体存在，甚至意识到这种反民主政体的意识也是有优越性的，但这种意识必须与改善民主制的思想相结合，而不是用一种想象的、也许是更糟糕的选择来替代我们的情况。

哈佛哲学评论：当你谈到在民主社会中反对民主无济于事时，似乎听到了你声音中带有一种渴望。你是否认为，在某种意义上，我们可以在缺乏民主的社会中生活得更好？或者说这个问题不合逻辑，因为在那种情况下，我们就不成其为我们了，我们就是另一种人了，对吗？

曼斯菲尔德：这是一个困难的问题。我的意思不是渴望什么或者怀旧，而是要采取现实的态度。我没有把握说现行的制度在任何时候都是最佳的政治安排。人们还是应该在内心保留对最佳政体的忠诚。

哈佛哲学评论：按照你说话的思路，这并不一定就是最佳的政治安排，但有人说，这是最后的政治安排，是历史的逻辑，社会的政治进化正在无情地朝着这种政体运动，你对此有什么想法？

曼斯菲尔德：那是弗朗西斯·福山（Francis Fukuyama）和他著名的论断，是从黑格尔和柯耶夫（Kojéve）借来的，但如果着眼于目前已经发生的趋势和目前业已存在的可能性时，情况并不是那么无情的。民主制度不知道为什么比极权制度存在得更长，这给人留下了深刻的印象，而且在目前的情况下，似乎还没有其他看起来更可行的制度。

哈佛哲学评论：伊斯兰原教旨主义的崛起情况是怎样的？

曼斯菲尔德：我不知道有关的情况。福山认为那不是可行的选项，他认为，那些政体迅速丧失了自己的信仰，它们依靠科学和西方的工业化经济，而这种依靠必然要产生后果。

哈佛哲学评论：你是否认为，随着世界在政治上越来越相似，政治哲学家的重要性也就随之减退了？

曼斯菲尔德：不。我认为，我们还没有看到随机事件的最后情况，某些强势的反民主的制度能够很容易地产生，这些情况不曾预见，也无法预见。它可以是某种法西斯主义。反对自由民主制的理由有两个，一个是由共产主义提出的，另一个是由法西斯主义提出的。这两种反对理由也有一些合理性，即使共产主义和法西斯主义本身没有合法性。共产主义的反对理由是自由民主制过于自私，对整体不关心，而法西斯主义的反对理由是自由民主制太低级，与高尚无关。这两个理由在某种程度上都有正确之处。这就是为什么我说自由民主制并不是人性的完全实现，也不是人性的尽善尽美。人们总是可以想象着去挑战它，挑战这种较好的政体。在实践中，挑战也可以变坏，发生在共产主义和法西斯主义的情况就是如此，但人们很可能受到诱惑而做出尝试。

哈佛哲学评论：你已经被认定为是自由主义的批判者。你认为自由主义错在哪里？

曼斯菲尔德：我 1987 年出版了一本文集，名叫《自由主义的精神》。在书中，我把自己说成是自由主义的朋友。但对于那些自称为自由主义者的人们来说，我这样的朋友是要使他们的信仰和实践经受批判的，但我从来没有真正地批判过他们的核心内容。我认为，我从那时起，就明白无误地成为保守主义者了。但我认为，人们可以把保守主义的主要任务定义为：力图使自由主义在多方面实践自己的各项原则；在经济方面，实践市场和私有财产的原则；在文化方面，实践我们大学教育的高标准的原则；在宪法方面，实践宪法及其根据宪法建立起来的各项制度所赋予的权利之原则。这些不是用来抹黑自由主义者的修辞策略，我觉得，他们的确已经离开了使自由主义具有吸引力的事物。这种情况在 60 年代后期尤为突出，这是一个非常强势的时代，它造成的伤害是不可估量的。

哈佛哲学评论：但自由主义者对此做出的反应是要求进行许多社会变革，这些变革的发生会给各个阶层的人民带来权利和平等，他们在过去不曾享受过这种权利和平等。对此，你似乎有话要说。

曼斯菲尔德：你可能想到了民权运动。它发生在 60 年代早期和中期，在通过第一个民权法案的时候发展到高潮，这个法案没有受到来自南方参议员的阻挠，第一个民权法案体现了真正的共识。这是在 1964 年。

哈佛哲学评论：你还没说你刚才提到的 20 世纪 60 年代造成伤害的情况呢。

曼斯菲尔德：是还没说呢，或者说还没有进入主要内容呢。1964 年民权法案的一个解释于第二年出笼，它启动了扶持行动

(affirmative action)，我认为，这是对自由主义的一种曲解。它把我们的政治从宪政转变成结果取向的政治，在少数族群和欠发展群体怎样获得自己的权利方面，起到了很大的作用，是依靠自己的努力获得权利，还是通过法律的手段把平等提供给他们。以简单的形式送给他们平等的结果就否定了他们的自尊，没有给他们以成就感，而且过度地增加了政府的作用。

哈佛哲学评论：有些人主张，在那种情况下，扶持行动不是结果取向的，扶持行动不寻求将那些缺乏功绩（merit）的人们放在特殊的尺度上，也不寻求把他们的处境提高到与那些较多功绩的人们相同，但却努力使现有的衡量功绩的标准多样化，以便用不同的标准衡量不同背景的人们。你对这种说法有何不同意见？

曼斯菲尔德：说是可以这样说，但在实践中，我觉得行不通。在实践中如果这样做，按照任何一个合理的、非结果取向的标准衡量，就是给了人们他们不应该得到的东西。扶持行动的实践比这更糟。如果你听过人们在原则上的论证，你会觉得如果这种做法有点用的话，那就是你从上面推动了他们，从而向他们表明，我们现在是一个整体，我们不希望轻视这个整体中的任何群体。实际上，扶持行动提供的利益是巨大的。而且给予黑人的利益是一样的，不论他们是来自斯卡斯迪尔区（Scarsdale，纽约的富人区——译者）的黑人，还是来自哈莱姆区（Harlem，纽约的穷人区——译者）的黑人。这种情况不仅发生在入学问题上，甚至更多地发生在就业问题上。令我困扰的是，它还发生在本系研究生就业市场中。主要的不公正就是针对男性白人，我们将为此愧对下一代。其结果是，在我们的大学中，种族关系没有任何改善。

哈佛哲学评论：你对自由主义的批判适用于你的哈佛大学的同事约翰·罗尔斯吗？

曼斯菲尔德：我写过一篇关于他的文章，发表在我提到过的那本书里。我忘记了其中的内容了。从本质上说，我认为他力图用两种方式阐述自己的自由主义。他更喜欢康德，而不是洛克，因为康德有一定的道德高度，而且康德不把自己的论证基础放在财产保护上。但罗尔斯始终都没能接近康德在道德上的严格程度，这种严格是一种态度，是严格遵守自己的前提，就像康德做过的一切事情一样，对于康德在《道德形而上学》一书中实际提出的政治和道德策略，他没有做任何评论。为了把自己从康德的道德严格性中解放出来，他沿着洛克的方向走了回头路。我认为，这是在具有道德性和具有同情心两种愿望之间的不一致的交替。这就是对他那本书的概括性总结，当然书中还有许多论证。

哈佛哲学评论：那么，你的意思是否是罗尔斯要求的某种程度的再分配没有充分考虑功绩？

曼斯菲尔德：或者说没有充分考虑道德，但它期望的是社群的保护或社群的自我保护，也就是他所谓的"不充分的善理论"（The thin theory of good），这是一个苛刻的康德主义的限制条件。

哈佛哲学评论：在你看来，那个原始状态是否像一个有效率的机制来模拟一个公平的决策过程以实现正义的原则？

曼斯菲尔德：效率非常低，因为它拿走了你需要的知识。在你知道还是不知道自己性别这两个不同的条件下，做出的决策也是不同的。你有性别但却被束缚在无性别状态中，这实在是没有任何道理。他不能给出任何限制的理由。

哈佛哲学评论：但这不就是问题的关键吗？只有这样，人们才更愿意选择平等对待不同性别的基本社会结构。

曼斯菲尔德：人们在无性别意识的情况下更容易选择一个无性别观念的结构。但他们为什么应该做这种选择呢？这种选择毕竟是在无知的情况下做出的。这种原始状态与霍布斯和洛克的自然状态是不同的，自然状态意在告诉你什么是你真实的本性。这种自然状态被设定为一种陈述，是你真实情况的陈述。在自然状态下，人们有平等的能力进行杀戮，你能够看到男人和女人基本上是平等，因为女人虽然似乎在体力上较弱，但可以通过计谋杀人。平等的观念中有些现实性。而原始状态只是反事实的假设，这种把你知道的事情设定为不知道，如你没有性别。它一开始就假定，性别是不重要的。你怎么知道性别不重要？

哈佛哲学评论：你认为哪个哲学家对你的思想影响最大？

曼斯菲尔德：我认为原则上洛克对我们来说是最智慧的。但到目前为止，最好的书是托克维尔的《美国的民主制》。这是为我们的国家做的最好的一件事。那本书不像洛克的《政府论》(*Two Treatises of Government*)，它不是一本原理性的书。原理已经在那里了，已经不是议题了。我喜欢亚里士多德，你花一些时间看看亚里士多德就某个主题说过什么话总是值得的。

哈佛哲学评论：你是怎样寻求一组原则的一致性的？

曼斯菲尔德：我要简略地重述自己，在这方面，我是根据亚里士多德和他的政体概念给自己定位的，我认为，这个概念对于任何政治科学家都是一个基本概念。它告诉你，对政治问题做抽象判断是错误的，也就是说，不把政治问题与政体、即某一具体时代和具体社会的政治体制联系起来是错误的。因此，你想采纳的政治体制在抽象的层面上是错误的，但在我们这种民主制中就是正确的。例如，人们可以在抽象的层面上质疑对权利的依靠。毕竟，比起权利来，责任难道不重要或更重要吗？但那不是我们，我们另有前提。如果我们采用的政策不是从我们的、或者可预见即将是我们的一个前提推演出来，采纳这种政策就是没有意义的。我认为，这就是托克维尔政治科学的美好之处。它把这种新的民主革命当作事实来接受。它有长处也有短处。人们可以努力扬长避短，但却不抽象地考虑问题。通常，花时间研究政策的哲学家们考虑问题如果过于抽象，就像在古代，哲学家所说的内容对于波斯和埃及都有好处一样。这就有点荒谬了,因为他们是舒适的郊区自由主义者,他们没有充分认识到自己所做的抽象其基础之狭隘性。人们应该对这样一个事实有一种自我认识,即我们生活在一种特定的民主制度中,人们能够把它向好的方向移动,但不可以彻底改变它。谨慎要求人们最好不要从哲学家的著作中寻求抽象的内容,而要运用那些与自己所处的环境有关的原则和思想,人们应该努力寻找有益的改进措施。

哈佛哲学评论:你对社会问题的看法与那些自由主义者的看法是在哪里分道扬镳的?

曼斯菲尔德:我不是百分之百地反对大政府。在冷战时期,我们当然需要庞大的军事力量。而且我也认为,政府在社会中起到一种可塑的作用是必要的和正确的。我确实同意自由主义者的观点:有限政府现在对我们是最好的。但有限政府必须由开创行动建立,这种开创行动本身不是有限政府一蹴而就的,这种开创行动树立了道德力量,给我们整个社会设定一个基调。这个基调、这种道德力量需要重新唤起,如民权运动或各种演说这样令人印象深刻的行动就唤起了爱国主义和我们美国人共有的美好事物。因此,我认为人们不应该总是轻视政府。我同意,政府在现代、尤其是自从新政实行以来做的事情太多了,而我们需要的却很少。因此,在近期的美国政治中,我最喜欢的人物是里根。

哈佛哲学评论:在你看来,哪些起源于新政的行动、哪些政府的功能是最有害的?大政府的多数变革你都认为是有害的,但它们至少符合于某些美国人的想法,即这是必要的变革潮,考虑到这种情况,如果不通过政府、不通过扩大政府的规模进行改革,情况会有多大改善?

曼斯菲尔德:新政在经济方面的错误是企图建立所谓的"免于匮乏的自由(freedom from want)"。新政在政府结构方面犯的错误是:打击了美国的联邦制度,无限制地扩大政府的官僚机构，它推行的政策使我们大家都更依赖政府，这就意味着我们这些共和政体的公民缺乏独立性。我认为，这就是新政的全部意义。尽管新政的某些部分是有价值的，但它犯的错误是全局性的，其中的许多部分现在已经不可能废止了。我认为，政府需要经常进行大规模的变革，但变革应该给自由公民留出空间，使他们也能自由地履行自己的责任。

哈佛哲学评论：新政进行的变革之一是以更为积极的方式使政府在日常生活的作用合法化。例如，为了稳定宏观经济而提供社会保险，我想，许多人都会声称，这些政策已经获得了巨大的成功。你再也看不到可怕的周期性大萧条了，这样的大萧条使美国在19世纪70年代和20世纪20年代遭受了大劫难。年长的人们从令人难以置信的贫困人口中走了出来，走入了从此不再遭受贫困的人口中，而且范围极广。对于这些变革本身以及它们所体现的先在的哲学变革，你认为是我们应该感兴趣的事情还是遗憾的事情？

曼斯菲尔德：如果不从整体上谈，就很难说了，就像你说的那样，从新政中也能收获令人愉快的事物。但人们必须当心，我们不能不加批判地接受以新政的观点观察历史。同时，新政本身在第二次世界大战之前，在经济上也不是非常成功的。即使在二战期间也不是那么成功，我们也没有完全成功地废除商业周期的现象。我们也没有了曾拥有过的那种勇气，它既能使人们度过好年景，也能使人们度过坏年景。随着我们越来越富有，越来越安逸，我们好像越来越关注安全，越来越不能容忍不安全。这就是我说过的一种依赖性。你刚才还提到了什么事？

哈佛哲学评论：社会保险。

曼斯菲尔德：哦，对了，是社会保险和老年人。大多数人都不必考虑在自己年迈时得到照顾的问题了。这对家庭是一件坏事，因为这就意味着子女不必照顾自己年迈的父母，或者不必担负同等的责任来做此事。对个人来说，这也是坏事，因为你不必为你的老年而节俭。这里有一种风险来自你对无风险的渴望，这就是失去了美德，失去了在自由民主制中得到最佳理解的美德，这种美德就是自力更生和责任感。

哈佛哲学评论：在当代美国，还有一个具有煽动性的批评者是艾伦·布鲁姆（Allan Bloom），你与布鲁姆在思想上有什么关系？比如，你怎么看待《美国人心灵的关闭》（*The Closing of the American Mind*）这本书？

曼斯菲尔德：他是我关系非常密切的朋友，我非常怀念他。我阅读的是他那本书的手稿，我有幸见过他，并且告诉他这本书使他出名了。当时，还没有意识到该书的成功有多大，但对我来说，那似乎是一个非凡的陈述，是不能忽略的。我现在仍然这样认为。这是我们时代的著作之一。没有阅读过该书的人应该马上阅读，也包括那些已经购买了该书但还没有阅读的人们。（笑）那本书在学术上或在哲学上要表明的是，尼采是怎样成为一个美国公民的。我认为，这一点还没有吸引很多人的注意。这是一个非常重要的叙述。也许是我们时代的思想史、乃至政治史的实质性的叙述。那是在该书的第三部分。在第一部分中，他讨论了学生，把大家的注意力都吸引了过来。该书具有非凡的洞察力，对生活在当今的青年人的问题有一种真知灼见。这就是该书的卖点。我觉得，这种另类研究更有价值。

哈佛哲学评论：你同意布鲁姆（Bloom）对美国年轻人学术思想品质的悲观评价吗？

曼斯菲尔德：不同意，那更是道德品质。他们太友善了。而我们的美德是做出友善的姿态。那也许是一种学术上的恶习。这就是他主要的反对意见。我们太友善了，这就是说，我们太开放了。我们对事物的接受完全是肤浅的，因为它不对我们所相信的任何事物构成挑战。因此，这种友善来自对信仰的缺乏，而没有发生学习的行为是因为人们以肤浅地了解其他各种文化或肤浅地了解带有大写字母 O 的另类（Others）来替代信仰的缺乏。

哈佛哲学评论：你的这些话似乎与弗朗西斯·福山（Francis Fukuyama）在《新理想国》（*The New Republic*）中的主张有联系："迄今为止已经有许多年了，在一个彬彬有礼的社会里，对于各种民族、宗教和种族群体的广泛社会特征，人们的言论一直不能太明确，或者在提倡某些经济、社会或道德价值时，不能说某些文化高于另一些文化。'公民们'仍然在我们的公共教育制度中受教育，在这个范围内，核心的教义已经被还原为这样一种观点：其他文化并不是'更坏'，而只是'不同'而已。"（1993年4月，第91页）这话冒犯了你吗？

曼斯菲尔德：是的，确实冒犯我了。它使我感到沮丧。现在冒犯人太容易、太冠冕堂皇了，我想用的就是这个词。是的，这就是我正在考虑的事情。要欣赏其他文化，人们应该真正努力去了解该文化与我们的文化有什么不同，为什么有这种不同。例如，为什么印度人在火葬时要烧窗户。简单地排斥一种怪异的做法是不够的。他们为什么这么做？背后有什么道理？种姓制度是什么？换言之，代表这种制度的论证是什么？对于不同文化中的厨艺，人们也一定不要简单地看，或者说是简单地品尝。通过这些震撼我们的事情，我们对自己能有所了解吗？

哈佛哲学评论：你以前曾指出，那些身为自由主义的郊区居民的政治哲学家们，过高地估计了自己做出的抽象所涉及的范围。即使如此，你在这里是否仍然能说，我们可以超越文化分界，为其他各种文化中的实践做出道德评价？

曼斯菲尔德：是的，我认为人们肯定可以做到这一点。这就是政治哲学努力要做的事情。政治哲学是关于最佳政体的哲学，它在不同的政体之间做比较，判断它们的各种主张。政体总是为自己说话，声称自己有某些优势，尤其是高于其他政体的优势；

它们把自己与其他政体进行对照。自由民主制通常把自己与反民主的政体加以对照。它给自己一定的美德，而一个政治哲学家努力判断的就是该政体是否真的具有这些美德，是否失去了另一些美德。因此，自由民主制总是更明确地、而不是隐含地着眼于最佳政体的图景。它实质上具有乌托邦和超文化的性质。然而，每个政体都声称自己是超文化的，它们也许是在不完全了解世界上存在的其他各种文化的情况下，声称自己优越于其他文化的。

哈佛哲学评论：你是否感到有压力要你不要去做这种超越文化的主张？

曼斯菲尔德：当然了，尤其是这种主张给我们带来困难和麻烦的时候。我们的原则是"所有的人生来就是平等的"。但对于美国人中的不同群体来说，很难做出判断，这就意味着他们是不平等的，换言之，就是他们的民族特征描述是不平等的，有一种描述总是在说，某个群体具有某种特征，这就意味着，在这方面多一些，那方面少一些，也就意味着在某些方面的不平等。

哈佛哲学评论：这似乎就是当代美国在保守主义者和自由主义之间关键的分界。自由主义者在某种程度上会力图阻碍这样的解释：不同民族群体和文化群体在美国所获得成功的程度也有所不同，这种解释包括了这样的描述：文化上的差别怎样导致不同的结果。

曼斯菲尔德：尤其是不同的美德。

哈佛哲学评论：或者说，这就是福山指出的那样，保守主义者更愿意做出这样的评价：在美国的环境里，一些文化阻碍了自己，另一些文化则没有。

曼斯菲尔德：这就是自由主义者没有遵守自己原则的又一例证。这曾是保守主义的习惯，也一样是自由主义的习惯。不是文化相对主义者就意味着是保守主义者，这不是唯一的标准。对于公开抨击狭隘政体、抨击该政体内部的人们所从事的狭隘实践，自由主义者不曾有任何疑虑。而现在他们已经在多元文化主义或相对主义方面，丧失了自己的自由主义，他们需要受到人们的提醒，作为自由主义者，他们应该相信什么？为什么反对分数膨胀（grade inflation）的人就必然是保守主义者呢？在自由主义者和保守主义者之间曾有过完美的共识，这就是高等教育如果不保持自己的标准，就不可能维持下去。但自60年代后期以来，这种情况发生了转向。

哈佛哲学评论：那些在这个问题上批判你的人描述得公正吗？人们所描述的是你反对一般性的分数膨胀，还是描述你那种具体的种族性解释。

曼斯菲尔德：我觉得都有。在这个问题上，在自由主义者和哈佛大学管理部门中，有一个动向。我对这个将要发生的变化是寄予希望。劳伦斯·比尔院长（Dean Lawrence Buehl）的那封信开了个头。他们一直在发送统计信息，到现在已经有好几年了，统计的是每一个教授给学生的评分与其他的教授们给同一批学生的评分之间的比较。一篇带有这种信息的社论发表了，询问你改变你的行为是否为不明智，这还是第一次。因此，如果自由主义者想加入反对分数膨胀的十字军，他们当然会受到欢迎。

哈佛哲学评论：你是否认为，在没有管理部门发布的哈佛大学按种族分类的平均分数的情况下，教授个人能够得到足够的证据使他们宣布，分数膨胀有可能是出于种族原因。

曼斯菲尔德：我不这样认为。最好有一些统计资料。如果缺乏这种资料，人们就只能根据个人观察和人们在他人身上看到的情况来说话了。白人教授给黑人学生分数过高是非常普遍的。

哈佛哲学评论：你认为分数膨胀的首要原因是由于越南战争期间征兵局的政策，还是由于在20世纪60年代和70年代，兼任教学工作的研究生（teaching fellows）的教学量增长了，也就是说，评分的人更年轻、更容易接近学生？

曼斯菲尔德：第一个原因我同意，第二个我不同意。在讨论分数膨胀的论坛上，我引述了一个谚语来形容年长的教授："动脉越硬，心肠越软。"在我开始教书时，年轻教师的心肠是很硬的，为了把自己和学生区别开，他们清楚地表明，自己要强制执行高标准，年轻就意味着严格。我觉得这和布鲁姆所说的如今年轻人缺乏友善是一回事。我觉得，年轻人更多的是不宽容，而不是宽容，因此对年轻评分者的友善需要有具体的解释。

哈佛哲学评论：在20世纪60—70年代，大学不仅为黑人、而且也为其他群体的人打开了大门，包括乡村和贫困地区来的学生。你是否认为，分数膨胀可能不是起因于种族性的双重标准，而是起因于一种愿望：要使那些从前没有机会进入大学的许多群体中的人们有这种机会。从这种情况出发，你是否还认为某种程度的分数膨胀让这些群体的人们留在大学里接受教育，对我们的社会是一件坏事？

曼斯菲尔德：我觉得教育界的一个更具民主性的运动始于20世纪60年代以前。事实上，这完全是那个关于州立大学的理念，这个理念建立于19世纪《莫里尔法案》（*Morrill Act*）通过之后。我认为，给其中那些能力欠佳的人以好的分数不是鼓励这些群体的正确方法。这才是新理念。我认为，缓征（draft deferment）也是问题的一大因素，而且仍然是较大的因素，有一种观点总结的最好：你给某人评分，就是把外部的标准强加给某人，就是对某人实施权力。而这种情况是能够用你给出的各种理由伪装起来的，如这个人拥有我们需要了解的宝贵才能和观念，我们的大学社群也需要这些，尽管他的数学不是那么好。

哈佛哲学评论：一所大学觉得在学生群体中体现不同群体、不同阶层和不同背景的多样性是有价值的，而不在乎是否会导致优势比别人差的学生（从标准的多样性角度看，这样考虑是狭隘的）也能入学。在这种情况下，为什么大学是用评分、而不是入学来解决问题呢？

曼斯菲尔德：被狭隘考虑的这种优势实际上是我们的优势，即奖学金的优势。有一种情况是完全真实的：在哈佛大学，我们不是仅仅选择那些具有最佳学者前途的人入学，我们不想让学生群体仅仅由未来的教授组成。因此我想，他们只取前几名学术智慧考试（Scholastic Aptitude Test，或 SAT）的高分得主就停止了，然后看看还能得到什么，这个"还能得到什么"可以指还能得到什么其他优势，如体育运动的能力、演奏乐器的能力，或者显示出领导才能。我同意，这些都可以算作必须的和希望得到的优势，尽管是出于狭隘的考虑，但我认为，把种族、而且仅仅是种族当作一种资格引入是极端错误的。我们应该去发现黑人学生中间那种我们不具备的优势和美德，而不仅仅是他们拥有的深颜色皮肤，这种做法要好得多。

哈佛哲学评论：你是在说，大学可以选取一定数目的个人入学，不论他们属于什么种族，只要他们已经克服了阻挡他们道路的特殊障碍就行，是吗？

曼斯菲尔德：是的，这是一个可行的很好判断方法，这样，在能力相同或近似相同的情况下，来自贫民区的黑人比来自富人区的黑人会受到更好的待遇。在你的这个问题背后的设定确实不同于扶持行动背后的初始理由。这个初始理由是大学在招生时，有意无意地按照种族主义的做法行事，或者对于少数族群的申请人没有给予足够的鼓励或机会。扶持行动的初始理由当然与美国历史上对黑人奴隶的歧视有关。而多样性的论证没有考虑到那个错误的、当然也就适用于大多数美国人（包括女性），它是以白人男性的少数群体为代价的。

哈佛哲学评论：对于那个最初的论证以及这样一个论证：扶持行动意在补偿过去的错误，使人人都有平等的立足点，但它却有局限性，你有怎样的感受？你是否对这种观点持更支持的态度?

曼斯菲尔德：是的，假如它曾是一个严肃的意图或现在仍在执行，我认为，扶持行动应该结束了。它是一个很大的失败。首先，它完全没有必要。我们不放弃择优录取的原则，不引入这个扶持行动的新的、有害的标准，不要这个与扶持行动连在一起的、使这个大学处处腐败的庞大的官僚机构，我们也能招收人数相同、或者说人数完全合理的黑人学生。扶持行动是完全没有必要的，是一个失败。现在我们应该做的是启动消除它的行动，首先，仅把它局限在黑人中，黑人确实受到了不公正的对待，第二，设置一个时间表，然后我们就声明，我们伤害他们的自尊与尊严已经够多的了，现在把他们与其他美国人同等对待的时刻来到了。

哈佛哲学评论：你是否感到校园里的种族紧张状态比以前更甚了？你是否觉得你的评论以某种形式对这种紧张状态起到促进作用？

曼斯菲尔德：我不认为我的评论会起到促进作用，但会在一定程度上揭露这种紧张状态。我认为，一定程度的揭露是健康的。双方的想法太多了，这些想法需要大声地说出来，需要公开地进行讨论。而这样的讨论对于一个社群来说，比起应有的程度是太少了。这就是我耳闻目睹的情况。

哈佛哲学评论：你能否讨论一下政治系和哲学系在哲学教学方面的差别？

曼斯菲尔德：在这里，你有政治学者的同事，他们把你视为乌托邦学者、过于理论化、抽象化、不可理解。而哲学系的情况正相反，他们认为你太关心具体事实，缺乏逻辑性和数学的精确性。如果你想研究政治哲学，你就必须问自己，你是想与对政治感兴趣的人在一起，还是想和对数理逻辑感兴趣的人在一起。这个哲学系主要是搞分析哲学的，很少研究哲学史。我认为我自己与那种对哲学史有更多注意的哲学系有更密切的关系。分析哲学家认为，真正的进步已经在哲学中发生了，他们这种想法的意思是，有些问题已经解决了，不必再回顾它们了。例如，柏拉图的思想被驳倒了，人们不必再认真地阅读柏拉图了，因此，人们不必认真地把柏拉图作为掌握真理的人来阅读。但人们必须了解柏拉图，因此，你把他放在研究生的第一年，了解一点"理念论"，但人们不要把它当作对真理的严肃追求。然而，我却是这样做的。我认为，哲学教授们解决问题的方式是错误的，这些问题仍然没有答案，他们以教条的方式极大地缩小了可供选择答案的范围。我对哲学史和政治哲学感兴趣，不是因为怀古，而是因为我认为这些领域是真理的所在，在其中可以发现相关可能性的最佳陈述。这就是我所了解的情况，这是我从斯特劳斯那里学到的主要内容之一。

哈佛哲学评论：为什么你认为英美哲学家（如在哈佛大学的哲学家）没有花费多少时间研究欧洲或"大陆"哲学在19世纪晚期那个神秘的分界线之后的著作。

曼斯菲尔德：我要说的是，哲学系没有正视尼采。尼采是我们时代的哲学家，因为他为我们揭示了虚无主义的问题。我认为，这是我们仍然面临的问题，而且我还认为，大多数分析哲学家都回避这个问题。他们没有把尼采对西方自由主义和现代性的激烈批判当作整体以足够认真的态度对待。因此，他们继续着自己的自由主义、功利主义和实证论——包括逻辑的和非逻辑的——以及他们的语言游戏、他们的数学模型，他们没有认真地、目不转睛地注视着我们的境况。如同尼采所说，我们的境况是，上帝死了，他指的不仅是人格神（personal God），而且还有先验原则或唯心论，因为先验原则或唯心论已经被我们的历史意识杀死了。因此忽略尼采就意味着忽略历史对于当代哲学和历史主义力量所具有的重要性。尼采在20世纪的主要代表是海德格尔。因此人们必须通过海德格尔来接触尼采。这是我个人对哈佛大学哲学教授的一个推荐。

哈佛哲学评论：在哈佛，或许也在其他一些美国的名牌大学，在哲学系研究哲学似乎是以一种与众不同的方式进行的，而在政治系，哲学研究也有一种与众不同的方式。在文学理论界，人们似乎是以第三种方式对待哲学的，这第三种方式同样与众不同。为什么"文学评论"就应该是其他与哲学有关的学术界的那些人所嘲笑的对象？有人对那些人、对他们的标准、对他们的历史知识做了大量嘲讽，卡米拉·帕格利亚（Camille Paglia）的嘲讽就是很好的例子。

曼斯菲尔德：我觉得，她做得完全正确。那些人应该受到嘲讽。我认为，他们的哲学和政治学一样，都是非常肤浅的。

哈佛哲学评论：当你说"他们"时，指的是哪一伙人？

曼斯菲尔德：解构主义文学学者。

哈佛哲学评论：在哈佛有谁是？

曼斯菲尔德：我不想指名道姓。但人人都知道，我也不必指名道姓。你问到了帕格利亚，我觉得，她是一个严肃的思想评论家。她在某种意义上是自学成才的，尽管她是耶鲁大学哈罗尔德·布鲁姆（Harold Bloom）的学生。她的时尚是否已过，我们还要观察，但我认为，她的观点是严肃的，她的著作是严肃的。她是一种必须要考虑的力量，她是一位非凡的女性。

哈佛哲学评论：你是否能展开地谈一谈你的观点：哈佛大学文学理论的研究是肤浅的。

曼斯菲尔德：好吧。那些人只是在相互阅读，他们不阅读基本的哲学文献，不仅不阅读福柯和德里达，也不阅读海德格尔。德里达与福柯是阅读海德格尔的。而海德格尔对尼采也是如此。这就要求对近代哲学史有一个严肃认真的态度。还有，他们的政治学是肤浅的，他们被人政治化了，但却不懂政治。他们的政治学是时尚潮流中的非常小的一部分,这种时尚潮流是民主制中的一个基本趋势,属于平均主义的时尚潮流。他们在没有论证、没有对各种选项进行考察的情况下,就简单地假设他们自己关于人类平等的观点是正确的,假设对传统的安排或其他安排不可能构思出有利的论证,而任何事情只要是最超前的,也就是最正确的。因此,如同哲学的贫困一样,他们的政治化就是政治学的贫困。

哈佛哲学评论:为什么你认为是种族问题、而不是性别问题在目前如此地吸引校园辩论?

曼斯菲尔德:我认为,这两个问题原则上具有等同的争议性。但我想,从一开始,男性就没有针对女性主义革命辩论过。只有一两本书是针对这个问题的,作者是男性,有些女性反对这本书,但男性几乎都不反对,没有布尔·康诺尔(Bull Connor)这样的人作为男性敌手来反对女性主义。

哈佛哲学评论:女性主义革命是怎么回事?它有什么错误?

曼斯菲尔德:女性主义革命的原则认为,男女平等是因为他们的角色可以互换。男性能做的事情,女性也能做。女性能做的事情,男性也能做。这是一个非常激进的原则,但任何社会都没有尝试过。大多数的女性主义者都是温和派。温和的女性主义者信奉的是女性可以既拥有家庭也拥有事业,而激进的女性主义者则否定这种情况,她们或多或少地公开反对家庭。这种革命我觉得不会成功,因为它否认了不可压制的天然差别。因此,它将导致而且已经导致许多挫折,这些挫折在两种性别中都有发生。女性决不会成功地当一个男性,决不能在要求具有男性的那种攻击性的职业中获得成功。她们认识到这一点,或认识到一半的程度,因此正在试图改变这些职业的性质以解决这个问题,使其攻击性降低。

哈佛哲学评论:当你提到这些要求有攻击性的职业时,你肯定没有局限在军队吧?

曼斯菲尔德：没有。

哈佛哲学评论：你可以把这个问题再扩展一下吗？你是否也包括了债券交易，包括了政治哲学家？

曼斯菲尔德：当然。任何职业，只要它们要求有更多的积极性，更少地考虑他人，更多主动性，更多的冷酷无情都包括在内。我特意使用品质这个词，是因为品质有好有坏，但我认为上述这些品质，在一般情况下更多地为男性拥有。这里说在一般情况下，是因为有的女性也具有攻击性，有的男性也女人气。但这并不像女性主义者说的，具有攻击性的职业、即要求人们离开家的那些职业就更好，我没有这么说，是她们这么说的。她们说，男性做的事情比女性做的事情更好，更光荣，更有荣誉。

哈佛哲学评论：温和派女性主义的情况如何呢？她们假定，有些职业给那些攻击性强的人比给攻击性弱的人合理。

曼斯菲尔德：有的合理，有的不合理。两种情况都有。

哈佛哲学评论：好。如果温和女性主义承认这种情况，而且她们也许会说："我的全部要求就是：我们拥有这样一个社会，它真正让每人都能与其他人竞争，以显示他们的攻击性有多大；这个社会并不做这样的期望：某些人不会成功，是因为属于某个性别。"温和女性主义会说："我不在乎成功的标准是什么，只要它能公平地应用就行。别把我置于这样一种期望之下：因为我是女性，所以不能做债券交易人。给我一个平等的机会，让我们进入这个竞争性领域。"

曼斯菲尔德：这么说已经是对攻击性有所偏爱了，因为攻击性就是女性比男性缺乏的竞争性。这就是我为什么认为不论标准是什么样的，攻击性适用的范围要普遍得多，不仅仅是适用于军队，不论是什么标准，只要它适用于有竞争存在的情况，我就认为，女性总是处于劣势。因此当她们看到有人既缺乏智慧也缺乏性格，却比她们成功，她们就总是有受挫折和受欺骗的感觉。男性则更能适应和容忍这种情况。

哈佛哲学评论：你认为我们讨论的这些差别首先是社会性的还是首先是生物性的？

曼斯菲尔德：首先是天然的，但也有部分社会的因素。社会化的作用是确认天然差别或力图根除天然差别。目前我们做的是后者，我认为取得了一些成功，但也有挫折和失败的情况。我应该提及女性主义家庭的后果，这种后果是可怕的。家庭、还有其他一些事情，但尤其是家庭的长期存在，是依靠女性愿意做更多的贡献、但却不过分地关心她们获得的荣誉。这种情况不再有了或者很少有了，我觉得这对我们家庭的伤害很大。女性的责任曾经是做那些"负责任"的人们不做的事情，即日常生活的事。这些事情是否做好，关系到人们是否幸福的问题，包括房屋是否整洁，床铺是否已经整理，晚餐是否已经准备好，子女是否受到教育和培养。

哈佛哲学评论：你是否觉得如今美国家庭的真正问题是，在许多父母双全的家庭中，女方是职业女性，或者是许多家庭中没有丈夫或父亲。

曼斯菲尔德：两个都是问题。男性自然比女性更不负责任，这是由于攻击性造成的，是逃避感情依恋的纠葛。但女性主义者没有认识到。解放了的女性也解放了男性。当女性出去工作后，男性就再也不必为养活她而工作了。当一个女性可以不征求胎儿父亲的意见，自己做主堕胎，这就很难说如果她不堕胎父亲也仍然有责任。当今美国出生的每一个孩子只是女方单独决定的结果，人们可以说，这种情况就推卸了胎儿父亲的责任。

哈佛哲学评论：在是否决定堕胎时，人们可以这样争辩：女性应该有权决定这个问题，因为她们要在一定的时间内独自承受个人的艰辛、肉体的艰辛，而这些都起因于那个决定可能产生的后果。

曼斯菲尔德：这当然是对的，也是非常遗憾的。但她们因此会有一种补偿性的愉悦，即她们与自己的子女关系更紧密。说"艰辛"太重了，我觉得在现代条件下最多也就是"不舒适"或"不方便"。

哈佛哲学评论：自由主义者会觉得九个月的个人艰辛如此的不可容忍、如此的不公平，以至于这种情况会胜过这样一个主张……

曼斯菲尔德：如果她是女性，就不会这样。女性喜欢要孩子。这就是为什么她们要生孩子，这是主要原因。男人也喜欢孩子，但不像女人那么喜欢。

哈佛哲学评论：在这次采访中，你第一次使用了"她"这个字，你不赞成使用性别中性的语言，是吧？

曼斯菲尔德：是的，因为在我看来，性别中性的语言是基于这样一个前提：男女的角色可以对调，我不同意这个前提。

哈佛哲学评论：人们不是在交替使用男性和女性代词来指称稻草人以表示稻草人（straw person）的性别是变化的吗？这样稻草人就既可以理解为男性，也可以理解为女性。但在讨论过程中只使用男性代词似乎就可能表明，只有男性才是讨论的适当主体。

曼斯菲尔德：不，决不是这个意思。在任何条件下，当有人用"他"指男性和或指非人物体时，人们总能完善地理解。不明确的情况只是少数，当你需要把大家的注意力集中在性别差异方面的时候，你就可以像以往那样，用"他"和"她"来澄清。但那种新式用法有其荒谬之处，即否认性别差异，而不是提请大家注意性别差异。而且也存在着一定的强制性，即强迫接受他人的政治观念，在这方面，我是自由主义者，我不喜欢这种做法。如果我们能重新开始的话，就不会按照女性主义的观点行事，不用她们那种狂热的观念。但我愿意接受某种妥协。

哈佛哲学评论： 让我们再回到堕胎的问题。你认为堕胎的权利应该由夫妻联合行使吗？

曼斯菲尔德： 是的。我与克林顿总统的意见一致，堕胎应该是安全的、合法的和很少采用的。困难在于，如果安全合法，怎么让它很少采用呢？因此，我要寻找某种方法来降低堕胎的次数，每年150万次在这个国家是一个过于庞大的数字。

哈佛哲学评论： 让我们简要地做一个这样的考虑，如果一次堕胎并不构成杀人，因此在道德上是不可反对的，那么，次数为什么就应该被认为是重要的呢？

曼斯菲尔德： 把胎儿视为不方便也是一种可怕的不负责任。胎儿不是一个有个性的人，但却是一个潜在的人，不能把它仅仅看作是一种疾病或多余的东西。这是生命和死亡的问题，虽然它不是一个独立存活的人，但却是一个未来的人。怎么能让母亲对自己的孩子做出杀戮的选择呢？这对我来说，是开辟了一种自由，我们最好不要拥有这种自由。但由于我们确实有了这种自由，又由于确实存在着分娩的艰辛，甚至危险，我不会认为堕胎完全非法，但我要给堕胎设置许多负担。我妻子提出的一个建议是对堕胎实行严格的累进税收制度，因此，你的钱越多，你为一次堕胎的纳税就越高。有关堕胎最糟糕的问题是，有许多堕胎的人是完全有能力抚养孩子的，只是因为他们认为抚养孩子不方便。

哈佛哲学评论： 但是如果男性对他使其怀孕的女性堕胎拥有否决权，除非有一种手段迫使男性提供经济援助给孩子和母亲，否则他就使女性陷入经济困境。

曼斯菲尔德： 或者说使她陷入拥有孩子的乐趣。你低估了拥有孩子的乐趣。当然，有孩子也意味着大量的工作，但我不把这些工作称为困境。我只把它叫做工作。但这是一种有乐趣的工作。我无论如何不会放弃生活中的这种乐趣。我在自己生活的各个阶段都有乐趣，但最快乐的时期是我的子女年幼的时候。

哈佛哲学评论：如果技术条件允许，你是否把你拥有孩子是乐趣的理念付诸试验，自己要一个孩子。

曼斯菲尔德：当然，但我的意思是，那是完全……这么说吧，我已经为孙子辈的孩子们做好了准备。

哈佛哲学评论：你是否认为家庭休假法案（family leave bill）对家庭有所帮助？

曼斯菲尔德：我认为那是个糟糕的法案。它伤害了家庭，因为它加大了妻子和丈夫之间的相互独立性。而且我也反对日托，或者反对政府支持日托。我觉得最好是让父母和子女一起呆在家里，过一种简朴的生活。

哈佛哲学评论：但你想过没有，对于大多数美国人来说，决定女性是否出去工作实际上就是选择是否买得起第二辆汽车，就是选择是否富足和跻身于中产阶级，或者说，你是否认为这是在贫穷和富足之间做出决定？

曼斯菲尔德：我不认为是贫穷。

哈佛哲学评论：你认为这种情况不存在，是吗？

曼斯菲尔德：对。我认为那是夸张的说法。但我能理解女性为什么找一份非全日制的工作以增加收入。我认为，在大多数情况下，解决问题并不需要全日制的工作或者说全日制的职业生涯，这区别于大多数女性主义者的理由。我要说的是，当代女性有一个问题，即家里的工作量不能完全满足她们，尤其是到了孩子成长到一定的年龄之后。在家里很乏味。除了家庭主妇的工作以外，她们肯定需要其他一些事情来做，因此我不想宣判她们的生活方式就是围着锅台转。她们应该充分利用空闲时间提高自己，许多男性只要仔细想一想，都羡慕她们的这种空闲。

哈佛哲学评论：从个人的角度说，你是否曾向你生活中的女性伙伴们保证过，你实际上并不希望把她们局限在家庭生活琐事中？

曼斯菲尔德：是的，我的女性主义体现在我做家务，这样更为实际。

哈佛哲学评论：你是否觉得你的立场消极地影响了那些可能选你课的学生与你的关系。黑人和女性学生会怎样看你这个教授呢？

曼斯菲尔德：人们确实是根据教授的观点来选课的，现在和以前相比更是如此，这是很糟糕的事情。但我不想把这种情况当作我保持沉默的理由。我只能是希望有公正态度的学生人数众多。我觉得，如果他们做出尝试就会看到，我尽自己最大努力保持课程的公正性。而且我认为不必再对这些事情做规定，因为人人都知道它的含义。

威拉德·范·奥曼·奎因
Willard van Orman Quine

也许没有任何一位哲学家像奎因那样，一直具有如此的影响力，但却未被认识。奎因这个名字在哲学界内部广为人知，处处都能读到，而且深受尊敬，但在学术界以外却几乎无人知晓。然而，奎因的著作则为英语国家中的"后现代"革命提供了思想基础；他使人们理解世界的方式发生了根本的改变。

奎因早期的著作大量地集中在逻辑学，20世纪40年代早期，他出版了的两本逻辑学著作。然而，他很快把语言研究纳入到自己的工作中。奎因与鲁道夫·卡尔纳普（Rudolf Carnap）有过一系列的交锋。他们的辩论围绕的主题是，卡尔纳普在人们所说的语言和人们用该语言做出的陈述之间的鲜明的区分。这个观点依赖于（当时）在哲学领域里一个受到尊崇的区别，这就是分析真理（analytic truths）和综合真理（synthetic truths）之间的区别，分析真理是由于陈述用词的意义而为真，而综合真理则是经验性事实的问题。20世纪50年代早期，奎因发表了一篇文章，题为《经验主义的两个教条》（*Two Dogmas of Empiricism*），该文收在《从逻辑的观点看》（*From Logical Point of View*），从而发动了对分析-综合之区别的猛烈进攻。在这一过程中，他动摇了广为哲学家持有的一个根本性信念，并且发动了一场辩论，时至今日也没有定论。他这个时期的著作对哲学史产生了持久深远的影响，尤其是对逻辑实证主义，其中最引人注目的人物是卡尔纳普，奎因声称，他们的哲学研究方案构思是错误的。

即使奎因的哲学生涯到此为止，他也应该被归入20世纪巨人的行列。但他远远没有到此为止。1960年，奎因的著作《语词与对象》（*Word&Object*）出版了。在该书中，他建立了自己的翻译的不确定性的学说。奎因认为，在任意两种语言之间做翻译时，有许多翻译途径，其中的每一种都符合有可能得到的全部证据。在抨击分析—综合的区分以及为翻译的不确定性做论证时，奎因抨击了在西方哲学传统中的这样一个根深蒂固的"教条"：语词有意义。这些论证与语词意义之间的联系是这样的：假如语词有确定的意义，那么，人们就可以在两个词具有相同意义的情况下说这两个词是同义词。以此推断，通过用同义词替换语句中原有的一些词，分析真理就可以变成逻辑真理。类似地，如果语词具有意义，那么，在两种语言之间只有一种翻译可以接受，这种翻译就使得一种语言中的一个词对应于另一种语言中的一个意义相同的词。20世纪50年代，奎因的研究工作目的在于动摇意义。这种意义不稳定的观念在奎因的思想里扎了根，在当代，它也是后现代纲领中的核心内容。

奎因进一步认为，我们的知识形成了一种"信念的网络"，没有任何一项知识是神圣的，或者可以超越潜在的修改。他在20世纪50年代的研究工作为托马斯·库恩（Thomas Kuhn）的《科学革命的结构》（*Structure of Scientific Revolutions*，1963）提出了部分设想，并为其奠定了基础。这部著作正是以后现代的原则为基础的，它表达了这样的思想：科学理论仅仅是对观察到的现象进行的表述，而不是对"实在"的深层次表述，这个思想显然是奎因的信念网络思想的延伸。

奎因的写作风格优雅而严谨。他的论证以清晰简洁著称，这就为哲学的严谨和清晰而建立一套标准起到了帮助作用,这些标准至今在分析哲学系中仍然占据主导地位。奎因在晚年继续为语言和逻辑中的思想而奋斗,撰写了大量哲学著述,包括《逻辑哲学》(*Philosophy of Logic*, 1970),他在书中再次探讨了逻辑、真理和意义问题。

奎因逝世于 2000 年 12 月 25 日,他给这个他曾生活过的世界留下了不可磨灭的印记。他对哲学界的影响,他对普遍的思维方式的贡献,具有经久不衰的重要性。

威拉德·范·奥曼·奎因：
对逻辑、科学和哲学的观察

采访者：布拉德利·埃德米斯特（Bradley Edmister）
克里斯多弗·卡盖伊（Christopher Kagay）
采访时间：1994 年

哈佛哲学评论：相对于科学来说，哲学的作用是什么？

奎因：我认为，哲学和科学是相连的，但哲学在不同的方面有不同程度的差别。哲学对科学的普遍概念和基本概念进行分析，而这些概念通常在从事实践的科学家看来是理所当然的。这些基本概念包括真理、存在和必然性。同时，哲学考察科学的证据问题，这就是认识论。它力求更好地理解那种伟大的转变，也就是从通过我们的感觉表层的刺激、我们接收到的输入信号，转变到以科学理论为形式、奔流而出的输出信号。哲学力求分析理论，看看这些理论中，有多大成分真正地取决于输入信号（也就是我们说的"取决于自然"，但纯属输入信号），有多大成分是我们对它的调整和组织。任何一门具体的科学一般都不做这种思考。

在这些研究中，哲学有时会得出悖论，而科学家即使被告知有悖论，一般也不会为此担忧。在一般的科学实践中，他们所能做的就是简单地躲避他们理论的死胡同，但哲学家却很关心。

哈佛哲学评论：因此，科学哲学中有悖论存在，这对科学理论的运行没有影响，是吧？

奎因：对。这种情况在那个集合论悖论中表现得特别突出，这就是罗素悖论以及类似的情况。总体上说，即使是数学家也不担心此类悖论，因为他们不会去处理包括元素自身的集合，或那些所有不包含自己作为元素的集合的集合。他们在数学领域里工作，如果直观地看，这个领域包括的就是假设和公理，他们觉得自己的基础很坚实。这种事情很自然地落入了哲学家的领域。

哈佛哲学评论：这种观点似乎把哲学的工作简化为仅仅与科学不严谨的末端有联系，这样说准确吗？

奎因：准确。我觉得"与不严谨的末端有联系"这个说法以浓缩的形式很好地表达了哲学的目的。

哈佛哲学评论：哲学家要具备多少科学知识才能胜任自己的工作？

奎因：哲学家应该对一门自然科学学科有很好的把握，至少要达到本科水平，这是很重要的。还有极其重要的一点是，要有确凿无疑地了解某些情况的经验，即使需要复杂的论证，而且要有明证做坚实的基础。适合此目的的理想学科是数学，尤其是数理逻辑。

我总是感到，良好的现代逻辑课程不仅对于每一个哲学学位的候选人是必要的，而且对于其他任何领域的本科生也都是必要的，甚至对于文学学科的学生也是有价值的，尽管这种学科不要求那种逻辑的确定性。重要的是让学生明白学科之间的差别。

哈佛哲学评论：一阶逻辑在科学研究中、比如说在物理学中起什么作用？

奎因：就物理学而言，我没有看到起很大的作用。我认为，今天（以及几个世纪之前，也许在现代逻辑开始之前）的物理学家具有初等逻辑学的常识也就足够了。但对于系统地理解理论关系，现代逻辑就很重要；当进入到更具分析性的研究时，包括在数学的基础领域和哲学的综合性概念分析领域，逻辑学就是绝对必需的了。

现代逻辑给数学哲学带来的光明是最能说明问题的实例。哥德尔（Kurt Gödel）的不完全性证明与大家、甚至是数学家认为理所当然的内容是相互矛盾的，这个内容是，数学真理由可论证性构成。人们认为，你可以不去发现证明，但如果事物为真，证明是能够被发现的，而且在内容和形式上都是一个纯数学的证明。但哥德尔却表明，这种情况是不可能的。

哈佛哲学评论：逻辑学在哲学中所起的作用，在20世纪20—30年代期间发生了怎样的变化？当时在逻辑学的基本作用方面，人们感到非常振奋。

奎因：我认为，逻辑学的基本作用没有改变。但在一些具体的方向上有所进步，最大的进步也许就是公理化集合论和无穷的更高级范畴，在证明理论上也有了巨大的进步，其中哥德尔的证明就是辉煌的例证。

哈佛哲学评论：你把自己的近著《真之追求》（*Pursuit of Truth*，1987）冠之以这样一句格言："拯救表面，你就拯救了一切"（Save the surface and you save all）。你的想法是，它的意义在于要给出哲学的解释，你的经验主义和行为主义对这个想法有什么样的影响？

奎因：伴随这句格言的是一句柏拉图的格言："拯救现象。"我觉得特别有趣：柏拉图欣赏这种态度，但它本质上却是经验主义的陈述：我们正在努力做的事情是解释我们能观察到的东西。如果我们不尊重自己的观察，不是坚持我们的观察而是修改我们的观察，使之适合我们的理论，我们到达真理的努力就不会成功。

行为主义，据我所知，只是一种主体间性的经验主义。它的态度是经验性的，但人们不能用胡塞尔和旧式认识论者的方式解决私人的和内省性的材料（introspective data）。当你把自己的感知当作自己的材料融会于你同行的材料，并且获得了共同点时，从主体间性的行为主义观点来看，你就获得了符合科学的数据。我觉得这并没有超越当代每一位科学家都自然而然地认可的那种情况。

哈佛哲学评论：把人的内省状态还原成使大众都能懂的常识性的词汇，即经验主义者的词汇，是否有丧失某些内容的危险。经验主义能否对我们的内心生活施以公正？

奎因：有两个因素是人们必须要区别开的，一个是构思假说，一个是为假说收集证据。所有未经训练的思想都可能是有价值的，因为它们是构思光辉思想的第一步，是非传统的、极具想象力的，一旦你开始通过实验认真考虑逻辑关系，这些思想就正是你所需要的了。

我认为这一过程并没有忽略自然的精神输入，只是意味着不要满足于它。丹尼尔·丹尼特（Daniel Dennett）在一篇为内省辩护的文章中，很好地论述了这个话题，按照我的解读，这篇文章在这个话题上论述还是很多的。

哈佛哲学评论：在《真之追求》这本书中，你写道："语言意义中没有什么东西会超出从可观察境况中的外显行为所能够发现的。"主体间科学概念的交流似乎是一种对"自然化认识论"这一课题重要的交流，翻译的不确定性妨碍这种交流吗？

奎因：我认为不妨碍。翻译的不确定性并不妨碍翻译：它允许好的和坏的翻译存在。它更多的是一个数据问题，有了这些数据就可以知道翻译的好坏。它为检验提供了一个外部的行为标准。

这里有这样一种情况：你有两本翻译手册都非常好，这样说的根据是，在与土著人的正常交流中，它们都通过了经验的检验，它们能使对话顺利、谈判成功，从而使你或者找到了前进的方向，或者用一些玻璃珠子换取了无价之宝，或者得到了你想得到的任何东西。这些就是对翻译手册的检验。

如果你有两本相互独立的手册，全都通过了这种检验，然后你尝试着使它们相互吻合。假设产生了这样的情况：如果你把这两本手册中的一本用于翻译某个文本，得到了完美流畅的译文，如果你使用另一本手册，也是如此；但如果你在翻译同一个文本时交替使用这两本手册，就会得出前后不一致的译文。这就是我所说的翻译的不确定性。我的猜想是，（这种情况）预料发生在我们进行理论对话的时候，但它不是那种进入科学交流时出现的情况；这两本翻译手册在经验的层面上是完全成功的。在这种情况下，规范的做法是：坚持使用同一个手册。

但翻译在科学中不是永远可行的。例如，今天的物理学家谈论中微子，并且说"中微子是一种缺乏静止质量的粒子"。这句话肯定不能翻译成1930年的英语，原因是没有"中微子"这个词的译文，连一个长的解释都没有，因为"中微子"根本没有被定义过。任何粒子，甚至包括电子，都从来没有在定义的严格的逻辑意义上被定义过，甚至连与罗素的单称描述定义相匹配的语境性定义都没有。没有任何单词或短语能够代替"中微子"或"电子"，不论就单词本身而言还是就语境而言都是如此。但这种情况不是障碍，人们使用这个词没有问题，甚至上面提到的土著人也能使用这个词，只要有确定的解释作为基础就行，是解释，不是翻译。

哈佛哲学评论：用你的观点解释主体间的交流是以能够很容易观察到的事件为基础的。但当我们在理论概念或哲学思想的层面上对"手册"进行检验时，会发生什么情况呢？也许这些手册之间会发生矛盾，因此，它们不一定能使人们看到成功翻译的证据。如果在交流者中间存在着完全不同的概念图式，这个问题就更尖锐。在这种情况下，我们怎么办呢？

奎因： 我是这样看这个问题的：在理论上，两个不同的翻译者可以给同一群人提供不同的概念图式。我把这种情况视为丰富而不是贫乏。这有助于这样一个观点的提出：概念图式几乎完全是人的创造，然而却是为了符合中性的输入而进行的创造。理论比起中性的输入具有压倒性的强度和广度，你肯定预期中性输入是松散的，但正是它使我相信了不确定性这个论题。

我们想象有这样的情况：我们对土著人的形而上学有两个说明，二者并不十分相似。那么发现它们同等地忠实可靠就是一个可以引以为戒的经历。现在，有待进行交流的客观和科学的内容，通过我们对理论维度的正确认识，反而会更好地得到交流。

哈佛哲学评论： 如果哲学家对这种状态感到恼怒，并且为这种形而上学的松散寻求形而上学的解释会有结果吗？

奎因： 我认为不会。科学的不同之处就是要接受观察的检验。一切能够符合这种检验的都是可以接受的。正如卡尔·波普尔爵士（Sir Karl Popper）指出的那样，人们总是试图打破自己的理论，因此就设计出那种希望最小的实验，以便有可能把理论置于实验的检验之下。这种情况标志着负责任的科学与想象之间的区别，通过这一切，科学就保持着无可争议的地位。

哈佛哲学评论： 在摧毁20世纪30年代的逻辑实证主义方面，你的哲学起到了关键作用，你是否对往日的哲学乐观主义有怀旧之情？

奎因： 我能理解那个思想的吸引人之处，但我也看到了其他一些有希望取代它的东西：某些哲学圈的人们（丹尼特在这一点上再次成为一个闪光的例证）倾向于抹杀，或者至少是模糊哲学与各门科学之间的界限。在这方面，西蒙·桑德斯（Simon Saunders）等人正力图抹杀物理学和哲学之间的界限，和他们在一起的还有阿布纳·希莫尼（Abner Shimony）等人。这不仅是把物理学并入哲学界，而且也是把哲学并入物理学界，是一种联合。这些人举办了严肃的高级物理学研讨会。罗杰·彭罗斯（Roger Penrose）在他的《皇帝的新脑》（*The Emperor's New Mind*）一书中希望，有人将提供一种新的力量，一种新的粒子，使我们对量子力学以及其他科学概念中的新发现有更直觉的理解，而哲学家对这些就像物理学家一样感兴趣，从而使在物理学方面训练有素的哲学家所做的补充也可以改善物理学本身的状况。

哈佛哲学评论：因此，这个范式不是哲学指导物理学，而是哲学和物理学的相互加强和相互消除障碍。

奎因：完全正确。此外，不仅是在物理学，这一努力也表现在丹尼特的研究工作中，包括他在塔夫茨（Tufts）举办的研讨会，参加者来自的领域有：神经学、计算机科学、语言学和心理学。哲学和这些领域的界限开始动摇和消失，这就预示了一个伟大的新时代。

哈佛哲学评论：那么，就哲学和科学的作用而言，我们是否正在接近一种新的乐观主义呢？人们是否感到可能会有一个正确的结局呢？

奎因：我不知道是否会有一个正确的结局，就连是否有结局我都没有把握，这是一个有趣的问题。进步当然会有，这一点是清楚的。在这种联合中，使我振奋的就是这种进步，不一定非得有一个结局。

哈佛哲学评论：你认为，最近20年来，最令人振奋的学术思想发展是什么？

奎因：就与哲学接近和紧密相关的学科而言，我想到的是胡贝尔和威塞尔（Hubel and Wiesel）在神经科学方面的研究工作，以及他们给出的关于视觉神经学的全新图景。它似乎不是视野在神经系统的某处被同形成像的问题，而是各种主导特征分别出现的问题,甚至在成像之前没有清晰地合成。所有这一切耗时仅百分之几秒。它给了我们一个新的研究视角。

回忆 1974 年,我想到的是埃德温·兰德(Edwin H. Land),他推动了视觉心理学的进步。他也是一次成像照相机的发明者,还发明了他自己的色觉论(theory of color vision)。目前还无法猜测他们的下一步计划。

哈佛哲学评论:你似乎对认知科学领域中所做的工作特别尊重。你对以认知科学为特征的态度有什么感受?例如,机器是否能复制人类智能?

奎因:首先,我觉得用图灵机做人工智能的测试没有希望,因为决定人类行为的一切都是经过许多年形成的,要追溯到幼年时代,甚至要追溯我们曾处在世界上某个角落的遥远历史。智能似乎是一个程度问题,使我感到困扰的是这样一个事实:对于什么构成了"思维",我没有一个理想的标准。当然,我们仅从结果看的话,计算机已经开始做了令人瞩目的思维工作。

但我还是怀疑机器是否能通过图灵测试。这才是一个区别思维与计算的强制性标准。我对建立严格标准不抱希望。

哈佛哲学评论:20 世纪 50 年代,你曾写过若干篇著名的文章否认对分析和综合进行区分有任何基本价值,至少在卡尔纳普等人期待的意义上是如此。这种区分有什么方法论的意义吗?

奎因:在《指称之根》(*The Roots of Reference*)中,我提出了我认为是接近于外行人直觉概念的分析性的定义,而不是外行人对"分析的"这个词的使用。"分析的"被外行人称为"仅仅是语词的问题"。他拒绝某人的断言,认为它仅仅是语词问题,是一个怎样使用语词的问题。

但我们仍然需要一个分析性的标准,我已经考虑过,这个标准是:对于说母语的人来说,如果他在学习一句话所包含的诸语词中的一个语词的过程中得到了这句话的真,那么,这句话就是分析的。一个明显的例子就是："没有任何单身人是处于婚姻状态的。"说母语的人显然通过学习怎样使用"单身人"这个词而得到了这句话的真。说外语的人则是通过翻译来学习这个词的。这个标准涵盖的不仅仅是这种类型的所有语句，而且也涵盖了所有的逻辑真理。如果有人断言"p"和"q"，但却否认"p"，我们说，他误用了"和"这个词，他没有学会使用"和"这个词。对于初等逻辑中的所有原则，它都为真。

我在这里所指的初等逻辑是完整的。它涵盖了真值函项、量词和等式，但不包括集合论。这就完全符合弗雷格、卡尔纳普和康德所持的观点。我想不起来数学的其他部分也具有分析性。此外，我认为，这不是一个我能看到其具有普遍适用性的概念。这就是为什么把它作为哲学分析的工具来使用会毫无结果的原因。没有人记得他们是怎样得到每一句话的真的，由此从字面上看，它并不很重要。

因此，根据定义，"动量"这个新词是质量乘以速度。毫无疑问，这是一个独断的定义。我们只不过是挖掘出一个废弃不用的拉丁词来用于这个专门的目的。但即使如此，相对论否认动量只是简单地用质量乘以速度。你必须在这里引入光速平方的概念。因此，分析性对语词的具体使用没有强制性。这就是我为什么感到，卡尔纳普关于术语在理论语境中具有普遍适用性的思想掩盖了问题，而且误入了歧途。从语言的角度看，真理问题作为一个组成部分确实存在，但我认为，它并不是在每个语句里都存在。

显然，就任何句子的真而言，说话的习惯是其中的一个因素。如果任意句子中语词的音节具有它可以具有的经验性，但却用于另一个目的，那么这句话就是假的，而不是真的。因此语言对这个或那个句子、对科学的这个或那个部分所起的作用，其程度可以具有方法论和科学的重要意义。

哈佛哲学评论：在普通语言中，分析和综合的分级是否为哲学的一个有趣话题？讨论这个问题可以用什么方式？

奎因：我觉得具体的语词不存在这个问题。但给语句进行逐句的分级似乎是合理的，它可以是由庞大的定义网络组成，这些定义必然涉及我们根据被研究语句的字面所了解的内容。这是一个具有高度理论性的问题，而且也许它会把握这种分级。

哈佛哲学评论：你让我们感觉到，初等逻辑具有分析性，但现在又谨慎地把集合论排除在这个感觉之外，大概是因为其中隐含着罗素悖论。既然集合论用于为数学公理提供基础，那么它本身的状况又如何呢？它是在哪里脱离算术的？

奎因：这些都是罗素悖论造成的。在罗素悖论之前，弗雷格就已经在某处指出过，人们最怀疑其分析性的公理就是那种具有普遍包容性的原理（全部谓词确定了类），尽管如此，弗雷格仍然认为，整个集合论都是分析的，从集合论算起，这个问题适应于更高级的数学。

我认为，在与整体论相关的意义上，数学也有经验性的内容。在一般情况下，如果你要检验一个科学假说，通常的情况是，在你认真考虑拥有隐含后果的观察层面之前，需要其他完整的一组假说。在你必须引入的这些辅助性假说中，肯定存在一些纯数学的原理，包括微分和积分等。

因此，你也许会说，在一般情况下，如果一组科学真理和假说足以暗示可观测的后果，那么它们就具有经验的"临界量"（critical mass）。经常有这样的情况，为了获取这种临界量，你就需要一些纯数学的语句。假如你把对一组带有临界量的假说的实质性参与归结为它们意味着具有经验的内容，那也就意味着（所有）应用数学都具有经验的内容。但在约翰·斯图尔特·密尔（John Stuart Mill）的意义上，它不具有经验性。这就是说，算术不是从反复的计算中总结出来的产物。但我预料，从历史的角度看，有时它是这种产物，但这不是问题的关键。

那么，我要把这一点具体运用到集合论中。这个具有经验性内容的问题必须与旧的实证主义分开，这种实证主义说形而上学是没有意义的，因而对它采取了排除原则。我觉得，为了有意义而要求语句必须具有经验性内容是错误的。事实上，我认为，历史和社会学中的重要（非经验的）信念和真理是没有止境的，也许还有理论物理，你还可以添加一长串名称，它们都不足以意味着观察，但它们却是重要的。从对称性、简洁性以及对我们通过检验建立起来的事物的适应性来看，它们似乎是合理的。此外，当我们要深入地阐明人们可以检验的假说时，这些内容也是不可或缺的。如果我们排斥科学的不可检验性，科学就瘫痪了。

哈佛哲学评论：在数学假说的"临界量"范围内，纯数学语句与经验性语句到底有什么样的关系？

奎因：这里有一个数学特性的问题，但也许不仅限于数学，这就是：之所以需要这些语句是因为它们是具有临界量的一组要素，但没有任何纯粹由数学要素构成的集合具有临界量。在这个意义上，数学可以被视为对科学具有辅助作用。不过，像历史这类与数学如此不同的领域也会在这个意义上具有辅助性。还有就是历史语句的集合，不说别的，就说古罗马，这些历史语句的集合如果没有众多的、更为现实的归纳的帮助，就不可能被检验。我所敦促的宽容针对的是这样一些语句：它们本身并不具有经验的后果，奇怪的是，这种宽容现在不仅成了对高度思辨的形而上学或者历史的一种保护，而且也成了对数学本身的一种保护。

哈佛哲学评论：你的工作有这样一个特点：明确地关注着表达的风格。在哲学写作中，你在风格上有什么追求？

奎因：我肯定还没有为了拥有某种推理原则而充分地考虑风格。但有一件事情是我尽量避免的，这就是相互矛盾的语源学的隐喻。

有些屡犯的错误使我感到很滑稽，其中有一个我第一次是在报纸上看到的，现在还屡屡见诸于印刷品，这就是"煽动紧张状态"（stirring up tensions，或直译为搅动起绷紧状态——译者），还有一个是"那时正处在大萧条的高潮（it was at the height of Depression，译注：depression 原意是压抑、低落，因此这句话有"低落的高潮"之嫌）。

还有一件事情我不喜欢，就是在制造新词时出现的语言异质性。我喜欢新词由同质性要素组成。例如，有一个数学家说过 "hypernatural numbers"，不对！应该是 "Supernatural numbers"，Hyper 是希腊词，而 natural 是拉丁词。这种现象很多。我希望，科学家如果需要新的词汇，应该咨询那些做文字工作的、既懂拉丁文又懂希腊文的同事，他们有助于纠正错误。

从更普遍的意义上讲，我力求简洁和明确。我修改文字的方式常常是对文字进行润色和缩短。

哈佛哲学评论：你是在哪里获得你的修辞原则和技能的？

奎因：当我回首看我的第一部著作《一个逻辑系统》（*A System of Logic*，1934）以及那些年代的文章时，我觉得它们的风格更显得有些浮夸，我简直不能肯定那就是我的著作。我的风格从那时起有很大改善。这在很大程度上是一个实践问题。我也不知道我讨厌异质性是出于什么原因。

哈佛哲学评论：美国分析哲学的最大优点是，它往往追求透彻、清晰和简洁的风格，人们已经在你和尼尔森·古德曼（Nelson Goodman）的著作中具体地看到了，这反映出了与海德格尔等人的德国哲学散文完全不同的精神。你是否认为，是传统和价值决定了某种具体的风格？

奎因：这是一个非常有趣的观点，我相信也许是这样。我和古德曼的文字肯定有某种亲密的关系。但当我想到卡尔纳普的德文有多么清晰和简洁时……

哈佛哲学评论：也许这不是民族的问题，而是分析传统和大陆传统的差别。

奎因：对，我觉得这才是问题的关键，是相同的趣味使数学和逻辑学具有优雅的风格，这与渴望清晰和简洁有关系。但我的那种隐含着的对语源学隐喻的兴趣则是一个独立的因素。它来自我对自然语言的兴趣，这个兴趣从前就有；是自然而然产生的。我在高中时，对语源学就感兴趣了。我记得我在图书馆借阅过关于语词起源的书。我现在仍然有这种要求；我想知道语词的起源，而且必须把它查出来。

哈佛哲学评论：在当代哲学家中，你最有兴趣对哪些人保持着关注？你认为谁的道路是正确的？

奎因：我觉得这些人一定要包括唐纳德·戴维森（Donald Davidson）。我不是在任何问题上都与他意见一致，但我们的追求基本相同，走的路也相同。我们的讨论也是非常有益的。

哈佛哲学评论：还有一个有趣的问题是，对戴维森哲学的解读是有争议的。理查德·罗蒂（Richard Rorty）把戴维森当作他自己类型的那种反讽者、那种相对主义的反表象论的榜样，你对罗蒂的这种态度有什么想法？

奎因：读了罗蒂的巨著《哲学与自然之镜》（*Philosophy and the Mirror of Nature*），我感到很惊讶，这本书有一种轰动效应。他说的内容对我的哲学观点非常有利，我感到惊讶是因为我以前不喜欢他的立场，它把我打败了，那种反科学的偏见在这本书里略有表现，而这种偏见在德里达和海德格尔等人那里则更为极端。

哈佛哲学评论：有一种说法是，这些"大陆"思想家认为科学探索不是思想学术的模式，从而把他们与分析哲学家区别开来了。另一方面，你本人的"自然化的认识论"反映的信念却是，科学理论为哲学的解释应该是提供了什么样的范式。你认为真正的哲学研究工作能否围绕着其他一些范式，如诗歌或纯文学进行？

奎因：在我看来，这种思维方式发挥作用，而且仍然保持在哲学领域之内的学科，就是诗和形象艺术的哲学。不论我们是否选择称呼它为哲学，有一个位置是给予以严格的艺术方式使用语言的，这就是用巫术唤起人的思想和视觉，它会帮助你想起你从前遗忘的一件艺术品。我认为，用严格的科学文体是不能履行这种功能的。但另一方面，我看不到在科学的哲学（scientific philosophy）中有它的位置。

哈佛哲学评论：如果一个年轻的哲学专业的学生来征求你的建议，问你目前哲学中哪项任务最紧迫，你会提出什么样的建议？

奎因：使我感到很有前途的一个重要任务就是，在硬科学中选择一个有限的部分来研究，如牛顿力学，力争清晰地描绘出意义的逻辑关系，从它的基本原理一直到观测的各个检查点，也就是清晰的证据收集。这样做的优越性不仅对科学认识论有明示作用，而且也许可以提出捷径或简化的方法，或者表明理论的某一部分不适用于它的目的，从而对科学做出贡献。这种方法如果能成功地运用于作为样板挑选出来的科学的某一部分，就可以推广到其他的个案中。如果成功，就可以使哲学与数学一道辅佐科学。

艾伦·德肖维茨
Alan Dershowitz

艾伦·德肖维茨是全美著名的律师、作家和记者。由于他曾为一些声名狼藉的案例做辩护，从劳斯·范·布洛（Claus von Bulow）到 O. J. 辛普森（O. J. Simpson）；由于他在犹太教本质的问题上和弹劾克林顿总统的听证会上所采取的立场，人们对他褒贬不一。用他在报界的崇拜者的话说，他是"最成功的"、"最精明的"和"最逍遥的"美国民权律师。他在一些主要的电视节目中露面，包括《夜线》（*Nightline*）和《交火》（*Crossfire*，又译《唇枪舌剑》——译者）等。他办的案件引人注目，他的立场极具争议，这些容易使人们忽略他的另一面：在法哲学领域内颇有成就而又严肃的研究工作。

德肖维茨以全班第一名的成绩毕业于耶鲁大学法学院，并于28岁时成为哈佛大学法学院有史以来最年轻的专职教授，他现在仍然在该法学院担任教学工作，职位是费利克斯·法兰克福特（Felix Frankfurter）法学教授。他最有名的著作也许是《厚颜无耻》（*Chutzpah*），出版于1991年，印刷过12次。德肖维茨还有一本书是《颠覆命运：范·布洛案件内幕》（*Reversal of Fortune: Inside the Van Bulow Case*），是1986年出版的，而且被他的儿子埃隆（Elon）改编成电影，并荣获学院奖。他还撰写了《与大众意见相反》(Contrary to Popular Opinion)，考察了美国的立宪和政治程序。还有《虐待的借口》(The Abuse Excuse)，这是一本论文集，考察了个人责任和法律之间的关系。最近，德肖维茨出版了《法律的创世纪》(The Genesis of Justice，又译《正义的诞生》)，考察了圣经法律（biblical law），以寻求"完善的司法"，德肖维茨承认，这种完善的司法在世界上很难找到。他的下一个计划也是一本论文集，书名叫《呼喊着火》(Shouting Fire)，内容是公民自由问题，德肖维茨告诉我们，该书要讨论的主题包括选择政教分离和第二次世界大战纳粹屠杀犹太人所产生的持久的后续影响。

德肖维茨既是律师，也是作家，有两个思想始终贯穿在他这两方面的工作中，这就是深切地关心少数族群的权利保护和不懈地追求完善的司法。他有大量的成功案例，包括推翻对劳斯·范·布洛有罪判决并宣告无罪；推翻犹太防卫联盟（Jewish Defense League）的谋杀案，宣告所有被告无罪；迈克尔·米尔肯（Michael Milken）的10年刑期减至3年；推翻芝加哥七君子（Chicago Seven）有罪和蔑视法庭的判决；推翻对约翰·列农（John Lennon）的驱逐出境的命令。在德肖维茨接手这些案件之前，被告都已经被丑化和边缘化了。由于这个原因，德肖维茨通常被视为圣徒裘德（Saint Jude）的律师，失败者的保护人。从哲学的意义上看，德肖维茨尽量不与某一种意识形态有牵连，而是竭力从具体情况中求真。德肖维茨不仅能说会写，在教学中讲授自己的思想，而且还能走出去，帮助这个世界按照他自己的想法变得更好，这种思想家是罕见的。

艾伦·德肖维茨：论法哲学

采访者：吉尔·拉阿夫（Gil Lahav）
采访时间：1994年

哈佛哲学评论：有人提出禁止仇恨言论，哈佛大学法学院对此一直有争议，你是怎样看待言论规范的？

德肖维茨：我支持用具体条款做出明确规定，除非有具体规则明确禁止，否则不能禁止任何事情。

我个人准备看到的唯一被禁止的事情是与人身相关的折磨。如一个雇主由于自己身居高位，就以种族主义、性别歧视或其他羞辱的方式大声呵斥雇员。但我明确地反对禁止有充实和具体内容的言论，包括课堂的发言和涉及政治问题的言论。就像哈佛大学其他任何人一样，我在言论自由方面几乎是一个绝对主义者。假如我们非要有一个什么全面限制的话，那我宁愿看到一种法规形式的限制，而不是依靠行政领导的判断。个人武断的判断使我感到恐惧。

哈佛哲学评论：你认为最高法院的哲学使命应该是什么？

德肖维茨：最概括地说，最高法院应该做这样几件事：它应该确保选举公平，民主程序运作公平，言论自由公开完整，立法权分配恰当，以此保证民主渠道的畅通。它的首要任务是：察看民主制度的运作，从而使得立法机构能够确保社会的决策公平。

除此之外，我觉得，它还有一项重要任务是维护宪法赋予少数族群的权利，因为他们没有政治力量使自己的权利得以在多数族群为主的行政和立法机构中实现。

哈佛哲学评论：在什么情况下，这样的使命符合它的政治功能？在什么情况下不符合？

德肖维茨：最高法院最近变得非常政治化了，这就不符合它的政治功能。它是可以符合自己的政治功能的。最高法院能够起到的正确作用是存在的，这就是在众多的问题上大大加强自己的中立性，但要把维护少数族群的权利视为自己的使命，因为以多数族群为主的机构是不能维护少数族群的权利的。

哈佛哲学评论：你是怎样界定少数族群的？

德肖维茨：做这个界定不容易。它是一个连续不断的概念。最高法院应该拥有更大的权力维护那些最弱的少数族群的权利。组织良好的少数族群受到的保护应该小于组织欠佳的少数族群，这些组织欠佳的群体包括无神论者、刑事被告、共产主义者或法西斯主义者。在这个国家里，没有政治拥护者的人们不能使用各种政治程序。我不以民权法令对少数族群的界定方式来界定少数族群。

哈佛哲学评论：那么，你是怎么看待保护少数族群权利的扶持行动呢？

德肖维茨：我对扶持行动的看法很复杂。我个人不相信针对种族或性别的扶持行动。但我所相信的扶持行动，其基础是人们距离他们的个人起点有多远。大学应该考虑人们来自于哪里，而不是用静止的观点只考虑他们在哪里。但对种族或性别不能太看重。我觉得，针对种族或性别的扶持行动的最终获益者不是少数族群中的穷人，而是富人，是女性中的优势者，而不是劣势者。

哈佛哲学评论：乔尔·范伯格（Joel Feinberg）在《行为与赏罚》（*Doing and Deserving*）中的论证是，法律责任与道德责任不同，它可以是相当独断的。按照他的观点，出现这种情况是因为有了法律责任这条界限，既然有了这条界限，就必须把它划到某个地方。而这是否意味着没有合适之处来划界。

德肖维茨：我不同意这样的表达。在法律上，你不一定非得拥有很严格的界限；你拥有的可以是连续域。当涉及到像保护言论这样的问题时，清晰界限对我们就非常重要，这时，我们所拥有的就不应该再是连续域了。但是，就法律制度本质而言，有时我们划出界限，有时我们拥有连续域，参照连续域来理解在哪里划界为适当，这就是一种非常重要的法哲学思考。

哈佛哲学评论：是什么因素使一条界限比另一条更恰当或者说更好？

德肖维茨：如果我们必须划一条界限，我们应该根据民主程序来划，因为这些界限具有独断性，而独断性决策应该根据少数服从多数的原则做出，而不是由法官做出。美国的公共决策大多数是按照这种方式做出的。我们决定18岁有投票权，这就是法律的裁定，在这件事上就没有对错可言。我们需要的是一条界限，而不是要研究每一个具体的人是否有能力投票。我们想做的只是划定一条清晰的、具有独断性的界限。

哈佛哲学评论：应该怎样把法官和最高法院大法官从他们以自己的决策影响的社会中排除出去？

德肖维茨：法官应该熟悉社会是怎样运作的，因为要求他们做出的决定对社会要产生实际的影响，因此，这些决定必须是根据社会运作的方式做出的。例如，现任的最高法院苦于没有实际经验丰富的优秀律师，而这种情况体现在某些裁决的质量，或者说缺乏质量，尤其体现在刑事审判制度方面，这种情况我最了解。我们看到了一系列幼稚的裁决，这些裁决并没有反映出刑事审判制度的真实情况。

哈佛哲学评论：对于人们要求提高庭审的电视直播率，你有什么想法？

德肖维茨：这样做并不是免费的，但我认为值得。我的想法是，要有一个公众拥有的电视台，它很像有线卫星公共事务网络电视台（C-span），要覆盖司法界。它不仅集中于最性感、最具煽动性的案件，而且还有一些最重大案件，即使这种案件非常枯燥乏味。它的目的不是吸引更多的观众，而是使那些对庭审过程或判决感兴趣的人们有更多的机会接触司法。它应该像民主制度中的其他政府机构一样开放。

哈佛哲学评论：但你不觉得电视直播重大或者说极具情感色彩的审判会产生暴民司法的危险吗？

德肖维茨：反正不是暴民司法就是精英司法，我们必须要做的是达到一种平衡。暴民司法这个习语曾经用来批判民主制度。这种平衡的微妙之处就在于它是由我们的宪法实现的。也就是说，一方面，它要求共和形式的政府必须带有许多民主制度的属性；另一方面，它把一些最重要的决策留给精英、也就是司法界来做。保持这个平衡是很困难的。

哈佛哲学评论：在你课程中的第一个讲演《关于思维的思维》（*Thinking about Thinking*）中，你似乎认为，在法律话语领域中不可能存在真实。你声称，律师的工作仅仅是选择适合于委托人案件需要的分析层面作为前提，然后从这些前提出发进行辩论。如果这个说法正确，司法的全部内容是否就可以仅仅归结为尽量使法官或陪审团印象深刻的分析层面？

德肖维茨：我认为它有可能拥有真实。我只是觉得这种真实根植于我们法律制度的深处，很少有人注意。我们法律制度的特点是具有操作性，只有好的律师才知道怎么操作它。我们的历史上有过这样的时代，那时求真才是真。如今，我们的法律制度如此的政治化，以至于我看到的更多的是操作，而不是求真。司法是一种程序，一个公平的程序。由于我不相信自然法，所以我也不相信法律实证论。我必须把法律作为一种公平的程序看待，但这并不一定能保证公平的结果。

哈佛哲学评论：公平程序必须具有的特点是什么？

德肖维茨：公平的程序必须要有公平地选择出来的法官和陪审团，必须有表达清晰的规则，这个规则一视同仁地对待不同种族、不同性别、不同贫富程度和在其他方面有所不同的人。充分明确的规则包含着正义的基本因素。但很难给正义或者公平定义。从某种意义上说，当我们看到它，我们才了解它。理解正义的反面比理解正义本身更容易。我从不指望看到绝对的正义。我倒是已经看到了绝对的腐败，但从来没有见过绝对的正义。

哈佛哲学评论：既然你对公平的程序有自己的理解，那么，现在美国的法律制度最需要改善的是哪个方面？

德肖维茨：法官与司法部门。我们有太多的愤世嫉俗的法官，他们不相信有正义、欺骗与谎言，从各个方面看，他们的思想都是不真诚的，然而，他们却被一再地选举出来，或受到任命和提拔。而这种结合暗示着某种灾难。

哈佛哲学评论：你觉得出现什么情况就说明选择了不适当的法官？

德肖维茨：程序的政治化。还有这样的事实：司法工作被视为美差以及有关人员没有受过法官的训练。在这个国家的许多地方，当联邦法官就意味着普普通通的律师有参议员做朋友，当州法官就意味着普普通通的律师有州长做朋友。我们选拔法官的程序是令人厌恶的。在世界上所有文明国度中，这是最恶劣的程序之一。

哈佛哲学评论：你是否认为法官应该是选举产生的？

德肖维茨：不。选举法官是唯一比政治任命更坏的制度，因为如果那样，我们实质上就只有一个政府部门了，然后假装一分为三。重要的是，我们应该有一个政府的精英部门，选择他们是为了稳定，他们对公众的意志不担负那种日常的责任。我认为，选择法官应该更多地从专业方面考虑，更多地从同级审查考虑，少考虑政治因素。

哈佛哲学评论：如果美国必须通过效法其他国家来改善自己的法律制度，你推荐哪个国家？

德肖维茨：我认为在法律制度方面，国家之间不应该相互效法，因为任何国家的法律制度都是从该国的文化演进而来的。世界上没有任何国家像我们的国家那样具有语言、宗教和种族的多样性。因此，我们必须有自己的法律传统。不论何时，只要我们过度地借用其他的传统，我们就要失败。我们必须按照自己的方式改善我们的法律制度。有些因素我们可以借用，但不是整个制度。在怎样撰写宪法方面，我的基本态度是，拒绝参考其他国家，其中有一个原因是，我觉得有太多的国家借用他国的经验，但没有通盘考虑到底什么适合于自己。

哈佛哲学评论：就你的观察，在其他国家中，有哪一个国家拥有值得效法的或者说是公正的司法制度？

德肖维茨：没有。我认为任何国家的司法制度都不是绝对公正的。我到过并考察过的所有国家的法律制度都有重大的缺陷。从某些方面看，有些国家比另一些国家好，有些制度比另一些制度好，但从另一些方面看就不尽然了。例如，在军事系统非常有效率的情况下，政治因素一旦起作用，就发生了糟糕的情况。英格兰的制度非常好，但过于躲避新闻界，因此它的滥权行为不能受到有效的监视。以色列的制度也相当好，可是一旦涉及保护巴勒斯坦人的权利时，就不是这样了。所以，每一种制度都有自己具体的缺陷。

哈佛哲学评论：有些反对死刑的人，他们根据的是这样一个怀疑性的指称：在被告的罪行中总有疑点存在。你对此有什么看法？

德肖维茨：他们错了。有时是不存在疑点的。阿道夫·艾希曼（Adolf Eichmann）杀害了许多犹太人就是确凿无疑的。有时存在着不可否认的证据，比如录像带。

哈佛哲学评论：死刑反对者也许反驳说，录像带也是可以修改的，所以总是存在着怀疑的空间。

德肖维茨：是的。但不是所有的录像带都被修改过。我仍然相信有简单的事实存在：比如，有人扣动扳机，使子弹刺穿了受害人的肺叶。我不是认识论的怀疑论者，如果我坐在椅子上，我不怀疑这把椅子的存在。

哈佛哲学评论：从更普遍的角度讲，你对死刑持什么看法？

德肖维茨：我也反对死刑，不过是出于另一个原因。在美国就像在其他所有国家一样，死刑的使用是不一致和不公正的。如果是黑人杀害了白人，判死刑的可能性就比白人杀害黑人大。如果有一天，死刑能够被公平和正确地使用，我会重新考虑我的立场，但我不认为这一天会到来。

哈佛哲学评论：在怎样证明惩罚制度的正当性方面，你怎样给自己的观点定位？你同意惩罚的复仇论还是实用论？或者说，你是否相信罗尔斯的那种复合论？

德肖维茨：我不同意任何预先包装的观点。我对问题的思考是个别进行的，并且形成了一种折中的观点，这种观点从那些似乎适用于该问题的视角或分析方法中都借用了一些内容。总之，我首先问自己，我愿意居住在什么样的社会里，我愿意让自己的儿孙居住在什么样的社会里，然后我再寻找适用于这个社会的原则。①

---

① 关于这个对权利的"实验性研究"的详细情况，见德肖维茨的《呼喊着火》（*Shouting Fire*，Little Brown，2002）。

理查德·罗蒂
Richard Rorty

如果哲学家应该扮演一种讨人嫌的角色，揭露假设，询问不受欢迎的问题，嘲笑自以为是（self-seriousness）的人，那么，罗蒂就是这样一位当代无人比拟的哲学家。20多年来，罗蒂经常就哲学、哲学史和哲学的新难题提出具有独创性和颠覆性的理解。他经常激烈地与人们进行对话和辩论，这些人当中不仅仅是英美哲学家。在当代哲学除了当代哲学家以外几乎无人知晓的时候，罗蒂就以他那既具哲学性也具政治性的观点为很多受众知晓。罗蒂的立场对于他在哲学界的同代人来说是十分奇怪的，几乎人人都知晓和讨论他的著作，但很少有人全心全意地坚持他的哲学，毫无疑问，他的立场让人讨嫌。

罗蒂的早期生涯可以解释他为什么能够迅速而又熟练地引用哲学史，也可以解释那些在近50年来美国大学哲学系流行的各种问题，但却无法表明为什么他后来会成为这样的哲学家。罗蒂的学位是在芝加哥大学和耶鲁大学获得的。在那里，他完整地学习了哲学史，不久，他就在普林斯顿大学得到了一个教职，这个地方那时也和现在一样，是分析哲学的最新辩论的场所。他早期的文章对心灵哲学有创新性的贡献。

1979年，罗蒂出版了《哲学与自然之镜》（*Philosophy and the Mirror of Nature*），这部著作仍然是他对哲学最深刻和最有影响力的贡献，是一部反笛卡尔主义的交响曲，它终结了这样一个观点：自从笛卡尔《沉思录》问世以来，哲学一直被一个比喻所主宰，即思想就像一面镜子反映着自然，其精度有高有低。罗蒂认为，这个比喻误导了哲学，最好摒弃，这样，哲学就能看到自己真实的情况：它是一种持续不断的人与人之间的对话。书中使用的方法更多的是开创性的，而不是结论性的。罗蒂把哲学身陷其中的难题描绘成店铺的过期招牌所产生的结果，而不是过期逻辑的结果。他力图用劝说人们放弃这些招牌的方法来解决这些难题。这种方法有时得到了赞许，有时又被指责为"玩弄辞藻"。罗蒂对方法的创新没有提出任何主张，这种创新完全出自后期维特根斯坦。维特根斯坦与海德格尔和杜威一起，对这本重要的著作有启发和指导作用。

《哲学与自然之镜》面世以来的20年中，在这个哲学家的三重唱中，只有杜威成为罗蒂思想的中心。在美国哲学家阐释和推进实用主义方面，罗蒂的声音是最主要的，这种情况可以被总结为这样一个观点：在实践中不起作用的区别就是不值得做出的区别。这是一个过于消极的总结，而罗蒂从实用主义中得出的结论是相当积极的，与本世纪各个相互竞争的哲学中产生出的任何内容相比，这个结论的论证更有帮助，更有希望。实用主义是一种理论，也同样是一种方法，它更有益于偶然性，而不是系统性，它可以自由地跨越思想和专业之间的边界。罗蒂正是由于使用了这个方法，才给人留下了深刻的印象。自从《哲学与自然之镜》面世后，他撰写的大都是论文，这些文章把清晰和简明的美国最优秀的哲学的本土话语与那种更为广阔、更为频繁地见于欧洲哲学的历史观点结合起来了。实用主义对与社会和政治相关的事务有指导作用，因此，它成为罗蒂近期著作的重点，这些著作是《筑就我们的国家》（*Achieving Our Country*，1998）和《哲学与社会希望》（*Philosophy and Social Hope*，1999）。从专业上说，罗蒂与新近美国哲学之间的夫妻式争吵（之所以一直存在着这样的夫妻式争吵，是因为罗蒂从奎因及其继承者那里汲取的内容与他从海德格尔及其继承者那里汲取的内容一样多）最后以某种形式的离异而告终：他离开普林斯顿大学，去了弗吉尼亚大学的一个不属于任何系的职位（non-departmental position），现在，他在斯坦福大学比较文学系任教。

占据罗蒂大部分注意力，并且使人们对他的观点产生了大量辩论和争执的内容是：我们没有区分两个标准，一个标准用于确定我们对一个命题的相信是否是合理的，另一个用于确定该命题是否是"真的"。罗蒂认为，"真的"就是我们对那些我们认为是合理的观点的一种褒奖，因为"真的"这个概念作为世界"真实情况"的体现，无非就是一种"信条"。这个思想受到世界和历史条件的限制。罗蒂声称，就像启蒙思想家摒弃了把上帝作为道德的基础、从而实现只有人类自身才能决定他们应该怎样采取针对他人的行动一样，我们现在也应该摒弃把"真的"概念作为"对世界的可负责性（answerability）"，从而实现我们作为人的那种不对任何他者、只有对我们自己才具有的那种可负责性。因此，对于罗蒂来说，重要的、而且是全部重要的内容就是，一个信念对于某人的同伴来说是否能得到辩护。对于他来说，除了人性本身以外，没有任何法庭、尤其没有"自然"可以上诉。罗蒂认为，摒弃了把真相看做是可负责性这个教条，就迫使我们承认自己的真实情况：我们是正在力争尽我们最大努力对付世界的人，是力争在我们之间实现抚慰和团结的人。

理查德·罗蒂：
展望后形而上学文化

采访者：迈克尔·奥谢（Michael O'shea）
采访时间：1994 年

哈佛哲学评论：什么是"诗化"的文化？

罗蒂：在一种诗化的、或者说是后形而上学的文化中，宗教和形而上学的共同律令干涸了，消散了，这个律令是要为人们的思想找到一种超越历史、超越文化、适合于万物的基础，而且它独立于人们所处的时间和空间。而在"诗化"的文化中，人们认为，人类的生活和世界是他们为自己创造的，而不对上帝或对"实在的本质"负责。

哈佛哲学评论：你是否看到我们在向这种文化发展？

罗蒂：我认为，自从浪漫主义时代以来，在欧洲和美国的文化中，一直存在着朝着这个方向发展的倾向。在美国有爱默生和惠特曼，在欧洲也存在着浪漫主义挥之不去的影响。

这种情况能持续多久，我也不知道。它似乎是富有的、有闲的精英阶层的产物，这些人有时间为这些事情担忧，有时间想象未来的各种可能性。世界也许不会允许这类精英存在更长的时间。

哈佛哲学评论：这种精英阶层特有的反讽的和诗意的世界观

能否为大众所有？

罗蒂：能。我认为，在工业化的各个民主社会中成功地进行的世俗化，就显示出了这种情况。那种16世纪和17世纪的观念，即人绝对不能离开宗教，已经成为错误的观念了。启蒙运动的前提实现了：你能够拥有这样的社会，它有社群感，但没有宗教上的认同，当然也没有对上帝的过分关注。如果你能够成功地世俗化一个社会，那你也就能正确地使其去形而上学化。

哈佛哲学评论：我们的哲学教授都接受过形而上学和类似思想领域的训练，他们目前在这种文化中可以为什么目的服务呢？

罗蒂：我认为，他们在过去是为这样一个主要目的服务，即帮助我们克服旧的常识、共有的旧的言说方式以及过去的词汇；改善这些东西以适应新的发展，如启蒙运动、世俗主义、民主政府，还有牛顿、哥白尼、达尔文和弗洛伊德。

有一件事情你可以让哲学教授来做，这就是威廉·詹姆斯（William James）所说的"把新旧事物交织在一起"，目的是把一些新奇的事情、如弗洛伊德的心理学与道德常识融合为一体。托马斯·内格尔（Thomas Nagel）撰写了一篇很好的文章，发表在《纽约书评》（*New York Review of Books*）上，内容是怎样把弗洛伊德的思想变成我们道德常识的一部分。我认为，这篇文章准确地说明了这一过程。哲学家对这一过程有帮助作用。

哈佛哲学评论：那么，哲学家是否为这种协调一致的世界观的专业策划者？

罗蒂：是的，哲学家或许总是起到这种作用，其原因是，在文化中总是有令人激动的事情发生，需要有人驯化和改良，并且与过去结合在一起。

哈佛哲学评论：你是否把文化的去先验化视为政治卷入的诱因？哈贝马斯等人认为情况正好相反。

罗蒂：我确实把它视为一种卷入的诱因，杜威也这样看。杜威说，如果你对真理采取实用主义的态度，也就是说，有用的东西就是真理，那么，有一个明显的问题就是，它对谁有用？这个问题是福柯提出来的。然后你又问了一个具有政治性的问题：你想让它对谁有用？你想为谁做事？你想善待谁？这些问题都是先于哲学的问题。那么，你就能够让民主政治制定哲学目标，而不是让哲学制定政治目标。

然而，哈贝马斯似乎认为，如果你没有哲学当路标，告诉社会和政治往哪里走，你就停滞不前了。

哈佛哲学评论：你是否怀疑像哈贝马斯那样的人所做的同样的事情，即大量谈论民主国家所需要的价值，可以在没有语言之外的合理性规范，即没有主叙事（master narrative）的情况下进行。

罗蒂：我不怀疑。我不知道为什么哈贝马斯认为它不能进行。他有这样一个观点，每一个论断都声称拥有普遍有效性，如果你放弃这种论断的思维方式，你就不能认真地对待自己，或者不能认真地对待交往，或者不能认真地对待民主。我没有在其中看到推理过程。这种情况就像希拉里·普特南在声称我们需要一个有"实质内容的"真之概念时所持的想法。我也从来没有得到过它。

哈佛哲学评论：也许这个概念意在包含这样一个思想：我们要对自己的言论担负一定的责任。

罗蒂：是的，但我觉得这在责任的归属问题上绕远了，这是不必要的。我认为，我们应该向与我们对话的人负责，而不是对理性、或对世界、或对普遍性的要求、或对其他什么事情负责。

哈佛哲学评论：是否存在一种方法来改变目前这种教育或文化传播方式以实现这种责任感？

罗蒂：我不知道。但我认为，有许多这样的变化已经实现了，这种情况表现在替代科学的文学出现了。此时此刻的哲学在某种程度上占据了科学和文学中间的位置。但正是因为这个原因，哲学将衰落于二者之间，并将被知识界忽略。对于大多数知识分子来说，英语世界中的哲学并不重要，其原因是非科学的文化所占的比重已经超越了文学。大多数知识分子认为，分析哲学家具有一种怀旧情绪，怀念往日以科学为本的时代。

哈佛哲学评论：那么，你认为当今人们对自然科学的态度有什么问题？

罗蒂：现在仍然有这样一种倾向，即要某些人占据从前由牧师占据的位置。物理学家往往被提名担任这一角色，因为他们被认为是接触实在本质的人，这种实在用伯纳德·威廉姆斯（Bernard Williams）的话说，就是与人的需要和利益脱离的实在。这种需要牧师式人物的倾向是不幸的，我认为是一种自我贬低。我不能肯定这种科学崇拜有多严重。但你确实仍然能在当代的一些辩论中发现这种崇拜，譬如，在约翰·塞尔（John Searle）与雅克·德里达（Jacques Derrida）的辩论中［关于奥斯丁（J. L. Austin）哲学的辩论，该辩论反复出现在德里达的著作《有限公司》（Limited Inc）中——编者注］。

哈佛哲学评论：哲学的情况是否正在发生改变？

罗蒂：至少在英语国家里，我没发现。虽然分析哲学以专业性自居，但它不断地扩展与所谓硬科学的联系将会十分困难。在母语为非英语的哲学中，这种联系根本不存在，这就是为什么我认为两种传统很难融合在一起的原因。

哈佛哲学评论：希拉里·普特南在他的《复兴哲学》（Reviewing Philosophy）中，分析了你批判理性的某些部分，声称"罗蒂的相对主义是修辞性"。他这样评价你的工作，你觉得舒服吗？你打算让你的工作起到什么样的作用？

罗蒂：主要是劝说。我不太在乎把它称为修辞还是逻辑。我认为我的工作就是努力使人们脱离那种与强大和非人性化的东西有联系的概念。我更喜欢的理性是唐纳德·戴维森（Donald Davidson）的，而不是普特南的，原因是戴维森对分析哲学和心灵哲学的看法比普特南更深入。

哈佛哲学评论：你的工作是否是奠定一个基础，让其他人在上面做建构。它可以建立一个学派吗？

罗蒂：我没有这样的希望。建立学派相对容易。你可以提出问题，让一代人能够乐于在这个范围内进行专业追求。但你不能确定，你真的是做了有益的工作，还是仅仅鼓励了经院哲学。

像德里达这样的人，我特别喜欢的是他没有真正的弟子。德里达在美国有许多模仿者，我觉得，他们之中没有人有可取之处，但德里达确实是无法模仿的。不存在"德里达难题"之类的东西。他没有交给任何人做任何工作。哈罗尔德·布鲁姆（Harold Bloom）也是如此，我对此很佩服。

哈佛哲学评论：人们也许可以这样认为，你的工作有助于拆除一些传统的二元论哲学，然而，你赞成的那种反讽者的世界观，似乎把公共和私人的严格二元论推向了极致。你说，我们应该阅读某些作者，如尼采和德里达，以丰富我们的私人体验和诗化体验，而其他人的一些著作，如罗尔斯和密尔，也应该阅读，以便在自由民主体制中充当一个好公民。这种区分合理吗？如果我们的私人信念与充满信息的社会格格不入，那我们的私人信念有什么内容呢？

罗蒂：我认为私人信念是不能够与公共环境隔绝的，私人信念具有渗透性，可以说影响着人们针对他人的行为方式。关于做出区别，我是这样想的，公民身份、公共责任或对国家事务的参与的语言不是原创性的、自我产生的语言。

但我们认为是诗人的那些人，他们想创造一种新的语言，因为他们想发明一个新的自我。有这样一个倾向，人们尝试把诗的效果视为可以和参与公共话语的活动相结合。我认为二者是不能结合的，但这并不意味着它们没有互动。

像尼采、克尔凯郭尔（Kierkegaard）和德里达这样的人，当他们建立私人词汇和私人的自我形象时，如果与公共话语有相关性的话，是一种什么样的相关性尚不清楚。但几个世纪以来，它有时被证实是有一定影响的。

哈佛哲学评论：例如，如果有一位海德格尔的读者，他不仅为海德格尔作品中独特的"揭露世界（world-disclosing）"的成就所打动，而且还被海德格尔把 Being（存在）看作人的基本目的这个观点所吸引。这种吸引在公共行为中怎么体现呢？

罗蒂：我不知道，但我认为，值得人们记住的是，20 世纪 50—60 年代，那些大家感兴趣的欧洲人的想象力都被海德格尔设法抓住了。当哈贝马斯、福柯和德里达还在求学时，海德格尔就是"他们的"哲学家了。只有上帝晓得他们对海德格尔的建构有多么不同，但有一点是清楚的：如果不阅读海德格尔，我们是无法撰写 20 世纪思想史的。这就像在黑格尔时代，对黑格尔有 16 种不同的反应方式，现在，对海德格尔也有 16 种不同的反应方式。我认为，黑格尔或海德格尔给我们留下的"真正的"信息是什么？问这样的问题是毫无意义的。

哈佛哲学评论：但在《偶然性、反讽与团结》（*Contingency, Irony, and Solidarity*）一书中，你是这样写的："作为我们公共生活中的哲学家"，海德格尔"往好里说是索然无味，往坏里说就是虐待狂"。你在那里讨论所说的海德格尔，与我们在这里讨论的在意义上是否有所不同？

罗蒂：我认为，企图从海德格尔、德里达或尼采那里获取政治信息不会有好的结果。我们已经看到，这些企图是什么样的，它们并不成功。希特勒企图从尼采那里获得政治信息，尼采也许会因此而胆战心惊。企图从德里达那里获得政治信息的人们也完全是落俗套。我觉得人们不值得为此费心。

但是，这并不是说这些人物始终对公众是无用的。拥有伟大的想象和以察觉不到的方式改变传统，这些在公共事务中都起到了作用，而且在某些方面这种作用是自始至终的。我们只是不知道是怎样起作用的。

哈佛哲学评论：你既然认为我们的时代是一个世俗化不断加强的时代，那么，你怎么看待这个国家中存在着原教旨主义这种宗教上的右派呢？它确实对我们的公共政策有不可忽视的影响。这种情况似乎表明，传统宗教和其他形式的非反讽信仰仍然在我们的公共领域中良好地存活着。

罗蒂：我认为，这种情况发生在中产阶级受到惊吓并处于防御状态之时。人们由此设法把社会分成绵羊和山羊，以便使某些人充当替罪的山羊。美国中产阶级有充分的理由对自己的经济前途感到恐惧，对国家的经济前途感到恐惧。这种恐惧感越强，人们就越多地着眼于各种异端教派、准法西斯运动之类的东西，我们把这些东西归类为"狂热的右翼"。

哈佛哲学评论：除了经济复苏以外，还有什么其他途径可以避免这种情况吗？

罗蒂：我的预感是，只要中产阶级的收入长期处于下降趋势，只要贫富差距不断扩大，繁荣与短缺的正常循环就不太重要。我认为，没有任何方法可以逆转这种情况。我没有任何乐观的建议。

哈佛哲学评论：那么你对前途是悲观的，是吗？

罗蒂：我没有充分的信心说在经济方面，一切都有确定性，但对我来说，关于劳动市场的全球化怎样对工业化民主国家生活标准产生影响的任何预言，都是相当有说服力的。我认为，只要民主国家的中产阶级的生活标准处于危险之中，民主政府就处于危险之中。

哈佛哲学评论：你曾把自己描述为"后现代资产阶级自由

派"。有了这个自我定位,你是怎样看待当代知识界左派的?他们的思想先后被法兰克福学派和法国后结构主义所充实。

罗蒂: 这个定位("后现代资产阶级自由派")被认为是一个笑话,我觉得它是一个机智的矛盾修饰法,但其他人没有感到它的幽默。

我认为,真正存在的左派有两个。比如法兰克福学派力图调整马克思主义,使它适合于朴素的、社会民主的和改革者的左翼政治。我觉得我自己属于这个左派,它等同于在美国所谓的老左派,它是反斯大林主义的社会民主左翼,以《异议》(Dissent)杂志为中心,其中有欧文·豪(Irving Howe)等人。

我认为还有的左派是没有的,如福柯的左派,它不想成为改革者,不想成为社会民主派。弗里德里克·詹姆森(Fredric Jameson)就是这种左派的一个很好的例证。我看不到它们在美国有什么实用价值;它们似乎只是让左派看起来很荒谬。

哈佛哲学评论: 你认为当代福柯式的知识界左派对美国大学有什么影响?你同意如今通常针对左倾知识界提出的批判吗?

罗蒂: 福柯的左派在美国大学教师中大约占2%,除了充当一个靶子吓唬右派以外,它不是很重要。它使得右派对美国大学产生大量的仇恨情绪,因为它瞄准的是这极少数人。

哈佛哲学评论: 在有代表性的美国大学里,吸引人文学教师的政治中心是什么?

罗蒂: 还是左翼自由派和社会民主派以及改革派,但福柯派制造的更多的是噪音。

哈佛哲学评论: 1994年秋,你写了一篇社论,内容是弗吉尼亚州参议院选举,你在其中的分析表明奥利弗·诺斯(Oliver North)的候选人身份是弗吉尼亚人的价值危机的征兆。人们在诺斯身上发现的那种旧式的"男子汉"的美德与你在当代美国中产阶级身上看到的文化特质有可比性吗?它是否产生于同一种恐惧？

罗蒂：是的，当时原教旨主义传教士和部队军官大约是同时成了坚强和纯洁的人物。人们认为，他们决不会有道德弱点或者其他弱点，因此也就决不会是坏人，即自由派。他们是反对软弱、糊涂和迂腐的知识分子的坚强卫士。

哈佛哲学评论：今天，美国实用主义向我们提供了什么资源？

罗蒂：在哲学教授中间，美国实用主义以戴维森的语言哲学和心灵哲学的形式，向我们提供了一个途径，使我们能走出实在论与反实在论这个无聊的问题，这个问题被人们重复谈论到了令人厌烦的地步。戴维森给我们提供了一条道路，使我们能够摆脱自从康德以来一直折磨着哲学的那种在教条主义和怀疑主义之间的摇摆。我认为，戴维森从语言的角度重新撰写了詹姆斯和杜威从经验的角度所做的工作。

实际上，我刚刚阅读完约翰·麦克道威尔（John McDowell）的著作《心灵与世界》（*Mind and World*），他认为，戴维森将保持那个摇摆不停地进行下去，因为没有人接受戴维森的这样一个观点：信念大都是诚实的。从社会学的角度看哲学教授，这也许是正确的，但我不知道他们为什么不接受戴维森的观点。

在哲学专业以外，我认为，实用主义延续了爱默生和惠特曼的理想主义的、向前向上的传统，这个传统视美国民主制为最伟大的发明，是一切善事好事的源泉。

哈佛哲学评论：这就是科尔内尔·威斯特（Cornel West）在《美国对哲学的逃避》（*American Evasion of Philosophy*）中所说的那种爱默生的自然神学。

罗蒂：是的，我认为威斯特在政治和精神的维度上给了实用主义一个很好的说明。

哈佛哲学评论：你经常谈到英美哲学教授不愿意接受不按照

已有定论的问题来划分的哲学。怎样改革本科和研究生教育以改变这种情况？

罗蒂：我没有考虑过，因为我认为，哲学教授被束缚在英语世界里。而本科生也许真的愿意更多地倾听尼采和其他欧洲人，但哲学教授们却感到这样做对这些可怜的孩子们是很糟糕的，会诱使他们向非理性主义、文学和非科学的思想发展。如果哲学教授不能克服这个障碍，我认为他们将使自己陷于困境。

因此，在英语世界里的哲学系正在把自己与大学的其他系分割开来，这种做法最终将使哲学系衰落。我希望他们停下来。

哈佛哲学评论：在《实用主义的后果》（*Consequences of Pragmatism*）中，你提出了我们可以结束在"哲学"这同一个名分下，讲授两个不同学科的局面，一个是大陆思想和文学批判，另一个是科学取向的分析哲学。这个判断现在还成立吗？

罗蒂：是的。但我认为这个问题与文学批判关系不大，它更多地与历史相关。在英语世界之外，哲学教授的训练在很大程度上就是哲学史的训练。在欧洲，只要你能把从古到今的哲学史的故事讲好，你就是一个好的哲学教授。

这样的专业训练与英语世界里的专业训练有很大不同，在英语世界里，你被指定紧跟"预印本文化"（preprint culture，大概指的是文章在以印刷版本正式出版前，预先在互联网上张贴的新的热点问题的现象——译者），而且要花费时间接触该领域中新的热点问题，因此，很难想象，两种训练能走到一起。两组学生在研究生院接受的训练没有任何相同之处。到了他们完成研究生学业的时候，他们一点都不知道另一组学生在操心什么。

哈佛哲学评论：你认为你自己接受的哲学教育中，哪部分是最有价值的？

罗蒂：哲学史，这些知识大部分是在芝加哥大学获得的，那里的哲学史就是原原本本的历史。哲学系的领导是一位哲学史专家理查德·麦基翁（Richard Mckeon），他总是叫你认真地学习。如果你不会熟练背诵大量的哲学史内容，就拿不到硕士学位。假如我没有被迫阅读所有这些作者，我就读不懂黑格尔和海德格尔，我就会后悔。

另一方面，如果我没有我们现在称之为分析哲学的背景，我就不能评价威尔弗里德·塞拉斯（Wilfrid Sellars）和唐纳德·戴维森，我也会后悔。

亨利·埃里森
Henry Allison

人们普遍认为,在即将过去的这个世纪里,哲学史在美国大学的哲学系中受到的待遇不太好,但有一件事所产生的巨大影响说明了这个想法是错误的,这就是康德仍然在当代的思想中起作用。许多当代的形而上学专家在康德打造的框架内工作,而且他们称自己为某种意义上的新康德主义者。康德的伦理和政治学说是他们工作的支柱,是政治哲学讨论的中心,如约翰·罗尔斯的《正义论》。在康德之后,有一批思想家应该在康德复兴方面享有崇高的声誉,这些学者能够把对历史的敏感理解和敏锐的分析能力结合起来,在这样的哲学家中首推亨利·埃里森。

埃里森早年的大部分时间在纽约及其周边地区度过:1937年生于纽约,曾就读于耶鲁大学、哥伦比亚大学、联合神学院(Union Theological Seminary)和社会研究新学院(the New School of Social Research),1964年,在社会研究新学院获得博士学位。埃里森曾任教于哥伦比亚大学圣迭戈分校,这所学校在他任教期间,成为在美国以历史的精神研究欧洲哲学的中心。1996年以后,埃里森任教于波士顿大学,下面的采访就是在那里进行的。

在进行康德的《纯粹理性批判》的教学中,几乎总是有两本书被指定阅读，一本是原著，还有一本就是埃里森的《康德的先验唯心论：解释与辩护》（*Kant's Transcendental Idealism: An Interpretation and Defense*）。埃里森的这部著作不仅是对《纯粹理性批判》的精心的和具有真知灼见的概要（尽管它确实如此），更准确地反映了该书副标题的承诺：埃里森复兴了康德的理论哲学，他的大多数同代人把这种哲学视为各个哲学立场的片断整合，也视为康德所希望的那种自成体系的哲学。更重要的是，通过埃里森的工作，《纯粹理性批判》一书变成了完全可以存活的哲学体系，这一体系在面对新的和更深入的批判时，仍然成立。这并不是说埃里森已经说服他所有的同行们接受先验唯心论。自从1983年埃里森的这本书出版以来，已经引发了广泛的辩论。有人认为，一本关于《纯粹理性批判》的书是可以永远成为这种辩论主题的，也有人认为，康德理论哲学的整合形式是令人信服的，这两个观点在埃里森的书面世之前几乎是不可能的。在《康德的先验唯心论：解释与辩护》之后，又出版了埃里森的《康德的自由理论》（*Kant's Theory of Freedom*），这本书对康德的自由理论做了广泛的解释和辩护。

《康德的自由理论》出版于1990年，它涉及的一个难题早在埃里森上耶鲁大学二年级时就占据了他的思想。1996年，埃里森出版了《唯心论与自由：康德理论与实践哲学论文集》。这本书为他在前两本书中提出的思想做了辩护和延展。最近，埃里森就像康德一样，思考的问题有所转变，从理论和实践转向了美学。他最近出版的一本书是《康德的趣味理论：对〈判断力批判〉的一个解读》（*Kant's Theory of Taste: A Reading of the Critique of Aesthetic Judgment*）。

然而，埃里森关于康德的写作仅仅是他著作和思想的一个方面。埃里森最早的哲学兴趣在克尔凯郭尔和萨特，同时，他始终把自己的思想集中在哲学史中的许多主要人物上，在这个过程中，他帮助我们理解为什么这些人物如此重要。埃里森广泛的兴趣使他研究了许多思想家，而这些思想家不像康德那样在埃里森同代人中间受到那么良好的待遇。他的第一本书是《莱辛与启蒙运动》（*Lessing and the Enlightenment*, 1966）。从那时起，他又撰写了十几篇文章论述莱辛、克尔凯郭尔、洛克、斯宾诺莎和贝克莱等。这些迥然不同的思想家显示出埃里森的广泛的兴趣，也显示出他有能力把这些哲学家所遵循的纵横交错的复杂路径并入一个广阔而又敏锐的哲学视野及其历史。埃里森目前正在对《康德的先验唯心论：解释与辩护》一书进行重要修订，并在撰写一本关于休谟的书。

亨利·埃里森：个人的与专业的

采访者：斯蒂芬·格罗斯（Steven A. Gross）
采访时间：1995年

哈佛哲学评论：也许我们可以从历史方面开始谈，也就是个人经历。是什么使你成为哲学史专家、而且集中于你把握的那些具体人物？

埃里森：我必须首先从是什么让我研究哲学说起。我一开始进入耶鲁大学时所抱的想法是成为诗人或作家之类的人。有两件事情让我改变了主意而走入哲学，一件是积极的，一件是消极的。积极的事情是听了布兰德·布兰夏德（Brand Branshard）为新生讲授的课程，他是一位出色的讲师，课讲得惊人地清晰和准确。这是我第一次真正地接触哲学，我当然被它所吸引。消极的事情发生在我二年级的时候，那时我注册了一门课程，叫《天天话题》，该课程要求每人在每周的五天中，每天都要撰写一个短篇或故事；我的作品遭到了著名教师的严厉批评，而且成绩平平，从此，我开始认识到，我不是做成功的诗人或小说家的材料，因此我就转向了哲学。这就是我怎样对哲学感兴趣的过程。

现在，我们再谈怎样进入哲学史的问题，这个过程更复杂。我认为，它的成因大都是一些偶然事件的组合，其中包括同我一起从事研究的人们、他们的兴趣以及我从事研究的地点。我对哲学的兴趣始于布兰夏德，他是最后一位伟大的理性主义者，他之所以出色是因为他能够针对这个或那个问题做出多种论证，而且都非常系统。尽管如此，我不久就开始对一些杂乱的问题感兴趣了，如存在主义。克尔凯郭尔和萨特是我以一定的深度研究的首批哲学家。在耶鲁大学还有一位教授，是一位聪明年轻的助理教授，路易斯·麦基（Louis Mackey），我对存在主义的研究是从他开始的，当时他正在撰写一本很重要的书，是关于克尔凯郭尔的。① 我对这些内容感兴趣大都是通过他。但他也举办过哲学史的研讨班，因此我也就对哲学史感兴趣了。我觉得那时已经对康德感兴趣了。当然，康德是作为一个难以接近的、并且具有挑战性的人物到来的。但也许真正使我感兴趣的第一个哲学问题是自由问题，即怎样使自由与因果决定论协调一致，而康德在其中起了很大作用。不知何故，早在大学二年级我就认为，这是一个深层的问题，而且也感到，康德对这个问题有重要的话要说。过了30多年，到了1990年，我终于出版了一本书，我力争在书中说明当时的情况。② 但我最初的兴趣基本上或多或少地集中在我们称之为"大陆的"内容。而耶鲁大学在某种程度上说，有一个混合式的哲学系。我觉得，我一开始就对分析哲学有一种消极的态度，这主要是因为我不知道它是怎么回事。但我肯定当时对专门从事哲学史研究也没有任何想法。事实上，我那时对宗教哲学感兴趣，我想从广义上讲，是对德国哲学、主要是康德和黑格尔感兴趣，因为在我看来，他们与存在主义有联系。

　　我于1959年从耶鲁大学毕业，之后，我就抱着集中精力研究宗教哲学的想法进入了研究生院。我选择了哥伦比亚大学，因

---

① Louis Mackey, *Kierkegaard: A Kind of Poet* (Philadelphia: University of Pennsylvania Press, 1997).

② Henry Allison, *Kant's Theory of Freedom* (Cambridge: Cambridge University Press, 1990).

为它与联合神学院有一个进行宗教研究的合作项目。我认为，研究物理哲学应该知晓一些物理学，研究宗教哲学就应该具备一些宗教知识。因此，我学习了一些《圣经》的内容，又研究了诸如比较宗教学一类的内容，取得了硕士学位。之后，我又转向了哥伦比亚大学的一个哲学研究项目。到那时，我已经培养了自己对历史的兴趣，尤其对希腊哲学感兴趣，尽管我在本科时期就对该领域有兴趣了，因为我那时跟罗伯特·布鲁堡（Robert Brumbaugh）学习柏拉图和亚里士多德。但真正令人兴奋的亚里士多德研讨班，是我和兰德尔（Randall）、克里斯特勒（Kristeller）和查尔斯·卡恩（Charles Kahn）一起举办的。因此，在那个阶段，我分身于希腊哲学和德国哲学之间。但我猜想，对于我来说，真正有决定作用的事情是：当我在哥伦比亚大学的时候，我注意到并且报名参加了一个研讨班，内容是关于《第一批判》的，这个研讨班是在新学院大学（New School）由阿隆·古尔维奇（Aron Gurwitsch）举办。在这之前，我听说过古尔维奇，但主要是作为现象学家。我进入新学院大学时，该校仍然在哥伦比亚大学内，因为当时该校没有人对康德有充分的研究，我就报名参加了一个贯穿分析传统的研讨班，这是一个全年的研讨班，它的内容特别好，也很重要，因此打动了我。尽管我没有放弃对康德的兴趣，尤其是没有放弃对宗教哲学的兴趣，但我还是决定转学到新学院大学和古尔维奇一起工作。我和他一起研究莱布尼兹，之后，我撰写了博士论文，从而完成了学业。博士论文的内容不是康德，而是莱辛和他的宗教哲学及其与莱布尼兹的关系。因此尽管我对康德保留了兴趣，但我也培养了对近代哲学史的更广泛的兴趣。事实上，我的研究工作不仅仅限于莱布尼兹，而且还有斯宾诺莎、经验主义者和德国唯心论。我所接受的教育是真正的欧洲古典哲学的教育，因此我感到很幸运。这就是推动我进入历史方向的因素。所以，情况并不是在一个早晨，我醒来之后说:"我的上帝,我将成为一名哲学史专家。"而是我的哲学训练把我自然而然地推到了这个方向。

哈佛哲学评论:你既然接受的是这种教育,那么,你会不会问自己,或者说你可曾问过自己:"我是否想成为一名哲学史专家?或者我是否应该以另一种不同的方式研究我感兴趣的哲学问题?"或者干脆说,鉴于你接受的那种教育,你根本不会问自己这些问题?

埃里森:我觉得,就像你说的后面那种情况,我认为我不曾感到它们有那么明显的二分,如果人们是以更传统的、更具问题取向的教育开始的,才会感到这种二分,在这种问题取向的教育中,你阅读的是最新出版的《哲学杂志》[①],然后,你也许确定:"关于这个话题的背景,也许存在着令人感兴趣的历史内容。"因此,还是那句话,由于我的训练和经验,我思想上从来没有发生过那种二分或两难的情况。

哈佛哲学评论:这样我们就可以顺利地过渡到下一个话题,即有关在英语世界的哲学界里哲学史的总体研究情况。在当代英语世界的哲学界里,有许多哲学史专家没有接受过这种哲学教育,也许在他们所在的哲学系中,有一种甚至更为强烈的二分感。在许多著名的哲学系中,这种情况仍然存在,尽管也许程度较低。哲学史是一门学科,这门学科在你的职业生涯过程中发生了很大的变化,不论是其自身,还是它与哲学其他领域的关系都是如此。我仍然沉浸在这种历史情结中,因此,有兴趣听取你的想法:在这些变化中,有哪些是最重要的?你把它们归因为什么?

埃里森:我认为,你说得对,我的意思是,你把问题归结为训练肯定是正确的。这两种情况你都说对了:大多数英美哲学史

---

① *Journal of Philosophy.*

专家接受的训练和他们的训练不同于我的训练，尽管近年来有许多人花费时间研究德国，洪堡基金会等单位已经做过相当多的交换。我认为，尤其对于青年学者如弗雷德·诺伊豪斯（Fred Neuhouser），对于他们来说，在德国花一年至数年的时间做研究是很正常的，而我从来没有过这种机会。但我希望有。

现在，我猜想你的问题还涉及在哲学史研究方法中发生的变化。当然，这个问题应该得到更多的注意。我认为，在大多数情况下，在大多数哲学系里（尽管绝不是全部），而且是在很大程度上，完全轻视哲学史的态度已经是过去的事情了。我认为，这是因为认识这样一个问题有一个逐渐深化的过程：在过去和当今的哲学难题和关注之间是相互联系的，要做好哲学研究工作离不开对哲学史的理解。现在，在哲学史范围内，我认为有一种非常健康的发展，这体现在对哲学史的学术研究工作越来越关注，越来越尊重。现在，在大多数情况下，如果有人计划研究康德，他就希望懂一些德语，就希望了解沃尔夫（Wolff）和鲍姆加登（Baumgarten）这样的人，我觉得这是好现象。这种情况越来越成为主流的组成部分。在哲学史方面，目前的工作越来越多地被历史的内容所充实，但是，如果你回顾60年代发生的事情，如乔纳森·班尼特（Jonathan Bennett）关于康德的论著（一本是在60年代，一本是在70年代），那是一系列的批判，有些是精彩的、具有真知灼见的，但另一些却没有抓住问题的关键。① 我觉得，那是因为有很多情况我们还没有认识到。

哈佛哲学评论：我想从几个方面得到你的回答。首要的是，也许我能充当一个持反对意见的人，要求你回应对哲学史持轻蔑态度的教授。的确，仍然有这样一些人，他们认为，在某种意义

---

① Jonathan Bennett, *Kant's Analytic* (Cambridge: Cambridge University Press, 1966) and *Kant's Dialectic* (Cambridge: Cambridge University Press, 1974).

上，沉浸在、或者说通晓哲学史如果往好了说是不必要，往坏了说就是妨碍正确地研究哲学。显然，这不是你的思路。如果你在教师会议上遇到这样的人，你会说什么呢？对于谁被录用了，对于研究生的要求等问题，这些是自然会产生的实际后果。

埃里森：我不能肯定从这些实践的角度谈这个问题是最好的办法，或者说，我不希望诉诸这种方法。显然，这种态度隐含着这样一个概念：什么是做哲学研究，我认为它的基础是把科学的模式拿来使用。如果你是一个生物学家，而且了解生物学的历史，这自然是好事，但历史并不是实践科学家必须要了解的。哲学和科学是两个完全不同的学科。我认为，在持有这种态度的人当中，至少有许多是持有"科学家式的偏见"的，由于缺乏更好的表达，我们姑且先这样说。因此，我认为，我必须挑战他们的概念，即"哲学的全部内容究竟是什么"这样一个概念。如果认为哲学要解决的难题是不连续的、有良好定义的，并且在它们自己的范围内就可以解决的难题；也就是说，如果哲学就是你认为的那种情况，那么我也就认为没有必要学习哲学史了，尽管仍然有一些普遍的学术理由认为，至少在哲学系的本科生中讲授哲学史是很重要的，甚至是必须的。但我的设想是，哲学概念（或者其中的一支，当然是主要的一支）是以历史的方式产生的，是通过逻辑实证主义及其结果产生的。而这种对哲学的态度本身也是历史地演化而来的。

哈佛哲学评论：这种态度的寿命当然超过了逻辑实证主义，因此鉴于我仍然充当反对派，我认为人们可以这样回应：即使这种态度本身为历史条件所限定，它却能够表达一种真理。现在你对此提出了挑战，认为它仅仅表达了一种偏见：你这个挑战是怎么来的？

埃里森：我不认为我一定要把它当作真假问题。这不是我对哲学的感觉。因此我会说，如果这就是哲学的全部，那我就对它没有那么深的兴趣了，也不想为它贡献我的职业生涯，但这并不是说那些智慧的人们为了解决具体问题所做的学术工作不好、没有价值。我觉得，我的主张是，如果把这些归结为哲学的全部内容，则是一种偏见，就像我曾竭力予以说明的那样，这确实有其起因，尽管你说得很对，它的寿命比昔日曾经美好的逻辑实证主义要长。但当代分析哲学中有如此多的内容就是逻辑实证主义的直接衍生物。当然，如果允许我使用黑格尔的术语，其中就有许多术语被视为对逻辑实证主义的抽象否定，困扰它的仍然是它被认定应该摆脱的那些东西的阴影。

但你使用了真理概念，你想到的是什么样的真理？

哈佛哲学评论：哲学的大多数问题，或者说是全部的核心难题不需要从历史的角度研究。从历史的角度研究也许有一些实际的益处。我想，这种看法的意思是：接触过去就接触到许多不同的观点和论证。但并不一定要从历史的角度研究问题。因此，消极的说法是，在哲学中，没有什么、或很少有核心的难题在本质上要求从历史的角度研究。我又以反对者的身份把问题以这种方式表达。现在，对于这样的人，可以说出的答案是：哲学的内容不仅仅是这些核心性难题；我们还可以坚持更为强势的立场：这些难题，或者其中的一些难题只能从历史的角度研究。因此，你同意这类更为强势的立场吗？如果同意，你如何为它辩护？

埃里森：首先，我肯定会同意那个较为弱势的主张。但我认为，关于哲学的内容不只是这些主要难题这一思想，至少有两个版本。（显然，也有一些次主要的难题，但这不是要讨论的问题。）但不用历史的方法研究哲学，就会丢失一些内容。因此，我认为，从你说的那个较为弱势的观点出发，这些丢失的内容就是这些难题之间的相互联系。而正是这种情况使人们不可避免地趋向总体的或系统的视角，而这又通常受到排斥。你一旦认识到哲学的任务就是在本质上推动这种总体视角的进化（这当然是哲学在传统上始终关注的），那么，我认为，你就会立刻进入哲学史。这就是20世纪英美哲学界有趣的情况之一，其中具有系统视角的哲学家不多，（尽管存在这样一种有趣的情况：在目前的20世纪末，有一些主要的分析哲学家似乎对把握"大问题"感兴趣，但当他们这么做时，又通常具有那种肤浅的小品文作家的风格，仿佛被它弄得很窘迫）持有或者部分地持有这种对哲学的态度，就是无视我始终认为当然属于哲学、甚至是哲学精髓的内容，也就是那个总体看法，是它推动了重大问题之间相互联系的进化。因为我认为，如果把哲学完全割裂开来，它最终就会堕入一种危险之中，即成为完全没有成果的运作。我想，有些人已经指出，在20世纪中叶分析哲学的发展与14世纪发生的情况有些相似，那时，狭隘的经院哲学已经丧失了自己的眼光，看不到什么是关键问题。

现在，还有一种看法，就是你说的强势的看法，这种看法认为，离开了哲学史，这些哲学难题就无法理解，是的，我想我也同意这个观点。但在这里，我觉得你必须区分两种意义上的理解。显然，有一种意义是，人们可以从一个难题的历史中抽取出内容，然后进行处理（我正在争取找出例证），好，有一个例证，即知识和盖梯尔（Gettier）难题，人们对此已经做出了有趣和周密的反应。然而，我们得出了什么结论呢？对我们在说"知识"时的所指进行分析，或者在说甲知道乙时所必须具备的必要和充分的条件是什么，或者类似的情况，这些难道就是我们想了解的关于知识的全部内容吗？为什么就应该是这个难题成为难题？我认为情况似乎是，为了知晓难题为什么成为难题，就促使你来到某种历史的视野中。

还有一个不断地重复发明的问题。在这个问题上，我发现的一个情况吸引了我，当时我正在研究康德对艾伯哈特（Johann August Eberhard）的批判，此人在世时属于沃尔夫学派（Wolffian），批判过康德。我发现，所有关于分析与综合之区别的有趣问题都曾被提出过，而康德的有关论述也都受到过批判，这些在本质上都等同于大量当代经典的、或者说是著名的批判。因此，我认为，只要了解过去的情况，了解康德实际上讲了什么话，了解对这些批判所做出的实际反应，对于当代对分析/综合之别的讨论就有启蒙作用。所以，当代分析哲学中的许多内容的确有重复发明的问题，这体现在它提供的结论与批判已经在过去提出过了。因此，在这个意义上，不了解该学科的历史是很危险的。

哈佛哲学评论：这也许就让人回想起一个实践上的双重难题，它关系到你先前说过的、哲学史作为一门学科的变化，可以说，这是一个巨大的提高，它产生了两个相互对立的倾向。一方面，就像你说过的那样，大家提高了对哲学史与哲学的普遍相关性的认识。另一方面，对学术的要求也有巨大提高。为了认真研究哲学史而对人们提出的要求就意味着：由于我们的生命是有限的，所以就没有时间既获取知识，又从哲学史的角度考虑当代仍然悬而未决的问题。例如，谁有时间既研究莱布尼兹又对现代性的形而上学做出贡献呢？①

埃里森：你说的这种情况唯独与哲学史无关。我认为，这是当代学界的一种窘境。在伦理学理论和现代性、或者在语言哲学和美学这些领域中，如果离开哲学史，有谁能跟得上最新发展呢？显然，有些人比另一些人强。他们坐下来把文章只阅读一遍，就能记一辈子，过 20 年后还能想起来。我做不到。但是，说哲学史与哲学紧密相关，或者说哲学史是哲学的精髓，并不意味着每一个好的哲学家都必须是一个研究历史的学者，而是说，每一个好的哲学家都必须具备良好的哲学史的一般知识，我想，

---

① Margaret Wilson, "History of Philosophy in Philosophy Today; and the Case of the Sensible Qualities," in *Philosophical Review* 101, 1 (January 1992: 204 – 06).

这就是说，对与本人研究工作直接相关的一两个伟大人物具有相当全面的知识，当然，这是研究生教育的组成部分。有些人确实已经拥有了相当全面的知识。在波士顿大学哲学系里①，我们想到的是辛提卡这样的人，他对亚里士多德、康德和笛卡尔的把握令人印象深刻。塞拉斯（Sellars）也真正是一位令人印象深刻的学者。还有齐硕姆（Rod Chisholm），我认为，尽管他研究分析哲学肯定是非常多的，但他对哲学史也有非常丰富、非常哲学的把握。这种情况才是我们所希望的，因为这样才能丰富哲学、改善哲学。

哈佛哲学评论：也许现在更具体地讨论康德和康德与哲学的一般相关性是个好时机。也许这里有一个方法使问题沿着这些思路继续下去：在你看来，康德思想中哪些是真的，不仅是真的，而且既要真又要与当代的哲学关注有关？当然，我将接受人们认可的新康德派的观点。

埃里森：我很难讨论"真"这个说法，或者说"在一个哲学家那里是真的"。或许一个较弱的表达更为合适，如"有意义的"，或者"仍然具有生命力的"，或者"必需的和重要的"等等。我发现，一旦人们把握了逻辑学并得到了一些非常具体的要求，就很难说一个哲学立场为真了。但可以说它强大，它具有说服力，诸如此类的。

关于康德，我要说的第一点是他为后续的哲学规定了任务，在这方面，他比其他任何人做得都多。这就是那个在许多不同领域里都存在的难题：综合判断何以可能？或者只是提出这样的问题："X 何以可能？"这样提问题成为我们考虑哲学问题的基本方式之一。当然，许多哲学家都强烈地反对康德学派；但这种反对正好属于康德设置任务的目的。而一个哲学家在哲学的许多不

---

① The Boston University Department of Philosophy.

同领域里做到了这一点当然是一种伟大的标志，这也许是伟大的唯一标志。

哈佛哲学评论：因此，康德是有遗产的，这当然没有被忽视，但现在说某人问（我用一个比"真"更弱一些的词）：在康德就这些问题上必须要说的内容中，什么是切实可行的？如果你愿意，我会问得更具体一些。让我们来看先验唯心论。你对康德的先验唯心论提出了一个非常有说服力的解读，但在康德的原有形式和人们认可的新康德派的形式中，这个立场是否都切实可行呢？

埃里森：这么说吧，我认为，在某种意义上说，只要哲学存在，唯心论就将永远是切实可行的。我认为，归根到底，你所把握的哲学内容只是一些数量相当少的哲学体系，唯心主义当然是其中之一。同时我也认为，康德的先验唯心论至少在他的那个时代是最严密的、并且是令人信服的唯心论。因此我认为，在这个意义上它仍然是哲学赛场上的竞争者。我没有为它做更强的主张，我从来不主张证明康德的先验唯心论为真。我论证的全部内容就是，有许多反对意见完全是基于误解，与其说康德的先验论是被普遍采纳的哲学立场，不如说它是有趣的和强势的哲学立场。我的工作大都是在这个方向上进行的。显然，我觉得它对我有吸引力，因此我觉得我必须称自己为某种唯心论者。

哈佛哲学评论：康德大概认为，先验唯心论不仅仅具有吸引力，不仅仅是可行的，而且也确实是真的。它不仅仅是哲学家能够永久地得到的一个可行的步骤（move），而且康德是把它作为一个恰当的步骤建立起来的，以有助于解答多种多样的问题。关于哲学问题的这种情况，就它们的可解答性（answerability）而言，不论它们是否在本质上具有永久性，你的想法都是有别于康德的。

埃里森：我认为，这样说才公平。康德撰写了《未来形而上学导论》（*Prolegomena to any Future Metaphysics*），形而上学被看做是一门科学，但我认为在这里，他的典型性大于独特性。哲学家的信仰是哲学创造的驱动力，他们必然用这样的信仰来决定自己的立场。当然，这就意味着每一个哲学家都会被未来的发展所否定，这种情况也将发生在和我们同时代的那些哲学家中间。因此我想，一个历史学家，在回顾几百年的历史时，对康德的重要性、而且是经久不衰的重要性，当然可以持有深刻的赞赏态度，但同时他们也认为，在任何话题上，康德的话不具有结论性。

哈佛哲学评论：也许"信"（Glaube）是一种心理必需，尽管我认为康德觉得他自己不止于此。如果他不这么想，他为自己的论断做出的论证就应该受到批判。我想，他做出的这个哲学论断本身就是旨在拥有综合性的首要地位。

埃里森：这是另外一个问题，因为在康德时代之后，理论领域中有许多（不是全部）对康德的批判产生于对科学、数学和逻辑学发展的要求。问题是，在什么范围内谴责这个哲学家不是万能的。所以人们可以说，好，这个真正的先验感性论证必须根据后来的发展得到修正，尽管我不能肯定这样做是否算作一种批判。

哈佛哲学评论：我的意思不是要批判康德，我的本意是要问，最终人们应该怎样看待康德的这些情况，而不会因为后来的情况而谴责康德？例如，如果根据科学、数学和逻辑学的发展，要做一些合法的批判，那么，有什么方法既能使这些批判被康德派接受，又能使人们仍然承认康德，从而保留了康德立场的可存活性。

埃里森：这显然是一个困难的问题。当一个康德派哲学家就意味着应该当一个新康德派哲学家，否则，你就是文本的奴隶。因此，你必须问自己："康德分析的实质是什么？"而这本身就是一个有争议的问题。我的回答是，像卡西尔（Cassirer）这样的20世纪的哲学家，他们做的事情很有意思，他们竭力把康德理论展示得完全符合相对论，等等。我觉得这样做还是可行的，也是工作的组成部分。我没有这样做，因为我没有足够的科学训练。我希望我有。我觉得，这是非常重要的工作。

除了科学的具体问题以外，我认为，康德理论哲学中真正的根本问题就是像感性与知性之别这样的问题，因此，知识要求有内容给予心智，同时要求心智中有活动来处理它。而我认为，对给予条件的分析导致了类似于康德的最终属于自然界中主观性的感性形式，进而导致了诸如先验唯心论的学说。但是，有这样一些思考很普遍：人们至少可以沿着两个方向进行研究，这标志着在当代两种研究康德的方法之间的分界。一方面，有些人，包括我在内，往往力图在这样一个基础上发展康德的思想，即对知识的先天条件做一种非常概括的反思，这种做法与任何具体的科学知识没有紧密的联系。另一方面，还有一些人，我首先想到的是迈克尔·弗里德曼（Michael Friedman）[1]，他把康德的思想放在18世纪科学、数学和逻辑学发展的条件下来认识。我当然不同意这种研究方法。一个好的历史学家会这样做。但如果你局限在这种研究方法中，然后询问这样的问题："在康德那里，什么是'真的'"，就会使拯救康德变得更困难了，那么康德的伟大之处也就成为、或者说存在于这样一个事实：康德作为一个哲学家最好地表达了、或者说他准确地把握了牛顿力学的基本预设，有了他必须在工作中使用的逻辑学工具，他同时也提供了对自然界和几何学知识的可能性的最佳解释。尽管我欣赏这一切，但我仍然想问：在一种更概括、更先验的层面上，人们能否从康德的观点

---

[1] Michael Friedman, *Kant and the Exact Sciences* (Cambridge, MA: Harvard University Press, 1992).

中得到哲学意义？这个层面与康德时代的科学没有紧密的关系。

哈佛哲学评论：康德的哲学思考还有一个特征我想提一下，这个特征在你的写作中也反复涉及，而且在当代哲学中也有重大意义，即规范性的非自然化（the non-naturalizability of the normative）。这个论题出现在你在哈佛大学的一次谈话中，内容涉及帕特丽夏·基切尔（Patricia Kitcher）的书。① 该书努力把康德的思想自然化。当然，康德作为一个统观式的思想家，这与他的唯心论不无关系。对于这些问题，你可能有话要说。我问你这件事是因为这里有一个问题，你的著述更为明显地暗示了（如果它不是一种矛盾修饰法）康德与极具吸引力的当代辩论是直接相关的。因此，或许在此我可以让你表达一些你会怎样应用康德的洞见。

埃里森：我觉得首先再谈一点刚才的话题，它是一个很好的例证，说明了我对哲学史的相关性的一个总体的看法。在某种意义上说，自然主义和反自然主义的辩论是极其古老的，我觉得，最有趣、最富于哲学成果的那一段辩论是在康德和休谟之间进行的。所以我认为，不仅是康德，还有康德和休谟的辩论本身就是20世纪的思维模式或者说是思维范式，同时也是对20世纪的预见，因为这显然也是当代哲学的核心问题。事实上，自从笛卡尔以及现代科学肇始以来，它就是哲学的核心问题了。纵观这一段历史，这个问题一直是一种协调因素：在我们把自己当作要求规范的自主能动者的想法与世界的科学图景之间，起到了协调作用。这是深层的形而上学问题；但它有一个历史，而且并不是始终都是难题，至少不是在这个具体形式上。当然，难题的局面产生于机械论或准机械论的自然观。我认为，康德的伟大之处，或

---

① Patricia Kitcher, *Transcendental Psychology* (Oxford: Oxford University Press, 1990).

者说在他的思想中使我感兴趣的内容中有很大部分，是他努力保护两个方面，一个是对世界的科学图景之真，另一个是人类能动者的非凡特征和与世界科学图景之真不可分的合理性规范，同时，康德也拒绝那个（仍然时兴的）休谟式的纲领，即把能动性和规范性都吸收进自然主义的认识中。相反，帕特丽夏·基切尔（Patricia Kitcher）当然是以一种非常强有力的方式体现出自然主义的反应，这种反应旨在丰富你的自然或自然主义的概念乃至于包括规范性。我认为，康德立场的界定性特征，或者说至少是我从康德那里获得的哲学立场的界定性特征，是要把自然性和规范性截然分开。这当然与其他一系列的难题相关。用简单的形式表达就是，这是"是与应该"的问题。

哈佛哲学评论：我们既谈到了过去也谈到了过去给现在留下的痕迹。也许我们也能谈谈未来。首先，让我问一句，你愿意让康德学术研究在未来朝哪个方向发展？或者如果你愿意说，你认为康德学术有哪些领域的研究时机已经成熟了？

埃里森：这两个问题非常不同。因为我认为，康德学术，或者叫康德解释（这样叫是为了使用比学术更广泛的范畴）已经非常经常地对整个哲学领域的发展做出了反应，我觉得这些反应是正确的。每一代人都要联系自己所处的时代来重新解读康德，因此，我们不能知晓未来的难题是什么样子，因为我们不能预测未来。

但是，在康德学术的范围内，我认为有些问题的研究时机已经成熟了。我们能预见，关于《康德遗著》（*opus postumum*）以及它与经典批判哲学的关系，将要进行许多研究工作。当然，这里有三个选择。有一个最不具吸引力的选择但却是一个传统的观点：这是一部康德衰老退化的著作，所以应该放弃。但最近对《康德遗著》的研究工作非常反对这个观点。《康德遗著》中的大部分内容是收集了他的笔记，还有相当部分是带有注释的手稿，是他在五六年时间内撰写的，这些内容现在被认为肯定不是衰老退化的作品，而是具有真正的哲学重要性。但在承认其重要性的人们中间，也有两种不同的研究方法。一种方法认为，这部著作是老康德至少是部分地借助于德国哲学的最新发展而做的某种全新的转型。康德在最后的岁月里，开始阅读谢林和费希特，因此他转变成了早期的后康德派！或者说至少人们是这么想的。还有一种方法我认为是把《康德遗著》视为古典批判立场的一种实质性的延续。你可以发现当代人是在这两个方向上工作的。但我想，在10—15年内，将有许多博士论文的内容是关于《康德遗著》的，因为它在很大程度上还是一个情况不明的领域。

还有一个有趣的想法正好方向相反；它追溯到前批判的康德，看看《纯粹理性批判》中的思想与他在撰写这部著作之前所撰写的那些主要著述有什么关系。但在这个领域中要做的工作太多了。当然，《康德遗著》与上溯至前批判的文本、讲演和笔记，都需要做大量的学术工作。关于先验演绎，关于第二类比，关于绝对命令，由于人们撰写了如此多的著述，所以，我认为至少暂时在这些领域里，某些更有趣的工作已经完成。

再有就是我个人目前感兴趣的领域，《判断力批判》，这个领域开始得到它应该得到的注意。这些就是我在下一个十年的重大领域。超出这些领域，就不好说了，康德研究也许会集中在这些领域进行。

哈佛哲学评论：在我结束询问你目前的项目之前，也许我可以问你一个即将与我们先前的讨论相关的问题。就像我们说过的那样，在你的职业生涯中，哲学史作为一门学科发生了许多变化，具体到康德研究也是如此。现在，你已经谈到了你认为未来我们能看到什么。你能否告诉我们，你希望在未来看到什么？具体地说，你所目睹的这些变化是否都是好的，你是否从往日中失去了什么，你是否想看到在康德学术研究中，或者更普遍地说，在哲学史中恢复你所失去的东西，而这些失去的东西是否为一些具体著作，或者说是一些具体研究方法，或者是对学术或解释的具体态度？

埃里森：我认为，我所希望的那些变化，其中大多数也可以很容易地说成是向早期哲学史研究方法的一种回归。在康德的世界里，人们所想到的就是一些经典性人物，如帕顿（Paton）和康普·史密斯（Kemp Smith）。他们很不相同，但他们都把哲学追问与对历史的忠诚和关注结合起来了。因此，我不认为，在近期的哲学史研究中，有什么新的东西，除了一些与此相反的情况，即先前那些极具反历史的倾向。

哈佛哲学评论：由此可见，在对康德的学术研究和解释中，就像现在一样，一切都很顺利，对吗？难道在原有的和新的领域中就没有什么弊病吗？我并不想让你对别人恶语相加。

埃里森：有太多的解释者顽固地坚持自己的错误见解。

哈佛哲学评论：你说得非常公平。下面我们也许应该转到你现在正在做的工作。也许你能告诉我们你目前做的项目。你已经提到你正在研究第三个《批判》。也许你能告诉我们一些有关的情况，如果还有其他项目，也可以向我们介绍一下。

埃里森：我现在正在积极从事的项目就是第三个《批判》，我把它视为我职业生涯中的第三个伟大项目，我希望能出一本书。从一开始我就感觉到，康德有三个伟大思想，或者你也可以说三个伟大学说。一个是时间和空间的观念性，关于这个内容，我已经撰写了一本书《康德的先验唯心论》。还有一个我们已经谈到了，就是自由的概念，它使自由和能动性与自然界的因果决定论和谐一致。我撰写的《康德的自由理论》一书就是这个内容。因此我真的已经完成了一些大的课题。还剩下一个，我认为康德的第三个伟大思想更为棘手，这个思想是自然界的目的性，这在美学和神学的领域有所体现。因此，我目前的项目是努力做出令人信服的解释，这是第三个《批判》的核心主题。

哈佛哲学评论：你对第三个《批判》的深化理解是否改变了你对前两个《批判》的看法？

埃里森：我必须仔细想想。在没有准备的情况下，头脑是空的。但我发现，回顾前两个《批判》肯定加深了对第三个《批判》的理解。在我写完我的关于唯心论的著作后，我也对先验辩证法做了许多研究工作。我发现这个工作对于第三个《批判》的解释是很有益的。这些内容我当然已经研究了数年，而且对我来说，曾经非常神秘，但通过对第一个《批判》的理解，我已经获得了一些真知灼见，只要持续地那样做下去，我觉得我就仍然保持着哲学生命。

哈佛哲学评论：除了康德以外，你还对其他人有什么计划吗？比如，在你早期的职业生涯中，你发表过关于莱辛和斯宾诺莎的著述。

埃里森：是的，尽管时间是有限的。我想对休谟做更多的研究，我当然也想回到斯宾诺莎。对于那些康德的紧密的追随者，我也很感兴趣，我对黑格尔也有兴趣，但并不那么强烈。我想到了18世纪90年代那段时期，那是德国令人着迷的时期，在此时期，涌现出了各种对康德的批判，因此，这段时期是研究的关键时期。弗雷德·贝塞尔（Fred Beiser）最近撰写了一本非常有趣的书就涉及了这段时期。①

我希望我有能力就这个主题做进一步的研究。我有一个非常好的研究生，他正撰写的博士论文的内容就是所罗门·迈蒙（Solomon Maimon）和他对康德的批判，这篇论文在多方面展望了当代对先验论证的本质和地位的辩论。这也证明了历史的有用性。

---

① Frederick C. Beiser, *The Fate of Reason*: *German Philosophy from Kant to Fichte* (Cambridge, MA: Harvard University Press, 1987).

迈克尔·桑德尔
Michael Sandel

桑德尔拥护亚里士多德，崇仰黑格尔，批判康德，这在哲学界掀起了波澜。尽管桑德尔赞成个人的自由权利，但他也认为，社会的存在排斥自主的自我定义。他在几本具有煽动性的专著中谈到构成个体自我的内容必然是丰富的，这是由他的环境和他的同胞决定的。这些专著有：《民主的不满：美国在寻求一种公共哲学》（*Democracy's Discontent: America in Search of a Public Philosophy*）、《自由主义与正义的局限性》（*Liberalism and the Limits of Justice*）和《自由主义及其批判者》（*Liberalism and Its Critics*）。桑德尔认为，破碎的世界压制人的本性，而我们在全球的经济成功忽视了精疲力竭的个体。他预言，如果人不能在自己的社群的培养下成长，不能与自己的同胞一起成长，未来就充满了不幸。

桑德尔质疑道德中立的政治范式。他把对人类本性的挑战看做是，难于认识到我们是在社会集体环境中的个体。在寻求保护人的社群过程中，桑德尔着眼于保护人自身，而在保护人自身的时候，他进而保护哲学，但在被分解的人类生活中，这成为不可能的事情。

桑德尔是政治哲学、政治思想史和道德推理（moral reasoning）

的教授，他建立了一种复合的政治概念。作为集体审议和相互权利的一种设定，政治为社会生活奠定了基础。桑德尔承认亚里士多德的那种作为善自体（good in itself）的政治概念，同时，他也把政治视为一种纽带，把个人与集体连接起来，从而尊重人的社会本质。桑德尔所做的更深入的思考是，这种善是否可以是一种更伟大的善的先驱，我们是否可以通过政治来揭示道德真谛。政治是否是维护人与人之间社会联系的工具，如果是，那么它不是就像人本身那样，在本质上必然也具有道德性吗？桑德尔探索的问题包括奴隶制和堕胎，这些问题在历史上通常被视为具有政治性，而他却提出，这些问题的本质是在本体论意义上具有道德性。

桑德尔毕业于布兰迪斯大学（Brandeis University Summa Cum Laude and Phi Beta Kappa），后来他作为罗氏奖学金学者（Rhodes Scholar）于 1981 年在牛津大学获得哲学博士学位。他写作和讲课的内容广泛，作品见于《大西洋月刊》（*The Atlantic Monthly*）、《纽约时报》（*New York Times*）《新共和》杂志（*The New Republic*）和《纽约书评》（*The New York Review of Books*）。他是如下组织的成员：布兰迪斯大学校董事会（the Brandeis Board of Trustees），罗氏奖学金选拔委员会（Rhodes Scholarship Committee of Selection），哈佛大学出版社评审委员会（the Board of Syndics of Harvard University Press），对外关系委员会（the Council on Foreign Relations），耶路撒冷沙龙·哈特曼犹太哲学研究所（Institute of Jewish Philosophy in Jerusalem），还有全国宪法中心顾问委员会（the National Constitution Center Advisory Panel）。1998 年，在牛津大学举办的"泰纳人类价值系列讲座"（the Tanner Lectures on Human Values）上作了讲演。他为本科生和法学院的学生开设的课程吸引了数百名哈佛学子，桑德尔的课程充满了生动与活力：哲学讲演内容充实，思考条理清晰，还有讲课时的热情，机敏的才思和稳健雄辩的风格。

迈克尔·桑德尔：
论共和主义和自由主义

采访者：莱夫·韦纳（Leif Wenar）
　　　　洪正民（Chong-min Hong）
采访时间：1995年

哈佛哲学评论：大家知道你是一位自由主义的批判者，到底什么是自由主义？它错在哪里？

桑德尔：我认为，我批判的是某种形式的自由主义。这种形式的自由主义的最有影响力的表达或陈述都能在康德那里找到，也能在当代的一些哲学家如罗尔斯那里找到。这种形式的自由主义认为，在有各种良好生活的概念可供选择时，政府应该保持中立，以便尊重作为自由和独立自我的个人，他们能够选择自己的目标。这就是我批判的那种康德式的自由主义。

哈佛哲学评论：那你认为它错在哪里呢？

桑德尔：在《自由主义与正义的局限性》一书中，我重点对该自由主义做了这样一种批判：它所信赖的自我概念不能使我们理解选择之外的道德和政治责任。因此我认为，这种自由主义不能正确解释这样一种说法的意义：目标和目的也是我们的组成部分，我们也有依附性和承诺，而这种说法就产生了对团结或成员身份所承担的义务。针对这种并不严重地依赖自我概念的自由主义，还有一个批判是，它认为，在具体的道德和宗教概念方面政治呈中性是有可能的，也是可以期望的。因此，我要说，批判有两个主要的思路，一个与自我概念相关，而这是该种形式的自由主义的基础，而另一个是在具体的道德和宗教观念方面表现出中立性的可能性以及对此的期望。

哈佛哲学评论：你和查尔斯·泰勒（Charles Taylor）、迈克尔·瓦尔泽（Michael Walzer）和阿拉斯代尔·麦金太尔（Alasdair MacIntyre）被认为属于一个学派，称为"社群主义"。在你的新著《民主的不满》（Democracy's Discontent）中，你没有一次使用过这个词。

桑德尔：对，我没有在《民主的不满》中使用这个词，也没有在《自由主义与正义的局限性》中使用。

哈佛哲学评论：你对"社群主义"这个标签是否感到不满？

桑德尔：你必须明白"社群主义"这个词是一个标签，它被别人引入是用来描述辩论的。引起这种辩论的是我和其他人对自由主义的批判。

我对社群主义这个标签感到不舒服是因为它体现着这样一个理念：在任何一个社群中，主流价值在任何时候都是公正的。而我反对这个理念，这就如同我反对多数主义一样。我不同意这样一种思维方式，即不论何时、不论在任何社群之中，只要是大多数人的意见就是公正的。我认为这种想法是错误的。有人说，社群主义体现了多数主义，或者就是道德相对主义，这样的说法错误地描述了我捍卫的观点。

哈佛哲学评论：更准确地说，你在自己的新书中捍卫的观点是"公民共和主义"，对吗？

桑德尔：对，美国宪政历史中，说到与自由主义传统对抗的传统，我认为主要是公民共和主义传统。该传统的核心思想是，自由取决于自治（self-government），而自治则要求公民有能力对共同利益有周密的思考,能够有意义地分享自治。

共和主义传统与坚持中性的自由主义之所以处于对峙的状态,是因为共和主义传统强调,政治体制的目的应该是在自己的公民中形成或培养某种性格、习惯和禀性,以训练他们分享自治。

因此,这种共和主义的培养计划强调的是灵魂塑造或性格培养在政治体制中的因素,这就使它冲突于、或者说至少是对峙于各种形式的自由主义,它们都说,政府不应该企图在公民中培养出任何具体的美德或品质。政府应该做的只是巩固一种权利的框架,人们在框架内可以为自己选择目的。

哈佛哲学评论:你对权利的本质和目的的解释不同于自由主义。

桑德尔:是的。在我们所讨论的自由主义概念中,权利的正当性联系着尊重个人选择自己目的能力的重要性。例如,自由主义把言论自由的权利解释成有权利形成和表达自己的意见。而共和主义对权利的论证则有所不同。在共和主义的概念中,权利的正当性必然涉及一个特定的目的,即塑造公民分享自治的能力。因此,在共和主义传统中,言论自由权利的正当性源于使公民有能力从事政治性思考的重要性,即思考什么是政治社群的正确目的。我应该补充的是,权利的作用在共和主义传统中具有极其重要的地位。情况不是自由主义传统支持权利,共和主义传统压制权利,而是二者对权利的正当性有不同的理解。

哈佛哲学评论:就像你说的那样,公民共和主义的思想传统特别强调自治的理念,尤其把它当作应该由国家提倡的一件善事。自治和政治参与的善涉及什么内容呢?或者用更哲学的方式说,是什么善的理论为这个传统提供基础呢?

桑德尔:这是一个很重要的问题。有两种共和主义传统,二者给出的答案是不同的。

一种共和主义传统的解释是弱化或低调的:分享自治是重要

的，这与人们的其他非政治目的无关，如果不培养公民分享自治的能力，就无法支持一种能使人们追求自己目的的民主生活方式，不管这些目的是什么。这是一种弱化的或者说是低调的主张，它把统治视为一种实用性的善。

还有一种更为强势和高要求的共和主义传统，它以不同方式回答你的问题。这个答案追溯到了亚里士多德，并且在当代哲学，如在阿伦特（Hannah Arendt）那里有所表现。强势共和主义主张，分享自治是充分实现我们过良好生活之能力的本质。这种强势的共和主义观点的论证把统治与人的福祉联系起来了，而且还认为，如果我们不从事政治思考，某些人类的重要功能就没有用了，包括独立判断的能力，与他人一起思考共同目的的能力，体验他人计划的能力，不仅如此，还包括超越我们自己的直接利益的能力。如果人们的生活中没有政治活动或政治参与，就不能充分实现良好的生活。

所以，弱化的共和主义传统把自治理解为一种实用性的善，而强势传统则认为自治是一种本质性的善。在《民主的不满》一书中，我没有明显地按照这两种传统的方式论证，至少我认为我没有，尽管我觉得，有些话要为强势共和主义的主张而说。

哈佛哲学评论：如果说你对说出更多的话感到犹豫，原因是什么？如果说强势共和主义的威力已经成为过去，那么现在有什么东西阻止你复兴这个强势主张吗？

桑德尔：就实现《民主的不满》这本书的目的而言，我认为我不必强迫自己按照这个思路走下去。我不必非得在两种共和主义之间做出选择，因为该书的一个主要目的是力图解释我们的政治条件，方法是探索公共哲学或这种哲学的基础——公民和自由的概念。要达到这个目的，做到这样的事情足够了：表明或力图表明，在美国的公共生活中，共和主义已经被某种形式的自由主义所排挤，而这种自我理解的转变是当代美国政治中出现的弱化和挫折的原因。

而这个任务并不要求我在二者之间做出选择。但尽管如此，询问这样一个问题仍然重要的：为什么自治是重要的？它重要，是否不仅是因为它具有实用性，而且还因为它有自身固有的价值？

我在回答这个问题的时候有些犹豫是因为，人们能够想象出各种生活方式，而这些生活方式并不明显地具有政治性，但确实要求人们对它们也具有慎思和判断能力，也要求对共同的任务和个人的任务都承担责任，同时还要求培养共和主义传统所强调的许多美德。这些生活方式是否真的可以算作具有政治性，这一点尚不明确。例如，有众多的人们也许没有具体地参与到选举政治中去，或者没有参与到全民自治的活动中去，从这个意义上讲，他们的生活中没有政治参与，但他们也许参与或投身于市民活动，这些活动的范围包括邻里、学校、宗教聚会、工会、行会、工作单位和社会运动。也许有人认为，严格地说，他们参与或投身于的市民活动与政治无关，但在我看来，这些活动在某种程度上都具有政治性。因此，如果可以对"政治性"做扩展地理解，它就包括了选举政治和政府以外的市民运动，那么，我认为，似乎可以说，政治是良好生活的基本因素。

哈佛哲学评论：哲学生活这种纯粹沉思的生活又如何呢？（就像亚里士多德否认的那样，如果这种生活对一个人是可行的话）

桑德尔：这对于强势共和主义的一个主张始终是一个最具强制性的挑战，该主张认为，政治是实现良好生活的必要因素。亚里士多德在《尼各马可伦理学》第十卷中与这个挑战做了斗争，甚至是在他确认了这种共和主义的主张并以某些方式给予它经典的定义之后。

但问题是沉思的生活在政治方面到底能否具有自主性。有两个原因质疑沉思的政治自主性。其中一个是实践上的挑战，也就是柏拉图承认的那个挑战：哲学家需要为之担忧的是，他们居住的城市是否有益于他们的哲学沉思。这种为沉思在公民或政治方面的条件的担忧，即使对柏拉图也提出了对沉思自主性的质疑。也正是这个原因，哲学家最终被拖入那个洞穴里以确保他们有可能从事更高级活动的条件。

这是对沉思自主性在实践上的挑战。但是，也有哲学上的挑战，这种情况见于亚里士多德。在不接触城邦及其喧哗、争吵和辩论的情况下能否思维，或者说能否进行真的追求？是否必然存在某种反思的场合，而这种反思的场合（甚至也许是某种形式的烦恼）是否最终具有政治性？

哈佛哲学评论：你觉得有什么其他的经典哲学文献对你建构共和主义理论最有帮助？

桑德尔：就影响而言，我们已经谈到了亚里士多德这样的人，他站在了共和主义思想传统的开端。但在我看来，如果共和主义要与当代政治建立联系，它在一些重要的方面就需要有新的构成因素。共和主义传统不能直接用于当代政治的原因是，它总是强调公民方面的任务，即公民性格的培养，而自治的运作必须在特定的地方才能展开，如在亚里士多德作品中出现的城邦。但是，在许多方面，政治、当然还有当代世界的经济活动，越来越跨越地方的界限，甚至跨越国家的边界，已经完全不考虑城市或者城邦了。此外，还有来自启蒙运动的关于政治道德的普世要求。因此，有了今天政治和经济生活的全球性，有了自启蒙运动以来的政治反思，如果仍然企图仅仅欣赏亚里士多德的政治学概念，并且把它应用于当今世界，就没有道理了。

黑格尔对启蒙运动有更贴近的反应，他把握了现代社会持续存在的一个重要的特点；他强调，在道德和政治哲学中，特殊性和普遍性之间有相互影响。他强调，即使尊重普世人性和普世道德规范，需要用制度来进行有意义的区分，即使是为了培养和实现普世的忠诚，也需要坚持特殊性。

我认为，在当代思考共和主义传统，黑格尔的洞见是极端重要的。在经济布局已具有全球性的时代，强调认同和社群的小型化、局部化和特殊化是不够的。所以一方面，人们只要企图对全球经济做出一种政治反应，就要求他们的团结、社群感和认同形式比民族国家本身所能提供的形式更为广泛，同时，还要求他们对邻里、学校、行会和社会运动等有一种更具体的认同和社群感。我认为，二者都是必须的。在当代世界里，这种认同的双重特征得到黑格尔明确的论述。

黑格尔对康德的批判就是上述影响之一，从而回到这个问题上来了。这个批判没有放弃对普世道德的向往，而这是它的动力。这不仅是怀旧。我认为，只要有意愿为了有意义的自治而重构当代政治体制，就必须考虑这种双重的必要性：一方面是追求普世道德的真谛，另一方面，认同的特定形式也是不可或缺的。

哈佛哲学评论：你对自治理念的强调已经超越了投票选举，也超越了表面化的民主制度的其他特征，因此，你也许同意，如果选举的政治体制没有促进人们的政治理想，它就有谬误之处。

桑德尔：是的，而我似乎走得更远。当然，在集权国家里，人们虽然投票，但投票没有实际的决定作用。例如伊拉克是一种虚假的选举政治，有98%的人都参加投票，并且把票都投给萨达姆·侯赛因。这种对选举政治的参与没有我们讨论的那些优点。

但我认为，在美国实行的民主体制，也可以说是流于形式的选举政治，它不能产生共和主义传统所关心的判断、慎思和责任感。它在很大程度上受控于金钱、受控于大笔的捐款，受控于30秒钟的电视广告。在这个意义上说，参与政治活动通常就是当一个被动的旁观者，来观看不太有教育意义的表演，很难看到这种活动促进独立判断、慎思的品质和责任感。

哈佛哲学评论：你提倡给群体赋予权利，提倡参与政治，这就会产生一个担忧：规则的内容是通过这种参与过程来决定的，而有些群体一旦被赋予权利，就会颁布法律欺侮或排斥其他群体。这是一个有关多数主义的问题。你怎样使自己的观点与多数主义及其危害保持距离呢？

桑德尔：多数主义的错误就在于它的原则：不管是什么政策，只要为大多数人所拥护，就应该执行。我认为这是错误的。是否应该执行取决于它的益处，在没有道德论证的情况下，我们不知道有关情况。有时，最好的政策，公正的政策或者是在道德上最希望得到的政策，却不能赢得大多数。因此在我看来，对多数主义最明显的反对意见是，它只关心人数，而不关心政策的道德正当性。

现在，你可以再问另一个问题，或者说在背景中存在着另一个问题：在防范多数主义方面，程序自由主义给出的保证是否比共和主义传统更可靠？

哈佛哲学评论：对。

桑德尔：关于这个问题，我要给出这样的答案：共和主义传统并不排斥权利。对多数主义的制度性限制就是权利，而共和主义传统并不反对这样一个理念：某些权利对多数人有限制作用。自由主义和共和主义传统的主要区别并非在于是否应该有一些权利来限制多数，而是应该怎样识别这些权利，怎样证明这些权利的正当性。

对此，可能还有进一步的反对意见，我觉得，你所说的担忧，其核心问题似乎是，按照某些目的证明其正当性的权利，比起那些从个人有能力选择自己目的之个人概念所得出其正当性的权利，更缺乏坚固性和安全性。

哈佛哲学评论：这个担忧重要吗？

桑德尔：重要。在这个担忧的背后是这样一个理念：如果权利由某种目的决定，这种权利就必将引起争议，或者说它没有确定性，因为人们可能就这个目的是否支持这个权利发生争执；但尊重个人选择自己目的之能力，与他们做出什么选择无关，从而也就更可靠。但在我看来，这两种对权利的论证都不会产生确定的答案，都会引发争议。

让我们再回到言论自由的例子，如果认为人们有言论自由的权利是为了让人们分享自治，那么，对什么算作是分享自治就会发生争执，从而使得某些类型的言论自由就不被包括在内了。关于这个问题，是可能存在争执的，而这种争执也就有可能以过于狭隘的方式决定，这就是真实情况。

但什么算作是把个人当作有能力选择自己目的的个人来尊重，这个问题也是有争议、有辩论的，而这些也能够导致而且在历史上已经导致对权利狭隘的解释。例如，洛克纳①（Lochner）的时代，自由主义对权利的证明是尊重自由选择自我的权利，这就使得最高法院取消了用工业立法的方式规定工人的最长工作时间和最低工资标准，还取消了安全的工作条件的标准。而这些是以自由契约权利的名义被取消的。

还有人认为，可以用另一种方式解释权利：人们有权利选择个人目的并不意味着，作为雇主和雇员的人们应该有自由就任何劳动条件订立劳动合同，不管条件有多么繁重恶劣。还有人认为，在谈判时，要有一种平等的地位，才能真正尊重人们选择自己目的或者选择劳动合同的权利。关于什么算做是个人目的的选择权利，在任何情况下都存在争议。因此，在我看来，这两种权利的正当性可以有各种可供选择的解释，有些宽泛，有些则狭窄。

此外，在我看来，把人当作自由主义概念中的人加以尊重也

---

① 洛克纳是面包店老板，事情发生在 1905 年。纽约劳工法规定，面包房的工人每周工作时间不能超过 60 个小时，每天工作不能超过 10 个小时。洛克纳经营的面包房雇用了一个工人每周工作超过 60 小时，被判违章经营。洛克纳上诉到纽约上诉法庭，败诉。洛克纳又上诉到美国最高法院，结果胜诉。司法评论认为，纽约州劳工法干预了自由合同的权利，违反了美国宪法第 14 修正案中保护生命、自由和财产的条文。（合同权利是个人的自由，受美国宪法第 14 修正案保护。——译者）

有各种可供选择的解释,在这些解释之间不可能做出裁决。在没有确定良好生活和良好社会的具体概念时,不可能在这些可供选择的解释中做出选择,例如,选择自由主义的解释,而不选择平均主义的解释。而对于什么算作是尊重自由主义的权利这个问题,要决定怎样解释,就必须追本溯源,不论是以明确的还是隐含的方式,要追溯到对良好,或者说是对善的各种可供选择的解释。

因此,自由主义对权利的证明从表面上看更为可靠、更不容易引起争议和多种解释,但仔细想想却不然。因为我们在立宪和政治活动中的那些争执,就是在自由主义对权利的设定之内发生的,这些争执至少包括了从1905年的洛克纳诉纽约市政府案和新政以来的那些辩论,例如,在福利国家的捍卫者和批判福利国家的自由主义者之间的辩论。

所有这些辩论基本上都承认这样一个理念:人人都有一定的权利,这些权利应该对多数人统治有限制作用,对这些权利之正当性的证明就是把人当作有能力为自己选择目的之个人来尊重。人人都同意这个理念,但怎样解释这些权利,人们在对话时却产生了歧见。在没有求助于关于良好社会或最佳生活方式这些在那个程序观(the procedural view)以外的具体概念的情况下,对话者们能够捍卫自己对自由主义权利的解释吗?

哈佛哲学评论:自由主义吸引众人的一个方面是它对合法性的解释:强制性政治权力应该在每个人都接受的基础上才能使用,或者用罗尔斯的话说就是:强制性政治权利只有在这样一个基础上才能使用,即能够合理地期待所有身为自由与平等之公民的人们都接受它。

关于这种对合法性解释后面的直觉力量,你自己在考虑合法性时,是否企图借用它、或者改变其方向、或者也许予以否认?

桑德尔:当我们考虑宗教战争时,这些直觉尤其具有吸引力,例如,宗教曾经意在按照某一特定的善的概念进行统治,这就是要把我们投入某种永久的战争，或者投入强权人物的统治，他是主宰，把自己的观点强加给别人。

但是现在，我们没有生活在为这种直觉提供重要基础的宗教战争的边缘，我们是否想说，从宽泛的道德或宗教概念之内，绝对得不出理由证明强制有正当性。一般来说，强制是一件坏事，因为关于尊重个人有能力选择自己的生活计划，有太多的理由要说。阻止人们按照自己的愿望生活有极大的害处。但在我看来，在任何情况下，我们都需要在这些害处和各种至关重要的道德利益之间进行权衡。在我看来，只有通过对善的道德论证或宗教论证才能做出这种权衡，从而在善与压制人民的（通常很大的）害处之间做出权衡。

强制通常是有害的，并且承载着巨大的道德代价，承认这一点并不是说没有可供选择的道德主张可以证明它的正当性。人们可以对基于相互尊重的社会合作也持同样的想法。基于相互尊重的社会合作是一种伟大的善，但没有理由认为，它是压倒一切的善，因此我们不能提前说，它击败了所有可供选择的、从各种道德和宗教传统中产生的主张。

我们所能了解的唯一方法是，注意道德和宗教主张背后的论证，并且在这些论证和基于相互尊重的社会合作之善（这是一种意义重大的善）这二者之间进行权衡。也许存在某些值得肯定的道德和宗教目的，即使它们明显违反基于相互尊重的社会合作也是如此。因此，在我看来，人们必须既看到双方的善，也看到双方的害处。

哈佛哲学评论：你写道：从共和主义的观点看，宗教信仰值得尊重是因为它往往对良好公民的习性和素质有促进作用。[1]

这似乎就把宗教的真谛放在一边，以利于集中注意它们

---

[1] *Democracy's Discontent* (Cambridge, MA: Harvard University Press 1996) p.66.

对共和主义体制可能起的作用。这是否类似于把你反对的自由主义提出的有争议问题悬搁起来，比如自由主义对堕胎的态度？

桑德尔：在我看来，按照对宗教实践的特殊保护，有两个主要原因。一个是共和主义的原因，即从性质上看，尽管不是在所有的情况下，至少在美国，宗教实践通常培养的是公民对自治做贡献的德性和品格。你引述的这段话就涉及了这个原因。

但第二个原因则不同，它建立在这样一个理念上：宗教仪式和宗教认同本质上就是道德生活的重要组成部分。这第二个原因是一个非政治的原因，因此与共和主义传统无关。这也就回到了我们先前对实用性和本质性的讨论，尽管在那个讨论中，我们谈的是自治。但谈到宗教自由，在我看来，确实有一个实用性的原因，这是公民传统一直强调的，但同时也存在一个独立的和本质性的原因，这就为与政治后果无关的宗教自由提供了特殊保护。

为宗教自由提供特殊保护的这两个主要原因要与第三个原因区别开来，第三个原因是近几十年来灌输给法庭裁决的那种自由主义政治哲学提供的。这就涉及到对宗教自由的一种理解，即认为宗教自由是对个人自由地选择自己的价值和目的的尊重方式之一。

因此，通过强调前两个原因，我力图提出的是，如果第三个原因把宗教自由融入普遍的自由和自主之中，反而会限制保护宗教自由原因的范围。某些庭审个案就是从这个把宗教自由融入普遍自由的第三种论证中获取自己的正当性的，这些个案结案后没有给予某些自由行使（指自由行使宗教权利，下同。——译者）的主张很多保护，因为一旦宗教自由的主张被融入一般的自主权，把宗教自由作为具有特殊重要性的东西拣选出来的难度就大大增加了。例如，你可以在仙人掌案例（the peyote case）① 中看到这种情况。最高法院的首席法官安东尼·斯格里亚说，我们不可能让人人的道德良知都成为一种法律以适合其本人，也不可能要求政府在每次侵犯个人信仰的时候都要求它做正当性论证。这就是发生在不加区别地解读自由行使条款（free exercise clause）时所发生的情况。宗教自由一旦仅仅被当作尊重价值和目的选择权的若干自由中的一例，它就很难得到特殊的保护，因为它变成了一个过于宽泛的范畴。

哈佛哲学评论：最后，提一个更具个人性的问题，你对社群和参与之重要性的思考，是怎样影响你对你身为其成员的各种团体的参与状况的？

桑德尔：我在南加利福尼亚居住过一段时间，我觉得我学会了更敏锐地评估社群和认同具体形式的重要性，如果我住在其他地方，可能学不到这么敏锐的评估，尽管我只是在高中时期在加利福尼亚居住过。

我的原籍是明尼苏达，就在明尼阿波利斯郊外，那个地方被认为公民意识很差。因此对照你的问题，我认为，这个经历起的是反作用。

---

① 俄勒冈的法律禁止使用一种名为佩奥特的仙人掌（含致幻物质），原住民认为这侵犯了他们的宗教活动自由，并对该法提出质疑，因为他们的宗教仪式需要使用这种仙人掌。最高法院的首席法官安东尼·斯格里亚代表法院撰写了司法意见："在宗教活动中使用仙人掌触犯了本地的法律，本地的法律并非出于干涉宗教活动的动机，而是为了限制以其他目的来使用该仙人掌的犯罪行为。"简而言之：普通法律适用于全部的拥有不同宗教信仰的公民。（史格里亚显然认为，在宗教活动中使用仙人掌与在犯罪活动中使用仙人掌一样，都是不被法律允许的。——译者）

科内尔·韦斯特
Cornel West

2000年春天,科内尔·韦斯特和希拉里·普特南在哈佛大学联合开设了一门课程叫"实用主义与新实用主义"。在整个学期中,韦斯特在开始分析每一位哲学家时,都在黑板上写几个关键词或几个短语,然后才开始揭示它们的重要意义。例如,在说到约翰·杜威时,他写的关键词是反二元论互动/交易(transaction)、先验论/语境论、精英论/民主情怀。当课程讲到了韦斯特本人的哲学时,普特南顽皮地一笑,借用韦斯特的习惯把韦斯特在自己的哲学中承认的首要关注写了下来:死亡/欲望、教条主义/对话、主宰/民主。

韦斯特受到各种传统的影响,尤其是基督教以及一些思想家的著作的影响,他们是克尔凯郭尔、契诃夫、马克思、叔本华、休谟、梅尔维尔(Melville)。韦斯特在思想和精神上追求的存在主义问题的重要性,曾得到这些思想家的肯定。韦斯特根深蒂固的家庭渊源,他坚定的基督教信仰、他早期所受到的克尔凯郭尔的影响,这些都有助于他把握那些深陷在麻烦中的问题,如生命的脆弱和普遍存在的不公正。韦斯特对这些陷于麻烦的生命领域的关注,促使他坚持哲学要吸收来自宗教、政治和社会活动以及艺术〔如柯川(Coltrane)和契诃夫〕的真知灼见,从而对这些领域里产生的棘手问题承担起责任。

虽然韦斯特的哲学兴趣与美国实用主义传统有一定的共鸣，但他同时也对这一传统提出了存在主义的和政治的批判，因为他对这一传统以间接的方式描述人的条件感到不满。他的信念是，哲学必须把握存在的两难局面，理解自己思想的历史性，并且与自己遭遇的病态现象作斗争。因此在韦斯特眼中的哲学与当今其他许多主流哲学思潮有极大的不同。他遵循和倡导活跃的生活哲学，以这种方式面对哲学就能使人们意识到反思的价值与局限。

科内尔·韦斯特现任教于哈佛大学，他的教职名称是小阿方斯·弗莱彻大学教授（Alphonse Fletcher Jr.），专业是非洲裔美国人研究以及哲学和宗教学。他积极从事社会和政治问题讨论，包括种族和宗教的内容。他撰写了16部著作，包括：《超越欧洲中心论和文化多元论》（*Beyond Eurocentrism and Multiculturalism*，1993）、《美国对哲学的逃避：一个实用主义谱系》（*The American Evasion of Philosophy, A Genealogy of Pragmatism*，1989）、《种族问题》（*Race Matter*，1993）、《保持信仰》（*Keeping Faith*，1993）、《共同进餐》（*Breaking Bread*，1991）、《重建希望：就黑色美国之未来的谈话》（*Restoring Hope: Conversations on the Future of Black America*，1997）。

科内尔·韦斯特：哲学信仰在行动

采访者：凯瑟琳·邓洛普（Katherine Dunlop）
斯科特·舒沙特（Scott Shuchart）
采访时间：1997 年

哈佛哲学评论：我们希望在开始时，你能否告诉我们你是怎么进入哲学的，尤其是怎么进入实用主义和宗教哲学的？你能否描述一下你的学历？

韦斯特：我认为，这就要追溯到家庭和教会了。我总是被邪恶问题所困扰，并且与各种形式的不公正的苦难、不应当忍受的痛苦和不必要的社会灾祸作斗争。我最早接触的是克尔凯郭尔。当时我们居住在加利福尼亚的萨克拉曼多（Sacramento）的一个隔离的区域，当时我们附近没有图书馆，只有一个小型的流动图书车。当我第一次阅读克尔凯郭尔时，我说："我的上帝！他说的事情对我至关重要。"这就是，你怎样真正地投入到与生活经验和具体情况不可分的哲学反思？

我绝不会忘记刚到哈佛时的情景。我知道我想从事哲学专业，于是走进了鲍伯·诺齐克（Bob Nozik）的办公室。他是我的导师。我告诉他我阅读过克尔凯郭尔和威尔·杜兰特（Will Durant）的《哲学的故事》（*The Story of Philosophy*）。那是一本通俗读物，虽然对主要人物的看法是非专业的，但这对一个十六七岁的年轻人却非常重要。诺齐克兄（brother Nozik）说："不错，但我们要介绍给你一些更有权威的哲学家。"我说："哦，那太好了。"

我觉得，那时我还是专注于邪恶问题，但有机会读到了一些极其关键的人物和文献。当然其中包括了休谟的《自然宗教对话录》第十部分，通过阅读，你可以很好地对苦难进行存在主义的分析，同时，也可以很好地批判各种形式的经验论原教旨主义。其次就是康德1791年的那篇著名的文章《论全部哲学自然神学的失败》（*On the Failure of All Philosophical Theodicies*），还有谢林的《人类自由论》（*Treatise on Human Freedom*）这部伟大的著作。我认为，这部著作对邪恶的现实做了最有力最深刻的批判，为什么德国唯心论会失败，就是因为他们没有能够涉及邪恶的现实。最后是叔本华。就近代欧洲哲学传统而言，这四部文献在我的研究工作中始终处于中心位置。

现在，我被引入到实用主义，引领我的是伊斯雷尔·谢弗勒（Israel Scheffler），当然还有我的好朋友、在普林斯顿大学的理查德·罗蒂。实用主义之所以打动我，是因为语境论者和历史论者发起了运动，把哲学与文化、历史和斗争等结合起来。正是那时，我真正发现了老罗伊斯（Old Josiah Royce），因此我成为了实用主义者，但决不是持卡的（即有招牌的）实用主义者，因为我觉得罗伊斯从某种意义上说，比其他人更深刻。他在1892年出版的《近代哲学精神》（*Spirit of Modern Philosophy*）一书中论叔本华的"第八讲"，在我看来仍然是美国哲学中的一个伟大时刻。

因此，我走到这一步的方式非常独特、异常，有人觉得是一种令人困惑的方式。当你沿着克尔凯郭尔和叔本华的路径，你就得到了一组非常不同的关注。但你与一些批判产生了深刻的共鸣，它们不仅批判了原教旨主义和各种形式的非历史主义，而且还真正地把哲学和生活体验联系起来，并且从根本上把它理解为对智慧的追求,就是杜威 1929 年在著名的吉福德系列讲座(Gifford Lectures)中所作的题为《确定性的追求》(*The Quest for Certainty*)的讲演中所做的那种事情。你确实把它与对智慧的追求联系起来了,也把它与批判你得到的确定性联系起来了。

哈佛哲学评论:你把奎因认定为美国实用主义的关键人物。在《美国对哲学的逃避》一书中,你写道:"奎因的天才之处在于,他用实用主义的表达方式,用爱默生式的、也就是人造(human making)的感性介入到符号逻辑学家和逻辑实证主义者最为严密的讨论之中。"有些人可能反对这样的说法:奎因要用行为主义心理学取代认识论的做法根本就不是人化的。爱默生的观点是彻底的自我依赖,而奎因的方法并不是把个体视为彻底的自我限定,而是一组言说意向(speech-dispositions)。你怎样使爱默生和奎因的观点相互契合的呢?

韦斯特:这个问题问得好。首先,我认为,奎因是一个自然主义者,而不是一个实用主义者,但在他的自然主义中,有实用主义的因素。同样,我也把尼尔森·古德曼(Nelson Goodman)强调人造和世界构造(world making)看做是这样一个结果,即我觉得,人造是延伸了爱默生的这样一个看法,他关注的是位于万物核心的人类和人的创造性。

在理解我们所说的"人化"时,多少有些模糊。我认为,奎因当然是把科学理解为人的实践,在这个意义上,实施这一实践的是人的社群。而且我还认为,在这方面,他不再把实证主义的那些更为陈旧的风格看得那么神秘了,但奎因最终还是一个实证主义者,这部分地关系到他对物理主义者(physicists)的尊重,也可以说是因为他的世俗教士身份。我也相信物理主义者有许多话要告诉我们,用古德曼的话说就是他们有自己的构造世界的看法,而他们所做的预言,比其他群体更好。因此在事关预言能力时,我们听从他们。但生活除了预言还有更多的内容,而这才是我研究奎因的介入点。

当我还是本科生时，在奎因和我之间就有过精彩的讨论。我问他："奎因教授，你认为生活的意义是什么？"他说，"这是一个有趣的问题，科内尔。我有一些爱好，我收集岩石。我周游世界，我的岩石收藏很吸引人，而且我也发现了其中的伟大意义，了解世界上岩石形成的多样性"，等等。我说："有意思，那岩石收集有什么意义呢？"

"它显示了知性的好奇。"

啊，真有意思。"知性的好奇是否与爱的问题、死亡的问题，还有情感的问题有联系呢？"

他说："当然，我们大家都有这些需要。"

我说："你是否有计划对此有进一步的写作呢？"

"没有，没有，你知道，我不是真的关心这些问题。"

我当时只是想把他生活中的存在主义层面剥离出来，而他对此的态度也很开放，但你却看不到他的著作对此有所反映。

哈佛哲学评论：在《美国对哲学的逃避》一书中，你指出，纯哲学问题的概念，或者仅仅属于哲学兴趣的问题，是一个历史的观念，真正产生这个概念的时间只是在近代早期。有人认为，你强调实用主义实践性及其与现实生活之间的联系，就是与询问纯哲学的问题疏远了。这样说对吗？

韦斯特：有这么多的东西都挂在了我们所说的"纯哲学"上。我的意思是，在应该问的一些问题里，肯定存在一些没有直接实用性的问题，或者说没有直接的实践性的问题。人们应当问这些问题，在某种意义上说，这些问题是没有时间性的。各种文化中的神话、叙事、故事和符号等，都问到了这些基本问题。如作为一个人意味着什么？死亡的本质是什么？为什么有事物存在而不是什么都没有？邪恶的起源什么？这些问题在某种意义上说是不具有时间性的。它们总是以各种历史形式来表达，但这些问题不具有直接的实践性，我觉得这些问题是应当问的。

但同时我的做法也遵循着罗蒂：我确实相信有这样一种情况，在现代，哲学是以一种自主的论辩而出现的，它是自足的和独立的，有自身的目的，而且是一个值得讲述的故事。它是一个非常复杂的故事，没有人真的能把它弄清楚，但我们知道有些事情发生了，例如，其中怀疑论更多地被视为一种认识论问题，而不是一种生活方式。很有意思，罗伊斯曾经谈到真正怀疑的精神，这是一种谈论把哲学与其他事物联系起来的方式，这些事物不包括短暂意义上的精神，而是包括召唤或引诱我们感到敬畏、惊奇与好奇的各种形式。你看，我完全赞成这种情况。许多人会把这种情况与纯哲学性联系起来。如果这就是你的意思，那就对了。但另一个方面，我要使纯哲学具有历史性，于是我们就不得不去讲故事。

哈佛哲学评论：在《保持信仰》一书中，你评论了你承诺的深度和强度，这个承诺针对的是"我称之为预言性的眼光和实践，它们主要基于黑人那种独特的、具有悲剧色彩的生活感受"。这个承诺似乎有两部分：一是愿意正视死亡和绝望的事实，愿意面对这些事实来肯定道德动因，二是还有基督教的思想层面，这种思想"如此地怀疑我们能否认识我们存在的终极真理，以至于促进了信仰的飞跃"。现在，哲学的位置当然存在于第一层面。但当信仰的飞跃为哲学提供了主题时，当然就想到了克尔凯郭尔的《恐惧与颤栗》（*Fear and Trembling*），作为实践的第二层面就几乎被认为是反哲学的了。

韦斯特：是的，或者从哲学探索有局限性的概念来看，至少是对哲学有所设防。我觉得，用"反"这个字有点太强了，因为"反哲学"寄生于一个特定的哲学概念，它让你回到原来的状态。当你由于既使用它又担心它的局限性而竭力对它设防时，你就处于一种非常不同的话语和存在空间。我觉得这是我更想要的，这就又像克尔凯郭尔，他并不真的提倡理性的磨难，尽管他不时地使用那种语言，但更多的是使用全部可以得到的资源，使用合理性反思，并且承认它仍然有边界，有界限，有局限性，等等。

现在，还有一种情况也是真实的：人们会说，当你谈到那种荒谬的、反复无常的情况发生在哲学的中心位置时，你不是在对实在的本质做形而上学的论断吗？谢林谈到了悲伤的帷幕展开在整个自然界之上，深深的、不可磨灭的忧郁充满了生活，这些内容出现在他1809年的那部伟大作品中，他深深地感到失望。他选择了德国唯心主义的方案：可以用人的意识分析来度量世界的合理性。他最后的想法是："上帝，它比我想的更黑暗！这种无理性的先入之见，没有理解任何东西，它只是一种被管制的疯狂。"瞧，他看透了：如果事实上存在某种根深蒂固、不可归类的并且是非合理性的因素，那我们怎么谈论它呢？

它可以是这样一个问题：通过精神生活的生动概念，通过人们所过的生活的生动概念，力争与元哲学批判建立联系。在这方面，我确信［这里我认为我与斯坦利·卡维尔兄（Brother Stanley Cavell，见本书第11章）意见相同］，双方应该多多对话，一方不仅有文学批评，因为文学批评的学派太多了，而且还有可见于戏剧和小说中的某些戏剧性的概念，等等；另一方则是关于生活体验的哲学话语。

你想一想，谢林逝世于1854年，而这部作品的写作是在1809年，之后从未发表过一个字。这就是当时的情况。太强了。他未发表过一个字。这部作品长期处于无人问津的状态，历时45年。谢林也要回归了。我们谈过叔本华的回归。但他不是作为老的德国唯心论者回归的，不是。用海德格尔的话说，他是作为邪恶的形而上学学者回归的。我认为，这种形而上学必须抑制、缩减和去神秘化，而不是解构它，但它们肯定要回来。所有黑暗的哲学家与黑暗的艺术家都非常相似，都将与 21 世纪相关。保罗·策兰（Paul Celan，1920—1970）的诗歌将是下个世纪的中心。还有卡夫卡、哈代以及谢林和叔本华，都处于中心。这并不是因为他们的结论有说服力，而是因为他们奋斗的本质决定的。有这样的情况：我们在分析哲学中忽略了哲学家的调性（tonality），而谢林、叔本华和克尔凯郭尔的回归部分是因为他们的调性与时代精神是和谐的，这就像欧洲三四十年代以及战后的萨特等人的情况一样，而回归的形式是极不相同的，我的意思是，我只是指出了这一点，但那仍然是我的方向。

哈佛哲学评论：关于我们大家所面临的虚无主义的威胁，像谢林和叔本华这样的人好像有话要说。

韦斯特：对于人类来说，绝对如此。资本的全球化，各种社群结构的无根状态，基于社群的意义结构，个人的无祖国和无根状态，这些都将走向全球化。看一看叔本华在非洲是有趣的。我们知道，他对东方哲学有很深的兴趣，每晚阅读《奥义书》，佛教与他的哲学有"选择性亲和力"（elective affinity），但叔本华在非洲，叔本华在拉丁美洲，不是哲学反思的唯一源泉，而是一个关键的声音。在这个传统中，总会出现更为乐观的人物，不论是宗教的还是世俗的。你必须拥有这种平衡，你需要有这种平衡。

罗伊斯的伟大之处在于，他奋不顾身地坚持自己的基督教信仰，这很像我本人。但他知道，叔本华等人展示的真谛是不可逃避的，因此，你要干什么呢？你要干什么呢？实践智慧有什么要求呢？你怎样谈论勇气、坚强、忍耐和奋斗呢？难道这些内容就像一个亚里士多德的三段式的结论那样吗？行动？不是，比那要复杂得多，但它与那有关。你是哪一种人？

哈佛哲学评论：也许有很多人发现你的著作中的有趣之处是你能在哲学和行动之间建立联系。尤其是你以前曾说过，有些具有无时间性的问题是哲学关心的问题，这些问题缺乏直接的实践意义。另一方面，你在《种族问题》中把美国黑人面临的最大威胁认定为"虚无主义"的威胁。你批评自由主义和保守主义对种族的讨论没有面对这种威胁，你尤其还说过自由主义忽略了对美国黑人认同的重要性。还有，"爱的伦理"是你答案的核心。这些认同的概念和道德推理似乎很哲学，或者说，至少它们是哲学有话要说的概念。

韦斯特：不是似乎，那是真的，是真的。使用"虚无主义"这个词会陷入很大麻烦，其原因当然是它有自己的历史和自己的谱系。我也许过多地把它与文学传统联系起来了，从某种意义上讲，这就回到屠格涅夫在《父与子》中的人物巴扎洛夫，而不是回到哲学话语，然后争取使它适用于一个非常后现代的语境，巧克力城，这是根据它已经被构建的各种方式：有种族隔离的历史，有蚀本、失业和就业不足之类的情况。而我却仍然想捍卫它，因为我认为你是对的，我认为肯定存在着我们能够谈论它的方式，而其中它重叠于某些哲学对无意义和无希望的关注。

又与生活体验联系起来了。比起分析哲学家来，我们与生命和意志哲学家要近得多。这就在很大程度上确实变成了一个存在问题，一个历史问题，同时也变成了一个政治问题。存在问题相关于我们能够得到的、并且用于创造新的意义结构和价值的资源，从而人们将感到生活值得去过。历史的问题是，什么样的语境是恰如其分并能够被创造出来？而这与制度和结构分析有关：经济、信息、民族国家和文化等。然后就是政治问题，各种形式的能动性和反叛精神（agency and insurgency），这是来自下层的，但也与中层和上层的改革论者相关。这是激进民主力量介入的领域，也就是你确实必须既有想象又有分析的领域，而且争取使人们能够看到和理解这种想象和分析，通过各种手段来达到此目的，媒体、文本和教学，然后创造出制度性承载工具来为你承载它。也许在某种情况下,还要与国家权力竞争,即使仅仅是在地方的层面上,而后在区域和联邦的层面上,最后也许是在全球的层面上,有跨国公司的权力和它们不成比例的财富以及对世界的影响。这三个层面必须同时强调,而这种情况真的无法在那篇文章中阐明。我只是在描述那种情况,而并不把它看做主要的(解释性)因果因素。

当人们感到自己缺乏价值、自尊的时候,就不能产生能动性和反叛精神,这一直是一个深刻的难题,尤其是在非洲裔人群中,他们曾如此地受到憎恨和折磨。如果你不为那些曾遭受过长期憎恨的人们谈论爱的伦理,他们绝对不会感到自己在这个世界上是能动者,能起到自己的作用。当然,这一直是黑人教会尽力起到的基本作用和功能之一,它创造了这个黑人的空间,在这个空间里可以使黑人与白人至上主义的攻击保持隔离状态,从而使他们找到了自我,即使是借助一种超验的方式。"上帝爱我,住在城市那一边的人们大都不爱我。(笑)而那些与我更近的人们,他们通常也与同一个上帝有联系,那他们也爱我,因此,我们也就有了一个比媒体、比教会以及比科学告诉我的内容更有利的角度来观察自己",如此等等。各个受压迫的群体都是如此。从历时两千多年的父权制社会的角度看,女性也有同样的问题。你是在哪里发现自我肯定和自信的源泉的?就是这种自我肯定和自信视你为世界的能动主体。当这些结构自身开始消散时,会发生什么情况呢?这就是那篇文章的部分内容:家庭、教会、参与音乐的网络、参与体育的网络。在直到20世纪60年代还是白人至上的美国社会中,这四项是黑人自我培养的主要领域,而在这之后,我们最终打破了美国的种族隔离。

50年前,黑人能找到的唯一公平空间就是拳击场。乔·刘易斯(Joe Lewis)展示了极大的优势,因为在美国生活中的其他任何领域都有不公平的结构。但至少裁判是公平的。如果乔把麦克斯（Max）打倒，麦克斯就失败了。在这个领域中，不会发生的情况是：如果你是白人，你能得到20个呼数，如果你是黑人则只能得到5个。不是，任何人得到的呼数都是10个。如果你要打击他腰带以下的部位……不，你最好别这么干。"他是个黑人，我想打哪儿就打哪儿。"不行，这是拳击场，是公平的地方，就是杰基·罗宾森（Jackie Robinson）也一样。在黑人维持自信方面，体育起到了基本的作用，音乐和娱乐界也是一样。那么，你怎样把这个公平传播到其他领域中去呢？这是近25年来的挑战。如果曾一度提供这种自信源泉的制度性缓冲作用有所降低，会发生什么情况呢？有些美国黑人青年对这种情况做了严肃的斗争。因为各种程度的自我厌恶、自我憎恨、自我怀疑和自我毁灭横行，其结果是自我毁灭和毁灭他人。这个结果影响着作为一个整体的国家，影响着美国共和政体的未来，影响着美国民主制度的前途，这一点许多美国人都没有认识到，但它确实有这种影响。种族问题能够葬送美国的现实。这是另外一个问题，但却是个关键问题。

有一件事情令我感到惊奇：当你注意哲学话语的时候，你会发现，大多数哲学家都不愿意谈论种族问题。你想一想那些伟大的美国哲学家，关于种族问题，他们撰写过什么？罗伊斯写过一本关于种族的书，书名就叫《种族问题》，这是唯一的一本。但伟大的威廉·詹姆斯（William James），他或许对种族问题是敏感的，他给斯普林菲尔德（Springfield）的一家报纸写过一封著名的信，谴责了诽谤行为，这封信是我们在那个黄金时代仅有的一个哲学家的文字例证，他在种族问题上明确了立场。约翰·杜威是美国全国有色人种协进会（NAACP, National Association for the Advancement of Colored People）的创始人之一，他积极地反对种族主义，但他从来没有就此问题写过东西。你再来看看惠特曼，他的《草叶集》第一版里种族问题比比皆是。马克·吐温当然也是。还有梅尔维尔（Melville）的《贝尼托·塞莱诺》（*Benito Cereno*）和《白鲸》（*Moby-Dick*）。伟大的文学家们一直有话说。福克纳（Faulkner），哦，我的上帝！你不可能从白人那边得到更深刻的东西！汤妮·莫理森（Toni Morrison）就是来自黑人那边。我们能继续说下去。可是哲学家们就像火星人，能够坐下来阅读伟大的哲学文献，但却不知道美国还有种族问题。

有些黑人哲学家就像卢修斯·奥特洛（Lucius Outlaw）、霍华德·麦加里（Howard McGary）和查尔斯·米尔（Charles Mills），对于一些主流思潮，他们确实打造出了一些精彩的批判，这是很重要的。我们不知道这种情况到底向哪个方向发展，但它是非常重要的，而且已经开始与非常强势的女性主义批判发生重叠，这些批判一直都在发挥作用，桑德拉·哈丁们（the Sandra Hardings）和其他人，还包括同性恋恐惧症和蔑视同性恋者的异性恋主义，它们也都在发挥作用。在未来的 20—30 年，这种情况怎样传播，它将采取什么形式，这是非常有趣的问题。

哈佛哲学评论： 你提到美国黑人面临的归属危机。这似乎就是折磨黑人知识分子的难题之一。当然这个危机总体上已经超出了学术界。你认为学术界里有什么样的改变才能使它更能接受黑人知识分子？

韦斯特： 这个问题问得好。我们肯定已经有一些突破了。如果是在 25 年前，我不会在这里。杜·波伊斯（Du Bois）也许是 20 世纪美国最伟大的黑人知识分子，尽管他是哈佛大学的第一位黑人博士，但他也不能跻身于哈佛大学教师队伍。因此说我们已经有了一些突破，这一点是毫无疑问的。我认为，黑人知识分子面临的挑战之一是哲学挑战，这就是成就自我的勇气。你有一个哈佛，你尊重它传统的丰富性，包括优点和缺点，你更多的是按照自己的想象塑造哈佛，而不是按照哈佛塑造自己。这就是说有勇气做你自己，以一种自我批判的方式，而不是自以为是的方式。我认为，有些一直受排斥的群体就是如此：包括反天主教义的群体、反犹太教的群体和从事反女性实践的群体，这些在哈佛历史上是最恶劣的部分。但当它们来到时，如果问题仅仅是佩戴面具，然后随波逐流，那么，在思想创造性方面，在存在的维持方面，你就将陷入一种深深的麻烦。但在成就自我的同时，你认识到哈佛将成为你的一部分。

如果我说哈佛不是我的一部分，我就是不诚实的。我的本科学业是在这里完成的，我那时感到如此自由，如此地被赋予力量，如此地被解放，我绝对不能否认这种情况，但如此自由、如此地被解放、如此地被赋予力量是要成为什么呢？并不仅仅是要成为又一个典型的哈佛人，而是要成为一个独特的、混合式的人物，哈佛属于他的一部分，其他许多事情也都属于他，包括黑人教会、黑人街道、詹姆斯·布朗（James Brown）、乔治·克林顿（George Clinton），所有这一切加起来。我认为，人们最终更加尊重的是诚实和坦白，因此，我们最终不是要模仿或效法，而是要有勇气做自己。我想，当黑人学生认识到这一点时，他们就会说，这个地方既然在 20 世纪 30—40 年代是哈里·沃尔夫森（Harry Wolfson）的，那么，它现在也可以是我的，尽管你肯定有改变的愿望。你肯定将改变它。当有这样一些人，他们把这种混合状态树立为榜样时，我想这就为黑人学生的成功开放了各种可能性。因为我们最终真正要谈论的是年轻人，他们代表着未来。

当然，这对非黑人的学生也有意义，对那些白色人种、棕色人种和黄色人种等等都有意义。因为有勇气做自己具有普遍的人性，它是全面分布的；你可能是上层社会的人，可能是祖先为英国新教徒的美国人，可能是男性，但仍然可能没有勇气做自己。你可以认为自己应该是黑人，黑人无产者；不是，你不是黑人无产者，你是上层社会的人，是祖先为英国新教徒的美国人，是男性，如果你有勇气做自己，有勇气面对，就不会对此有耻辱感。如果你只是想佩戴一个面具，然后随波逐流，这就又成了那个难题。这不仅对黑人知识界或黑人学界有教益，而且对各方面的人们均有教益。

哈佛哲学评论：有些事情你已经略微接触到了，就是我们讨论的各种观点中的个人主义因素。你在《保持信仰》中指出，在你所说的现代全球化和国际资本主义环境中，美国宗教哲学中有些东西对待个人主义的态度比马克思主义的态度更认真。那么，个人主义的状态或命运是什么呢？早期的实用主义是否太强调它了？我们是否应该以另一种方式认识它。

韦斯特：我们就拿爱默生和詹姆斯来说，有人想记住的是，你把重点放在了个人主义。皮尔斯（Peirce）和杜威有丰富的个体性（individuality）概念，但这个概念与你从爱默生和詹姆斯那里得出的个人主义（individualism）有很大区别。我深深地赞同由群体构成的人的个体性的概念。而人格（personality）则是一种不同概念，它也把个人与生活体验联系起来了，如社会化的过程，文化适应过程等等，这就使他们成为历史的人。但如今发生的情况是非常令人遗憾的。

你知道，在这方面真正有深刻研究的人是罗伯特·佩恩·沃伦（Robert Penn Warren），他也是一位被忽视的重要的美国作家、诗人和小说家，也许是我们曾经拥有的最伟大的诗人和小说家。他有这样的理解：与去文化相伴而行的是缺乏历史、缺乏与传统的联系、缺乏历史意识。把个人从传统中分离出来，给人们制造困难，不仅是在致富和安身立命等方面，而且还会引导人们进入一种非常可鄙的从众状态。

哈佛哲学评论：关于佩恩·沃伦，最有趣的是，他是一位历史学者。

韦斯特：完全正确。你想到了那部伟大的小说《国王的人马》（All the King's Men）。的确，那是美国最伟大的小说之一，这一点是毫无疑问的，那是一部政治小说。可怜的沃伦，你知道，他没有受到足够的重视。我的好朋友哈罗尔德·布鲁姆（Harold Bloom）称他为受爱默生影响最小的美国作家。当然，这对于佩恩·沃伦是一种褒奖，对于布鲁姆则是一种批评。但他深深地欣赏佩恩·沃伦的作品。关于你的问题，即如果没有历史感，如果没有与传统的联系，任何关于个体性的花言巧语就会越来越空洞，因为个体的人变成的仅仅是在那个从众体系中的某个瞬时，他们服从的通常是市场、时尚、时髦等等。在这种情况下，即使是爱默生和詹姆斯也会彻底地反对，因为他们的个体主义观念处处充满了不服从。它的全部内容仿佛都是反常规的。《自我依赖》（Self Reliance）一书的内容是放弃，而对于詹姆斯来说，个体主义总是与上述情况保持距离："我讨厌宏大，我不能容忍那些主流范式，那个博士学位的庞大系统复制着研究生，给他们打上专家的标签，我不能容忍这种情况。"当然，对于我这样一个基督徒，这是基本的，作为一个彻底的民主派，这也是基本的。因为如果从众心理的泛滥，就意味着强加权力，就是权力武断，不负责任，就是某种形式的独裁主义。这不仅是从众心理所带来的压力问题。它有反民主的妄自尊大的深层含义。没有民主的个性，我们就不可能有民主文化。

我觉得，这种情况再次把我们带回到了这样一些问题：勇气、坚强、忍耐、牺牲和反常规。一旦勇气的来源开始衰减，你就会胆怯、怯懦，这些是制造集权政治的真正的原材料。胆怯是与仇恨相伴而行的。克尔凯郭尔说，基督徒所过的生活是危险的，哦，还有早期尼采（proto—Nietzschean），他是在基督教的支持下获得勇气的，对吧？萧伯纳说仇恨是怯懦者对胁迫的报复，因此你就不能以近乎莱维纳斯（Levinas）那样的勇气来处理他者（otherness）和陌生感（strangeness）。不，你所做的就是你被它所胁迫，你害怕它，因此你既想主宰它，又想把这种差别与厌恶和堕落联系在一起，这就使强加于它的分级系统合理化，这是一种征服的形式。因此勇气、爱、胆怯和仇恨等问题就以一种非常有趣的形式相伴而行了，而且我们就使大量的胆怯迅速传播。这种情况一直存在着，没有人能够论证，有时这种情况更为严重，尤其是在你有难以置信的替代之时。人们不能相信，对现状的替代真的存在，他们觉得他们只能落入其中，然后被锁定，因为没有机会。应该有少数人，他们即使在机会很少的情况下也能抓住机会，因为这样做是正确的、道德的和公正的。那就是勇气的一种形式。

我们知道，从哲学上讲，思想的勇气把哲学推向最佳状态。苏格拉底（如果我们相信柏拉图和色诺芬就苏格拉底所说的话）以一种深刻的方式具有思想的勇气。而对于我来说，耶稣当然没有那么多思想的勇气，但他的勇气是以同情表现出来的，我认为，说到底，这种勇气比苏格拉底要深刻得多；苏格拉底决不会以耶稣悲伤的方式悲伤。耶稣的悲伤是不可控制的；苏格拉底不曾哭泣过，笑也只有一次，这很有意思，给了我一个暗示，有些东西他没有得到，很多东西。我还想鼓励的就是同情或怜悯，这会使人感到悲伤。这就使我们回到了契诃夫，因为我们确实有了苏格拉底、耶稣、求知欲、科学家、医生，还有深刻的基督教背景，但这在信仰上不是不可知论的。有基督教的情感，没有基督教的安慰，瞧，那是好东西！这一切，包括爱、怜悯或同情、勇气，但从思想联系方面看，仍然是苏格拉底式的，不管结论把你送到哪里，但你仍然在爱。向深渊里看，哦！那是契诃夫，瞧，契诃夫得到了叔本华赋予他的全部，但他仍然有能力以这样一种方式使用它，即他以听起来就像我的祖父的状态而告结束。爱、爱、爱，要有爱的勇气，有做自己的勇气，战斗到底。哦，这是契诃夫的声明，这是毫无疑问的，绝对没有其他东西像他的了。

你想找在哲学上与契诃夫类似的人物，你还想到了谁？还有这样的人吗？我觉得没有了。维特根斯坦也许是，但他在生活中太胆怯了。他在思想上是勇敢的，但他不能过生活。我告诉你，维特根斯坦这位20世纪的伟大天才，在他的生活中演出了一场哲学对话。他就是不能鼓足勇气爱他人。残酷地殴打自己的学生。他在生活中没有足够的勇气，但这从他个人的角度讲不是他的错误。他是被许多不同的事物塑造的，但他就是无法与契诃夫这样的人相比，契诃夫这样的人不仅是把自己的天才投入工作，他生活的天赋就像王尔德（Oscar Wilde）说的那样，是两方面的天才。几乎完全符合尼采的标准，使自己的生活成为艺术品，即使是在他进行文学创作之时，尽管在那个时代他首先是一位医生，难以置信。

我认为最后，如果有什么东西要追求，就是在哲学上效法契诃夫。这意味着你必须成为一个抑郁的男人，因为契诃夫肯定具有这种抑郁的性格，他的作品在某种意义上说，唱的是抑郁的曲调并使这种蓝调不受外界影响。但从他那急切的好奇心、求知欲和锲而不舍的勇气来看，他又有许多其他东西正在继续下去，这是十分少见的。契诃夫没有在哲学系授过课。你也许与莎士比亚、索福克勒斯和埃斯库罗斯等人有过一些对话，而契诃夫却从来没有。这很有趣。他真的应该得到人们对他进行哲学的思考。

斯坦利·卡维尔
Stanley Cavell

在斯坦利·卡维尔的著作中有一个导向性的主题，这就是维特根斯坦的承诺，要用我们平常的需求来替换形而上学或哲学的难题。卡维尔发现，这个承诺中有一种解放的感觉，他认为，维特根斯坦是有魅力、有个性的哲学家，开创了新的对话，而不是把哲学带入终结的萎缩型的思想家。他在《维特根斯坦后期哲学的有效性》（*The Availability of Wittgenstein's Later Philosophy*）一文中概括了自己对维特根斯坦的这种解读，该文收入他的第一本书《言必所指吗？》（*Must We Mean What We Say?*）。在他的核心性著作《理性的主张》（*The Claim of Reason*）的第一部分中，他发展了这个话题。卡维尔的这部分工作在当代各个哲学系中是最有名的。它是任何对维特根斯坦著作研究的一个基本部分。

卡维尔除了认识到维特根斯坦的工作有解放的意义以外，他在自己的其他哲学兴趣中也对此有所证明。因为他把维特根斯坦解读为着眼于我们自己的哲学需求。卡维尔的出发点是对他自己的哲学关注做出提问和阐明。他的写作带有一种自传体的口吻和个性独特的风格，这种风格适合于他广泛的兴趣。卡维尔就这些感兴趣的问题，寻求与20世纪的著名哲学家商谈和争论，尤其是约翰·奥斯丁（John Austin），还有其他思想家，卡维尔认为，这些思想家与他的关注相同。在《〈瓦尔登湖〉的意义》（*The Senses of Walden*）和《这个新的但却不可接近的美国》（*This New Yet Unapproachable America*）这两本书中，卡维尔研究了梭罗（Thoreau）和爱默生，他认为，他们的兴趣在"日常"或者"普通"，这与他在20世纪作为一个美国人的兴趣是一致的。卡维尔用这样的方法研究他们两人，是要认定他们思想中的"文学"特征在本质上就是哲学上的，并把他们的思想确定为典型的美国思想。卡维尔努力确认哲学中的美国特性，争取澄清英美传统和欧陆传统的共有部分，并且将这两方面的努力结合起来。他对海德格尔的权威性解读就是这种努力的组成部分。

卡维尔尤其感兴趣的是鉴别怀疑论在我们文化中的自我表现方式。自从卡维尔早期的工作以来，这种关注在他的思想中一直是一种塑造力量，正如他的著作《言必所指吗？》（1969）中最后几篇文章所表明的那样，其中有《知晓与承认》（*Knowing and Acknowledging*）、《爱的避免：〈李尔王〉的一个解读》（*The Avoidance of Love: A Reading of King Lear*）以及他后来论述莎士比亚的著述。他在《理性的主张》中表明，对他人思想持怀疑论态度是怎样导致以及成为悲剧的。他在研究电影时，把情节剧解释为怀疑论的一种表达［参见《争夺眼泪：未知女性的好莱坞情节剧》（*Contesting Tears: The Hollywood Melodrama of the Unknown Woman*）］，他还把早期好莱坞喜剧解释成对怀疑论冲动的克服［参见《追求幸福：好莱坞的再婚喜剧》（*Pursuits of Happiness: The Hollywood Comedy of Remarriage*）］。不过，他对电影还有更深入的兴趣，他探索电影本体论，这种情况尤其见于他的著作《看见的世界》（*The World Viewed*）。

卡维尔生于1926年，在加利福尼亚大学伯克利分校获得音乐学士学位,在哈佛大学获得哲学博士学位。他在伯克利任教 6 年之后便回到了哈佛大学,并在哈佛大学成为沃尔特·M.卡伯特(Walter M. Cabot)美学和价值通论教授。1997 年,他成为荣誉退休教授。

斯坦利·卡维尔：
反思一种哲学生活

采访者：查尔斯·斯汤（Charles Stang）
采访时间：1997年

由于一系列的沟通失误，最初发表在《哈佛哲学评论》的采访稿件是一个原始草稿，本来不想发表。目前的这个版本中保留了原始版本中可以保留的部分，意在取而代之。

哈佛哲学评论：我想，我们可以从一个关于维特根斯坦的问题开始。1996年，你和理查德·莫兰（Richard Moran）教授共同讲授了一门课程，内容是你的一本书《理性的主张》。如果我没有记错的话，这是自从该书出版以来你第一次认真系统的重读这本书。这也代表了一次回归，回归到了你与维特根斯坦的那次决定性的相遇。为什么有这次回归以及这次回归有怎样的重要意义？

卡维尔：你说得对，这是自从那本书出版以后我所做的（或者说我所参与的）第一次认真和系统的重读。我觉得这种问为什么的问题很有趣。这种问题我已经问过自己。这个问题事实上已经有了一个直白和实际的答案，但我不想到此为止。我曾一度想把这本书作为哈佛大学哲学系中的系列教材而奉献出来。如果在某个系里，有人曾撰写过一部巨著，这本书就非常容易成为这个系的教学内容。我还从来没有发现这种做法有系统性。但系里新来了一位青年教师理查德·莫兰，我从他那里有所收益，并且喜欢与他谈话。他的出现是一个对我有促进作用的机会。我问他是否有兴趣。在我看来，倾听一个对这个材料所作出的年轻的并且不同于我自己的声音，就是我一直在寻找的那种语境。对于我来说，这成为一种创造性的体验。所以我非常感激我的朋友理查德·莫兰。

这本书或者说其中的部分内容，比其他任何我撰写的东西都更使我感到我不能讲授我所撰写的内容。它不是科学，它不是逻辑学；我不想当一个警察来监管他人是否能正确理解它。当然，从教师的角度考虑，我关心正确性。但从写作者的角度考虑，任何反应都给我一些思考的内容。为什么某个具体的反应一直闪现在一些人的心中，这是我想理解的问题。除了倾听我说话的机会回来了以外，还有一个情况略有隔膜感，这就是有两个其他外部的因素（它们是外部的吗？）促使我回归到我的书。

1996年，《理性的主张》法文版问世。在过去10—12年的时间里，我曾为这个翻译项目工作过，在翻译进行中的不同时期，这个项目曾被中断和延期。用另一种语言思考这些段落所引起的正是那种隔膜感，也是感受文本中流动内容的另一种方式。在这个过程中，人们时而感到惊奇，时而感到愉悦，时而又远不是那么愉悦。

还有一个促进因素是希望纪念我在退休之前的最后一个学期的教学工作。在我看来，告别我在职的教学工作就意味着完全回到我的出版生活。由于《理性的主张》深入地触及到我博士论文的话题，而且也是我最近要做的事情，假如有我的一本书我要去做，那就放松一些，顺其自然吧。我很高兴这样的事情发生了。

哈佛哲学评论：你接触维特根斯坦是接触他的《哲学研

究》，为什么你对他的其他晚期作品不再发表评论了，比如《论确定性》(*On Certainty*)、《宗教信仰讲演录》(*Lectures on Religious Belief*) 或《文化与价值》(*Culture and Value*)？你是否觉得这些作品不如《哲学研究》？

卡维尔：我还没有对你第一个问题的那个部分做出回应。我不认为讲授《理性的主张》这本书的课程是使我回到了维特根斯坦，尽管在任何意义上我的这部著作都是在对维特根斯坦的《哲学研究》中的段落做评论，原因可能是我根本没有离开过维特根斯坦的作品。它始终是那么近，而且总是要去探究的。至于为什么不是其他的晚期作品？这个问题问得好，它避免了这样一个问题：为什么不是早期作品。我友善地理解你的想法。

你问我为什么对其他晚期作品不再发表评论，我给你一个例外：我曾两次就（《文化与价值》中的）杂志条目杂记写过文章。新近的一篇文章题目是《〈哲学研究〉中的日常的自然而然的审美》(*The Investigation's Everyday Aesthetics of Itself*)，见《卡维尔读本》(in *Cavell Reader*)。该文表现了我第一次就维特根斯坦的写作风格所做的系统研究。在此文中，我把维特根斯坦的趣味部分地直接与德国浪漫主义联系起来了。使人们感到惊讶的是，给这种联系以重要性的奇怪做法，这本身就表明了为什么我没有感到一定要回到或继续跟随维特根斯坦。当一个小的闪光出现时，我欢迎它，并且乐于跟随着它指引的方向。或者说，当某人推动我做此事时，我很高兴这样去做。或者说，当有人告诉我，维特根斯坦是新实用主义者，或者话中有这个意思，我也许就要对此提出质疑，就像我在一次实用主义的学术会议上写的一篇短文一样。我不把自己定位为维特根斯坦的研究者，我不再倾心于他在哲学上所能做的，除了这样一点之外，即那种改变了这种倾心的生活最终使我改变了对《哲学研究》的想法。

我确信，其他文本中的任何一个都可能引起我的兴趣并能启发我，可是我没有在《论确定性》中看到这种情况，但我同样喜欢其中的一些内容。在我看来，把《论确定性》与《哲学研究》相比是空洞的，但为什么还要把它与《哲学研究》相比呢？对于我来说，其原因仅仅是对它的热衷，它一定会指出一条新路。我发现，我并不想仅仅是以这种或那种方式指出一些次要的区别或小的进步。但我有一些朋友，我很尊敬他们的哲学素养，并且寄予希望，他们当中的任何人如果愿意，都能使我进入这些文本中的任意一个。但没有人真的敦促我去做，而且在某种程度上，我意识到自己还有多少东西没有阅读和思考过，致使我还经常让这种情况左右着我。

例如，我再次勃发了对莎士比亚的兴趣，而且如此迅速，并在如此多的领域，其中有些将回到维特根斯坦。因为我有时间，所以就让自己这样做了。与维特根斯坦的联系是他在《文化与价值》中对自己解读莎士比亚做了少有的直率评论，这个联系在我的一篇文章中引起了人们的注意，该文是应1996年"莎士比亚世界大会"之邀所写的，题目是《作为反偶像的怀疑论》（*Skepticism as Iconoclasm*）。我还有一篇文章，涉及的内容我认为是《哲学研究》的一个出乎意料的方面：作为文化哲学家的维特根斯坦，这些内容包括在《这个新的、但却不可接近的美国》一书中，这种情况向我生动地显示，对那个我认为自己十分了解的文本，我还没有穷尽自己的兴趣。这是一项我喜欢的任务，给出这项任务的是挪威的一群维特根斯坦的信徒，他们问我是否从这个角度思考过维特根斯坦。我没有那样思考过，或者说思考不充分，但我想那样做。我逐渐理解了这样一个理念：怎样把《哲学研究》与斯宾格勒（Spengler）结合起来思考（还有一个与海德格尔比较的观点），这样，我也就被引导去全面认识这个问题。如果做这项工作不负责任，没有激情，只是说我已经很全面了，是无济于事的，这不是我要做的事情。如果我需要为这种状态找一个借口，只能这样说：我觉得在目前的情况下，就我所知，我谈论维特根斯坦多于我得到的回应。如果这不是我的错误，做得再全面也往往不会平衡局面。如果这是我的错误，为什么不改弦更张呢？

哈佛哲学评论： 如果把维特根斯坦定位为一个宗教哲学家，你会有什么感想？你对自己在该领域里看到的情况感到高兴吗？

卡维尔： 这对于我来说是一个很难回答的问题。我没有看到任何真正使我感到高兴的事情。我对后期哲学的大多数的二手文献不是很熟悉。说这种话使我感到很尴尬，但我就此问题的写作早就开始了；在这方面，我受到我这一代人的局限。在这种文化中接受维特根斯坦晚期哲学，我对《蓝皮书和褐皮书》（*Blue and Brown Books*）的评论是相当早的。我不知道是否是在40年前，我就撰写过论文《维特根斯坦后期哲学的有效性》，在那篇文章中我所说的内容一直没有收回，这就是说，我在博士论文中采取的主要途径也是我研究维特根斯坦所采取的途径。我尚未进一步找到与我有分歧的人。

当然，我认为，维特根斯坦应该用宗教本能或愿望或神学召唤来吸引人们。他的学生也有这种想法，人们也可以在他的文本中读到这一点。我不想过分挑剔。我觉得在《哲学研究》中有这种倾向，而且正是在这方面，我不得不尝试自己的这样一个想法：在我自己的宗教兴趣方面，他可能具有什么样的态度。当他显然对宗教话题变得相对偶然地但始终是有兴趣的时候，我很高兴人们对它做出了反应。我并不觉得人们必须通读维特根斯坦的主要著作才能有资格谈论其宗教性。但如果进展不是以那种方式取得，我就很难对它有浓厚的兴趣。（如果写作者的头脑像普特南一样有力，那么，我对他所说内容的兴趣就等同于对这样一个问题的兴趣：这是否是维特根斯坦说的内容。）如果对已经完成的大量工作一无所知，我也会说这种话。在我这个年龄，你必须以特殊的方式与我相处，有人把对维特根斯坦的一本神学读物放在我的手中，然后说："你还没有考虑过它吧？"那我将乐于看到它。

哈佛哲学评论：有一个道德至善论的问题。斯蒂芬·马尔霍尔（Stephen Mulhall）对你的著作极有兴趣，他谈到过某些人物的至善论思维，如维特根斯坦、海德格尔、爱默生以及梭罗，这种思维通常影响着宗教思维，同时又受到宗教思维的影响。道德至善论与宗教是在哪里相遇的？相遇的气氛如何？宗教是否被超越了？或者说至善论也变成了一种宗教？

卡维尔：据我的理解，爱默生的至善论思想肯定是一种对哲学的呼唤，其意义不仅是被学院哲学激怒的人们所要求的那种哲学与生活的联系，也就是像他们说的那样：他们要求哲学在我们生活的进程中具有某种态度；而且还有更严格的要求，即哲学本身就是一种生活方式。爱默生复兴了一个非常悠久、具有魅力的哲学思维的光荣传统。我不知道我说至善论思想是宗教的替代是否合适，但它成为哲学与宗教争吵的一部分，争吵的内容是人的生存基础的形成。爱默生在自己30岁左右时，离开了这个布道的讲坛。他为了证明自己的离去而撰写的文字，他谈论不要相信《最后的晚餐》的那种方式，他后来否定耶稣人性重要性的方式，这些都是在推荐一种在宗教上低调的生活形式，起码来说，其中的意义正是我现在和过去都欣赏的。

我曾经报告过我进入爱默生的困难，写过一本关于梭罗的小书。但我一旦找到了我进入的途径，那种回归爱默生文本的希望或需要就又出现了。例如，它似乎既照亮了维特根斯坦的写作，也照亮了海德格尔的写作，我感到这个事实非同一般。毫无疑问，我对爱默生的兴趣也同样促进了我对他们两人的兴趣。正是爱默生使我看到了《存在与时间》和《哲学研究》之间的联系，这种联系的根源在于，它们都是至善论的作品。在我看来，在这种普遍联系中，至善论的意义有两个方面，第一，这两部著作似乎揭示了这样一个情况：两位作者给他们的读者提出了某种要求，这种要求在大多数哲学文本中是没有的。我把这称之为要求对写作中的一种显著热情予以回应，它呼唤来自读者的启示；第二，这两部著作都涉及了宗教、道德、美学、认识论和形而上学。但二者都没有把自己定位为属于某一传统哲学领域的著作。这仿佛就像每一部著作所写的内容就是我曾称之为"相当于哲学的内容"。[我不是说，这样的事情就像所说的那样，代表了一种明确或敏感的渴望。（天知道它并不是哲学领域中的学术研究能够或应该鼓励的事情。）我只是把它标记为值得思考的事情。]正是为了反对这些想法，我听到了这样的问题：爱默生的至善论是否具有宗教的维度？是否在宗教上是低调的？是否隐含着宗教的意义？你可以看到我也许希望一开始用"是"或"否"来回答。但至关重要的是，爱默生对这个问题的描述与柏拉图相反，这个灵魂之旅没有必然的终极状态（"是循环往复的"）；这就是说，爱默生的至善论显然是不完善的。这就是他所体现出的人的局限性。（如果有人想把我说过的这两部文献中的"要求"说成是有"治疗作用"，那就必须当心，不要认为这是在提示，我们从哲学得到治愈，而不是用哲学来治愈。这种情况本身不应该把这两部文献的期望与诸如《纯粹理性批判》区别开来。）

但是，当维特根斯坦准备明确主张《哲学研究》能够甚至应当从宗教的视角来看时，海德格尔却相反，在《存在与时间》里，一再否认这是一部伦理学或神学著作。他否认了那么多次，以至于你感到奇怪这是为什么，而且要弄清楚是为什么，为什么他一定要持续地否认这一点，由于多次反复，人们就感到其中一定有道德和宗教的热情。我想补充的是，就在我的《充分条件与不充分条件》（*Conditions Handsome and Unhandsome*）一书中，我提出了爱默生的至善论问题，并且认识到（自觉地做到这一点仅仅是在这个事实之后,也许在这方面对我的惊讶估计不足),它是道德生活的领域,被我称之为再婚喜剧的电影流派对该领域进行过探索,我曾就这个内容写过一本书叫《追求幸福》(Pursuits of Happiness)。

哈佛哲学评论:在你从 80 年代晚期到 90 年代早期的论著中,你对海德格尔的思想抱有严肃的兴趣。对许多哲学家来说,海德格尔是一个禁忌人物,因为他与纳粹党有牵连。你能否告诉我们,你是怎样从海德格尔的政治态度来理解他的哲学的。这个难题似乎要引出一个更大的问题:你怎样理解哲学家的生活与其著述之间的关系?

卡维尔:你不是在指望我全面地回答这个问题吧?让我看看我能否对此有些作为。假如我现在对我阅读过的海德格尔作品不是这样感兴趣,我也必然要争取在海德格尔的领域做些事情,因为我感到有责任去理解众所周知的欧洲哲学和众所周知的英语世界哲学之间的联系。没有欧洲哲学家不是如此。也许最吸引人的例外是法兰西的弗拉基米尔·扬科列维奇(Vladimir Jankelevich),他是一位无畏和深刻的思想家,也是一位出色的作家和音乐家,纳粹崛起之后,他拒绝阅读德文,拒绝听德国音乐。这种牺牲带来了大约 40 本书,但也使得这些书不为人们所知。例如,他在法国音乐方面非常出色(在他关于这个主题的众多著作中,我只读过两本)。

尽管这种情况使我付出了痛苦的代价,但我仍然不愿意不阅读海德格尔,不愿意在了解他的过去、或者说了解关于他过去一些事情的同时,不去了解是什么造成了他有这样的过去。我知道,有些人无视哲学家的生活与他们成为哲学家是有相关性的。这样做可以。但这样做的代价是什么?我的意思是,获得哲学思维能力要付出什么样的代价?有志从事哲学要付出什么代价?我不是说哲学家必须承担责任来描绘哲学家的生活和工作之间的联系，也不是说完成这项任务的能力是普遍地或是广泛地分配的。但在海德格尔的实例中，不在最低限度上承认这个任务似乎就是要回避什么。这里有一个极端的、耸人听闻的例子，其中不仅有一个哲学家与罪恶的政治有牵连，而且他的哲学看上去像、而且有可能被误认为是罪恶的政治。有这样一些时期，那时海德格尔的语言接近于这样一种语言，即能够把纳粹描述成对一种命运做出最终的承诺，这种命运是由包容性的政治形而上学力量设定的。用一个贴切的词来表达就是，海德格尔有一个令人寒心的阶段。

例如，作为一个美国人和一个犹太人，我陷入了这样一种情结不能摆脱：关于海德格尔就尼采所做的讲演，我必须尽我所能，这些讲演为解释尼采及其著作设置了标准，对于他解释尼采的著作，每一位对尼采感兴趣的欧洲哲学家，还有少数不感兴趣的哲学家都曾做出过回应。在这些讲演中，海德格尔尤其要推荐青年尼采以引起我们的注意，这个青年尼采就是最明显地受益于爱默生著作的那个尼采。

因此，在1936年的德国，海德格尔给出了对一些语词的解释，其影响是无边的，其中一些实际上也是爱默生的语词。我陷入这样一种想法不能摆脱，即必须要理解它的意义，我的这种感觉也同样发生在梭罗的《瓦尔登湖》，这部著作被近乎非哲学的著述来解释比海德格尔的某些文本解释得更贴切。我引述的文章是《建·居·思》（*Building, Dwelling, Thinking*），但有一些相关的文章。这种联系是否起到了玷污美国人著作的作用，或者在相当的程度上弥补了德国人的著作？海德格尔的命运被人诅咒，他也诅咒曾居住在这样一个时代，他在其中被暴政所利用，并牵连其中，在这种情况下，哲学也由于海德格尔的沦落受到质疑。就海德格尔继承西方哲学的程度而言，哲学向暴政屈服了。当然继承的途径不仅是他这一条，但他的途径却是对西方哲学主要部分的一个真正的继承。

哈佛哲学评论： 自从 70 年代早期以来，电影一直是你关注的中心，但从你的近著《哲学高调》（*A Pitch of Philosophy*）和你讲授的课程来看，你的注意力又转向了歌剧。你在歌剧中发现了什么令人感兴趣的哲学内容？它与你感兴趣的电影有什么联系？

卡维尔： 我以前说过，歌剧和电影之间有内在的联系，这一点可以从一个事实看出：它们都发明于可确定的时代和地点，也可以从二者诉诸情感的程度看出。在我的另一本关于情节剧的近著的引言中我说过，电影是为哲学而打造的；它以另一种方式表达着哲学关注的东西，如表象与实在，演员与性格（actor and character），怀疑论与教条主义，在场与不在场。

我不那么相信歌剧在这个意义上是为哲学打造的，尽管我认为它应该比它的实际表现更能吸引哲学家。歌剧已经并且将继续吸引像尼采和克尔凯郭尔这么重要的哲学家群体。然而，在呼唤歌剧的那个十年中，人们看到了莎士比亚的伟大悲剧的诞生，笛卡尔在它们诞生了一代人的时间之后，把自己对日常语言的感觉说成是伪造我们与世界的关系，在这个时期里，人们可以说，歌剧和人的嗓音庆典的实际情况意味着，我本人在追寻人类声音于哲学的流放轨迹时，对哲学的感觉就是我认为歌剧的实际情况所承载的东西。我回归到你问题的第一个部分：有些我没有谈到的内容是，为什么歌剧如此晚近才进入我的精神生活？言外之意就是，音乐又重新进入了我的精神生活。

我觉得我应该说，讲授了歌剧课程的一个直接后果就是我对美国音乐剧的兴趣复苏了。因此，在摸着石头过河的情况下，我被引导而提出这样的问题：什么样的天赋、什么样的文化能够以这种方式表现自己？什么样的人具有表演音乐剧的天赋？是谁把它写出来的？这不仅是通俗艺术，也不仅是高雅艺术，而是通俗的高雅艺术，它具有高度的通俗性，美国因为能够创作出音乐剧而著名。因此，如果问我对音乐剧、爵士乐和电影等的兴趣是什么，就是问我对美国的兴趣是什么，这个问题真的是占据了于我的工作。这就是承认，我对哲学的承诺从一开始就是承诺寻找一种我关心的写作方式，而且是以一种我似乎总是去了解的方式。把哲学当作一种中介来使用，在它的范围内，或者从它出发来写作，尤其是撰写英语世界的分析哲学听得见的著作，这种情况就像为它寻找的一个持久的和非常规的地方。我认为，它一直是有鼓舞作用的，原因是各种各样的，方式是各种各样的。

哈佛哲学评论：你在60年代学生运动期间就在哈佛。这个时代是怎么触动你的？如今它对你还有触动作用吗？自从那些年份以来，是什么在陪伴你？

卡维尔：有许多人的生活围绕着大学，对于他们来说，60年代是发展的时代。我的绝大多数的年轻朋友们，我曾与之讲过话的几乎每一位学生，不论他们是否支持学生的行动，他们的生活都受到学生运动的影响。人们没有把自己投身于那段体验之中，是不可能对青年们的想法感兴趣的，而这种兴趣毕竟是我作为一个教师才拥有的。而投身于那段体验既是通过认同，显然也是通过保持一定的距离而完成的。

在那些年份里，我的部分作用是想青年们之所想，还要保持某种途径用来体现与他们感受到的东西之间有可能存在的距离，并且将此作为一种方法来记住美国曾被认为是要做而且仍然能够做的事情，而这些事情在他们的生活中是不曾经历过的。我有这样一种想象：把自己置身于任意一个谈话中间，争取在双方之间制造分歧。有时我在这种努力中受伤，有时则有效果。但与分裂这些青年的那种东西有密切关系的感觉，以及他们不了解我认为我了解的一个美国和这个国家正在失去自我给我造成的痛苦，这些都是痛苦的情绪，在这种情绪中，我重新发现了爱默生和梭罗。

那时，我不知道这种情况是我重新发现他们的基本因素。我没有兴趣把梭罗（Thoreau）当作花童（flower child）展示。我没有明确地意识到梭罗一直到十分晚近的时期都是60年代的那一代人的最爱。我把《瓦尔登湖》等著作指定给来自欧洲、亚洲和拉丁美洲的访问学者、知识分子和艺术家阅读，并且在1968年和1969年，为他们举办了夏季讲习班，讲授美国思想中的经典。在这一时期内，你时刻都会感到，当你努力想象人们怎么还能接受在越南的相互杀戮，你就会发疯。访问者们对爱默生和梭罗的兴趣就像年轻的美国学生表现出来的那样热切。大家似乎都在努力从美国当时展现给世界的那副面孔中发现更早的或不同的面孔，而且要把美国想得好于在那个糟糕时期美国迫使自己对自身产生的那种想法。我们所发现的美国思想的伟大之处是否相关于揭露美国干蠢事的能力？那种无知式的傲慢或狂喜是否使它感到可以为所欲为？与我关心的学生们共同在生活中经历这种情况，给我打下了永久的烙印。

哈佛哲学评论：你已经两次提及这个被称为美国的地方。这个美国是什么？它在今天有什么特殊地位？我指的不是它在学院哲学方面的地位，而是在以爱默生和梭罗为榜样的思想传统中的地位。

卡维尔：我觉得最简单的答案是，美国是这样一个地方，在这里哲学和文学的关系与我十分了解的当代其他文化中的这种关系有所不同。如果你认为爱默生的必然性和可能性是为了发现或发明美国在哲学和文学两个领域同时具有的不同之处，那么你必然会有感于自那时开始的文学、尤其是美国文学与美国哲学相距之遥远。对于这一点有一个制度性的措施就是建立一个没有哲学的美国研究学科。（当然，美国哲学的制度化的原因也同样是美国文学研究制度化的原因。）换言之，我认为，有一种情况仍然以某些方式存在着：美国认为自己是被发现的这样一种说法并不比另一种说法更引人注目，即爱默生用提倡哲学的方式为这片土地创造了哲学，其结果是发明了一种写作方式，它听起来就像对哲学的拙劣模仿，总之，它是从文学角度不能讲述的内容。

这是从准专业方面给出的回答。有一个问题寻求的是不同的回答：在什么范围内我们能够指望美国的社会实验有一种持续意义（这个特征显然地受到爱默生和杜威的珍视），而这往往不会出现在其他文化中。我们没有殖民的历史，我们没有君主制的历史。人们感到，某些进一步建立公正条件的可能性应该仍然对我们有激励作用。我们有突出的种族问题这个事实给我们制订了一项任务，在我这个最浪漫的人来看，这个任务如果能以易于操作的方式或者以持续的方式落实的话，它将标志着一种史无前例的伟大社会成就。在这种情况下，我不认为没有进步。

像我这样出身于移民家庭的人，容易着迷于一种东西，实际上我已经把这种东西称为美国在哲学方面不同之处的一部分，它已经纪录在梭罗和爱默生的作品中。也就是说，他们愿意分离，愿意寻求他们称之为放弃的东西，愿意寻求他们称之为进步的东西，简言之，就是愿意寻求包容他们生活中的移民条件。在我早期对爱默生和梭罗进行的思考中，对我有所触动的是，他们推翻了海德格尔强调学会在你所处的地方居住，而坚持学会离开你所处的地方，这在某种程度上意味着，要有允许它改变的愿望，允许他改变你的愿望，允许你展现自己，它才变化。这是对一种文化的令人瞩目的渴望，是具有指导性的思想家们为自己设定的。

亚历山大·尼赫马斯
Alexander Nehamas

对亚历山大·尼赫马斯的生活和写作做一个即使简短的总结，也是一项重任，因为尼赫马斯最关心的就是文字记录的哲学家生活。这不是说尼赫马斯最感兴趣的是哲学家们的传记，或者最感兴趣他们身为写作者的生活，而是说他在工作中一直努力理解，哲学家是如何用写作创造了一种生活，如何用写作创造了一种生活的模式。因此，从本质上说，尼赫马斯最关心的不是生活或者文学，而是他所说的，也就是他第一本书的书名："作为文学的生活。"按照尼赫马斯自己的观点，他的哲学传记正是通过他的写作才有了继续下去的需要。

要是说引起尼赫马斯兴趣的人物都是"哲学家"，这或许有误导作用，因为经常占据尼赫马斯思想的都是像蒙田和福柯这样的人，而他们有时被认为是在哲学传统之外的。但是，尼赫马斯在就这些人物写作时，令人信服地论证了他们仍然属于这个传统，至少属于一种构想出来的传统——这同时说明了为什么这些人物与主流哲学之间一直处于一种备受争议和含糊不清的关系之中。在这些人物中，尼赫马斯认为最重要的是尼采。尼赫马斯于1985年出版的《尼采：作为文学的生活》(*Nietzsche: Life as Literature*)，表明他试图把（从《查拉图斯特拉如是说》开始的）

尼采的主要著作看做一个整体，而不是尼采的著作容易引起的那种破碎感。尼赫马斯认为，构成这个整体的不是一种统一的风格或一组假设，而是一种性格，这就是尼采在自己的著作中塑造的自我形象，一个"作为哲学家的文学人物"，一个"属于自己文本的生命"。这本书的每位读者不会看不到，尼赫马斯与尼采志趣相投（尽管他们关于哲学和生活的观点分歧严重），他不仅把尼采看做一个通晓古典学和文学的哲学家，而且看做一个他自身的研究者，他在《看哪！这个人!》（*Ecce Homo*）中塑造了一个在尼赫马斯哲学实践道路上的少有的先行者。

尼赫马斯的《尼采：作为文学的生活》中有若干精彩之处，其中之一是作者有能力表明，由各种文本多样化的混合是如何相互呼应的，与此同时也认识到它们之间持续的相互制约（heteronomy）。尼赫马斯在《生活的艺术》（*The Art of Living*, 1998）一书中用这种解读方式处理的文本范围要宽泛得多，种类也多得多。《生活的艺术》涉猎的范围从柏拉图到福柯，这个雄心勃勃的范围与同样雄心勃勃的目的结合在一起，勾勒出了一种从事哲学的方法，这种方法有别于、而且在某些方面先在于把哲学看做是"理论"学科的观念。与这种哲学的理论模式相反，尼赫马斯提出的是一种（作为替代物而不是对手的）个人模式，在这种情况下，读者们"绝对不要忘记他们所面对的观点只属于某一具体个人，而不属于其他人"。这是"生活艺术"的研究形式，同时也必定是它的实践形式，这是一个自我塑造的过程，有许多人投身于其中，但远不是所有的人，其中只有很少的人为他们的后继者留下记录和榜样。

在这几个问题中，有些是《生活的艺术》的主题。该书涉及的人物和文本的数目也许有误导作用，因为该书最终只关系到一位思想家——苏格拉底，就像《尼采：作为文学的生活》一书的情况一样。它的副标题是"从柏拉图到福柯的苏格拉底式的反思",其中的每一章都按照苏格拉底设立的条件思考了它的主体:柏拉图、蒙田、尼采、福柯,因为在尼赫马斯看来,"生活的艺术"原本就是苏格拉底式的艺术。但《生活的艺术》的结构也显示了尼赫马斯与苏格拉底的一个核心性争论,争论的问题是:是否存在一种或多种方式的生活很值得去过。按照苏格拉底的观点,这样的生活只有一种,了解这种生活就是为了要过这种生活,而对于尼赫马斯来说,这样的生活有多种,它们值得赞扬就在于它们的独特性。当然,尼赫马斯的核心性论题之一是,这种艺术生活的实质就是其不可模仿性。因此,人们可以把《生活的艺术》看成这样一本书,它一定要离开苏格拉底,以便恰当地成为苏格拉底式的。

最近,尼赫马斯又出版了一本书,书名是《本真性的美德:关于柏拉图和苏格拉底的文集》(*Virtues of Authenticity*:*Essays on Plato and Socrates*, 1999),这本书详细并几乎独家地讨论了有关柏拉图的文献,这些文献涉及到了亚里士多德以降的哲学家,这个明显的主题掩饰了范围宽广的主题和难题,其中许多问题把这些文本与现代性的悖论联系起来了,不论是逻辑方面的还是大众传播方面的。这些论文的写作时间持续了25年,它们显示,对于它们的未解决的难题来说,不存在解决方法,这个难题是,在柏拉图和我们之间经过了如此漫长的时间和撰写出如此多的文献的情况下,我们怎样理解柏拉图。而尼赫马斯却指出,这个任务要求进行一系列智力上的努力,而且需要像那些对话本身一样繁杂,一样急切。这些文章就是这些努力的例证和样板,这意味着,即使是研究古典哲学(也许尤其是这种研究),其需要的艺术和个体性也不少于自我塑造任务的需要,尼赫马斯使这种自我塑造成为他的论题。尼赫马斯是普林斯顿大学哲学、人文学和比较文学教授。

亚历山大·尼赫马斯：
论哲学的生活

采访者：尼克·斯汤（Nick Stang）
采访时间：2000年

哈佛哲学评论：你在《生活的艺术》一书中，描述了一种哲学传统，从属于这个传统的人们不仅关心提出各种专业上为真的理论，而且还关心通过自己的工作，发展出一种统一的和独一无二的自我。你写道："生活艺术的目的当然是生活，但它所要求的生活是把大部分时间都贡献给写作的生活。人们身后留下的纪念碑最终是那些永久性的作品，而不是短暂的生活。"苏格拉底肯定是哲学家中唯一不从事写作的人，因此可以这么说，他留下的仅仅是短暂的生活。为什么生活艺术的哲学如此紧密地与写作艺术联系在一起？苏格拉底为什么在没有从事任何写作的情况下会成功地成为这样的哲学家？

尼赫马斯：苏格拉底的有趣之处当然是他从不写作，但柏拉图替他写了。如果你也喜欢这样，就可以说他特别地幸运。严格地说，对苏格拉底和柏拉图是很难加以区分的，尤其是在早期的一些对话中。在这个意义上，我们几乎可以说，苏格拉底确实也写作了。他的作品是柏拉图替他写下来的。我以前在一本论述尼采的书中说过，尼采如此地怀疑苏格拉底的原因之一（其实不是怀疑，应该是嫉妒），是苏格拉底不必进行任何写作。尼采企图变成柏拉图以适合于他自己的苏格拉底，也企图变成苏格拉底以适合于自己的柏拉图，这样就可以起到双重作用。苏格拉底短暂的生命并不重要，我们对他的生活所知很少：人们对他有极大的兴趣，他是被处死的。但这并不足以使他成为伟大人物，是柏拉图对他的描述才开创了哲学作为生活艺术的传统，而不是苏格拉底的生活本身。苏格拉底生活中的事件给了柏拉图创造这种传统的冲动，但这些事件的大多数我们并不知道。不过我觉得并不只是柏拉图一人做了这件事，当时还有其他许多人写了苏格拉底，他们做了非常类似的事情：他们都写了对话，他们把极不同的各种观点都加在苏格拉底身上。因此，苏格拉底的有关情况显然是令人惊讶的。我认为，对于他周围的人来说，他是不可理解的，现在他也一样不可理解。因此可以说，他被神圣化以后，这个传统才发扬光大了，但这并不完全是通过他的生活。

哈佛哲学评论：你在导言中写道："但是，苏格拉底早期的著作中有一种不可解释的神秘性，显然带来了一种哲学生活，这些早期的著作站在了一个不同的哲学传统的开端"——就是说，它不同于柏拉图中期发展起来的那个传统，在那个传统中，哲学变成了一种纯理论的活动。这种情况似乎是，哲学作为一种生活的艺术就必须不断地回归苏格拉底，并且不断地反思和重逢于他的反讽精神。你是否认为能将生活的艺术确认或定义为争取弄清苏格拉底反讽意义的传统？

尼赫马斯：我不知道属于这个传统的每一个哲学家是否明确地回归到苏格拉底，但有趣的是，几乎所有属于该传统的人都显示出了我们称之为苏格拉底特征的东西，尤其是含混性。很难知道什么时候要认真对待它们，什么时候不要。这种说法不仅适合于蒙田或尼采，如果你把维特根斯坦作为该传统的哲学家来解读的话，这种情况也适合他。很难知道他到底在说什么，什么时候在用自己的声音说话，什么时候不是。同时，在接触帕斯卡尔（Pascal）时，你就感到有人在使他的灵魂裸露出来，但你绝对不能肯定这种情况。你对待他有多认真？那些人中有许多是具有反讽精神的。蒙田是一个极具反讽精神的作家，尼采也是，福柯也是。我们在苏格拉底身上发现的那些特征也反复出现在这样一些人物身上：他们属于这个传统，即使他们不是苏格拉底式的学者或解释者也是如此。

哈佛哲学评论：我感兴趣的是，你想把哪些人物确认为属于生活艺术哲学家，而他们又没有明确地讨论过苏格拉底。

尼赫马斯：我认为梭罗（Thoreau）没有明确地讨论过苏格拉底，但我认为梭罗属于这个传统。（当然，他就像苏格拉底一样，掀起了对公民不服从的大讨论！）我认为爱默生也属于这个传统，关于柏拉图，他说了许多，但当时他也可能想到的是苏格拉底。维特根斯坦没有讨论过苏格拉底。《哲学研究》也许甚至还有《逻辑哲学论》可以被认为是一系列对话，这些对话比柏拉图的对话还复杂。因为我们不是始终都知道是谁在说话，我们甚至不知道在《哲学研究》中有几个对话者。

这个哲学传统中的一个特征是对苏格拉底的直接考察。另一个特征是对苏格拉底特征的展示。第三个是对其文学风格的强调，或者说是对我们所说的文学风格的强调，因为所有的哲学都是以某种风格写出的。我说这话的意思是指一种个人的风格，一种对你怎样写作的明确兴趣。我觉得我看到斯坦利·卡维尔（Stanley Cavell）有这种兴趣；这正是他区别于当代许多哲学家的地方，也是为什么从卡维尔的思想中创建一个学派如此之难，归根到底，他的风格太个人化，用他自己的话说就是太"自传体"。当然，许多人创建了各种苏格拉底学派，但我们不知道其中哪一个符合苏格拉底；没有人确切地知道谁是苏格拉底，他信仰什么。

哈佛哲学评论：我想从作为生活艺术的哲学转移开，集中讨论柏拉图和苏格拉底。你在著作中不断地论证他们哲学中的某些问题直接关系到当代的辩论。有时，你的论证是通过颠覆标准的解释而进行的。我正在考虑的是你在《本真性的美德》一书中的两篇文章，其内容有两个，一是柏拉图和诗歌，二是当代人对流行文化的批判，还有你对德性（arete）是否可以教授这个问题的再研究。你觉得在什么范围内，另一时代和文化的人们可以按照苏格拉底自我创造的计划（project）建立他们自己的生活模式？在什么样的范围内，苏格拉底的计划对于五世纪的雅典是独一无二的和特殊的？

尼赫马斯：我不认为苏格拉底的计划对于五世纪的雅典如此的特殊。它是各个时代的人们都做的事情。如果你参与到那个计划中，你会变成什么样，这将完全取决于你所处的境况和历史条件。驾驭你的精力，驾驭你的个性，利用它们去做一些值得做的事情，这个理念就像任何人类活动可能有的状态那样基本，那样普通。当然，我不认为你走来走去，和街上的人们说话就能做到这一点，即使苏格拉底曾这样做过。因此你恐怕要以极为不同的方式来做这件事了。

哈佛哲学评论：这是否关系到这样一个事实：在苏格拉底之后，作为生活艺术的哲学是否必须通过写作来建立？

尼赫马斯：哲学是一门写作的学科。但对苏格拉底则不然，对于苏格拉底来说，哲学甚至都不是我们今天使用的"学科"这个词意义上的学科。我们问的问题太复杂了，即使是一种不再是口头文化的文化也不能陈述，除非以书面的方式陈述。当我说生活艺术是一种实践在写作中的艺术时，我的意思不是说把它写出来就足够了。从某种意义上说，你撰写的内容必然对你的生活和人格有影响。这就是为什么我认为情绪化的论证（*ad hominem arguments*）是重要的，并且与这种哲学传统相关：属于这个传统的哲学家，如果他们的生活没有反映他们的思想，你就可以批判他们。然而，一般来说，如果情绪化的论证出现在理论哲学中，就是不切题的，就是谬误的。但是，如果情绪化的论证是切题于生活艺术的哲学，这种哲学就有更丰富的内容，而不只是写作了。另一方面，还有一种情况至少在原则上是可能的：一个以哲学方式生活的人从来没有写过一个词，他又不像苏格拉底那样幸运，有柏拉图替他写，那么，他身后能否留下一种生活模式成为该传统的组成部分？我认为显然不可能。不管你对周围的人影响有多大，人们会忘记你的影响，忘记你生活造成的变化，这就像把石子投入池塘产生的涟漪，最终会消失的，除非你或别的什么人把你的生活写下来。文字会保存下来，会被反复地解释，这样的涟漪是决不会消失的。也许你会说："我不想影响其他人，我想做的全部就是让生活有意义，做一个好人。"这是一个值的赞美的目的。但麻烦是我对你的情况一无所知，因为我看不到任何证据。你做完事后就消失了。这虽然是好事，但你却不能既做好人，又为人所知，不能兼得二者。

哈佛哲学评论：我想回到你在《生活的艺术》一书中的一个陈述："人们身后留下的纪念碑是永久性的作品，而不是短暂的生命。"在更早的时候，你也写到："也许这些人的成功在于他们有适合于自己的模式，也许他们没有；到底有没有，这是传记的内容，这个问题很有可能将一直保持着争论。包含在他们作品中的生活写照是哲学问题，尽管它也将保持着争论，而争论的焦点是，这种生活写照是否为完美一致的或者是值得赞美的。"然而，引人注目的是，你在《生活的艺术》中所写的三个人物是苏格拉底、尼采与福柯，他们共有一个明显的不同凡响的特征：他们的生活事实是公共知识。这些哲学家的生活已经变成了公共知识，有了这个概念，我就想把另外一段文字也归结到这个问题上，这段文字来自福柯的文章《作者是什么？》（*What Is an*

Author?）："这种写作与死亡的关系也被体现在对写作主体个性的抹杀中。写作主体是用全部由他建立在自己和写作内容之间的手法，从而就抵消了他的特殊个性的表现。"不论你和福柯要说什么，在解释这些哲学家的作品时，他们生活是怎样变得具有普遍意义的？

尼赫马斯：我们对苏格拉底所知甚少，我想坚持这个说法。但我却必须承认：我们拥有尼采的全部传记，不过，我把他"当作一个人"来了解的内容是如此笼统，如此宽泛，其最终的结果无助于理解那种使你哑口无言的作品。当人们企图为尼采做心理传记时，他们就会说出一些荒谬的话，如："他说上帝死了，是因为在他童年时代父亲就死了，但他却没有从这件事上恢复过来。"这种做法是一种荒谬的简化，它降低了人们对生活中某个单一事件所持观点的重要性，把事件（或者若干事件，多少没有关系）当作观点的起因，把观点当作事件的表达。

你在这里提出的重要问题是：我们在讨论哲学的时候争论的是什么？我要说的是，当你在阅读像尼采或苏格拉底、蒙田或福柯时，你不应该问："他们的生活方式正确吗？"（我并不是说，在书本中或在这里，这个问题都是很清楚的。）同时你也不应该问："他们本人是按照他们所说的要过的生活方式生活吗？"应该问的是："那种生活方式是怎样影响我的？一旦我阅读过他们以后，我要做什么？"这个哲学问题不涉及他们，涉及的是你和你自己的生活。你所做的就是你正在努力做的事情。你努力回答问题，你努力善待你的朋友，你努力对人们慷慨。不论吸引你的是什么，不论你的生活中有什么。理想的情况是，你努力在整体上给它施加某种秩序和一致性。因此，这个问题也仍然涉及尼采是否创造出一种值得赞扬的生活模式，尽管你也许还想回答这个问题。但不知何故，最终你想做的是使某些事情属于你自己，尽管不是在这样的描述之下：成功本身不是目的。我自己的目标是使那些使我感兴趣的事情保持正常，而且是在它的各个部分结合良好的情况下。我不想今天有一个观点，明天有另一个观点，现在做一件事，过后做另一件，而且使他们相互之间没有关系。重要的是，我们的行为，我们的生活要体现一种一致的个性。

哈佛哲学评论：我想回到福柯片刻，重温我在《作者是什么？》中读到的一个段落。对于你的《生活的艺术》一书来说，他似乎是一个有趣的例外，即作者通过一些特定的文学风格，为自己建构了一个一致的和统一的文学自我。福柯的作品在特征上具有一种非个性化的、理论的和学术的风格。因此，很少有人在解释福柯的作品时，不提及他的生活细节，具体地说，就是他的政治行动论，他的性观念，以及他死于艾滋病的情况。你也涉及过这些事实。

尼赫马斯：我不认为传记的细节具有支配的地位。福柯的传记包含对他思想的最无趣的解释。至于他的风格，我认为在他写作的过程中，他的风格经历了彻底的变化。如果你阅读过他非常早期的作品，你就会发现有海德格尔的影响。你还能在他的中期作品中感觉到向尼采的转变，尽管这些作品的表达风格个人化的程度最低，如此之低致使它都拥有了自己的个性化。例如，在他的晚期著作《性史》第二卷和第三卷，或者最后的讲演稿，是以完全不同的风格撰写的，这个情况我在那本书中讨论过，那是完全个人化的。因此我认为，《作者是什么？》一文大大地夸张了那些符合他在当时使用的非个人化风格的作者的不重要性。我就那篇文章也写了一篇文章，我认为，作者不可避免地建构了人的角色，通过文本总是可以听到他的声音，这就是作者的声音，有时，这个声音极具非个人化，但就像我说的，正是这种非个人化才可以具有人格特征。当然，也有另一种非个人化，当你用一种在某个学科内普遍接受的风格写作时，就体现了非个人化。这种非个人化没有把你和其他人区分开来，至少不会把你和在该学科内写作的其他人区分开来。但是，当福柯以非个人化的风格写作时，就产生了一种印象，他见到了其他人看不见的真理，他写作只是在报告这个情况，即始终在断言那种夸张的、有时是近乎奇特的思想。这是一种非常个人化的风格，而且肯定不会与他人的风格混淆。因此我认为他根本不是例外，而且我相信这符合他的生活目的。当他撰写《性史》和关于苏格拉底与犬儒学派的讲演稿时，他是以一种自我启示的声调说话的。这简直就像是他要说："这就是我一直在做的事情，这就是我生活的全部。"这就是我发现的关于苏格拉底讲演录的精彩之处。福柯在各处都援引《申辩篇》（Apology）的译文，然后他没有间歇地开始解释并且以个人的风格讲演。例如当他说道："我正在力图对待你就像对待我的父兄一样"，你也不知道是苏格拉底还是福柯在说话，就像他把自己放在了苏格拉底的位置。这样的联系是一种启示，告诉人们他的全部作品都具有个人化的层面，它使我回头看那个早期的作品，并把它看作是单独被拖延计划的一部分，尽管有各种方向和风格的变化，有各种（用他自己的话说就是）"断裂"的情况。

哈佛哲学评论：比如《性史》的第二卷里，你是否发现那种极具个人性和启示性的风格？我认为，这是福柯非个人化风格的重点之一。即使他没有用在某一学科内得到承认的风格或方法写作，他也仍然保持着这个学术基调。

尼赫马斯：我没有发现，我没有在那本书中发现那种自我启示的风格。但我却发现，第二卷在语言上比第一卷大大简化了。这种散文体突然变得非常容易读了。在第二卷的导言中，他明确地说："我已经做了改变。"他不得不从头到尾地重写一遍。对于那些认为这样的改变是一种失败的人，他写道："我所能说的全部就是，我们显然不是来自同一个星球。"第三卷的语言更简单了。重要的是要认识到，你不必为了展示你自己而谈论你。这是一个主要问题。蒙田谈论他自己。尼采谈论他自己是在《看哪！这个人！》中，也在他的一些前言中，但他在自己的许多其他著作中，谈论自己并不太多。当然，他总是使用"我"和"我们"，但这不说明问题。有人在评论《生活的艺术》时抱怨说，该书没有贴近我的个人生活。这么说是无知的。因为写这本书来展示你自己，是通过表达你的哲学关注，而不是你有几个孩子或你爱穿什么样的衣服。

哈佛哲学评论：有趣的是，你一直在说，即使你在写作中不谈论自己也可以展示自己，在我看来，这就是尼采解读其他哲学家的方式的基本特征之一。

尼赫马斯：尼采在这方面一直受到可怕的误解。人们认为，他在《善恶的彼岸》（Beyond Good and Evil）一书中所谓每一种哲学都是作者"无意识的自传"（"unconscious memoir"），他这样写的意思是，我们应该把哲学文本当作内在的心理状态的症状。但是他指的是，大多数哲学都包含了某种生活的图景，有的是哲学家赞赏、羡慕的，有的是想避免的。这种图景是理解和评价哲学的关键因素。当尼采说，每一种哲学都是无意识的自传时，他想的不是哲学家的实际生活或传记。他不是在说，康德之所以相信这个那个或者是别的什么，是因为他居住在普鲁士，是因为他是一个虔诚的教徒，是因为他喜爱咀嚼肉，喜爱从中吸食肉汁，然后把肉吐掉，实际上已经有人借助这件事来解释康德的写作风格了。他说，为了理解康德，你就必须努力想象，如果你接受他的各种观点，并且按照这些观点生活，你会过什么样的生活。

哈佛哲学评论：你频繁地坚持说，柏拉图对话中的各种哲学论题应该从他传达这些论题所使用的文字技巧的角度来解释。例如，苏格拉底式的**反诘**和这个对话中的其他特点等等。但是你很少讨论这个对话中文字最浅显的方面，即苏格拉底在若干个对话中讲述的神话,尤其是《理想国》。你是否认为,在柏拉图式的神话中,那些文字符号也具有有效的哲学内容?

尼赫马斯:我没有讨论这些神话的原因之一是,我没有真正理解它的功能。我认为,在一般情况下,人们不谈论他们不理解的东西。我从来也没有完全搞清楚神话在柏拉图的著作中所起的作用。实际上,我在大学时所写的最初几篇论文中,有一篇就论述了柏拉图讲述的神话,我现在了解的这方面情况并不比那时多。事实上,说这些神话是对话中最具自我意识的文学部分,也许是在时代上犯了一个错误。我们把神话讲述看作是一种文学策略,尽管对柏拉图来说神话显然是某种策略,是要与哲学论证区别开的,但不能由此得出结论,神话是一种文学策略的原因在于,在这些对话中,根本没有明显的迹象显示出文学和哲学之间的区别,这种情况不同于诗学与哲学之间的区别。

哈佛哲学评论:那么在当代,我们把对一篇哲学论文的风格所做的许多解释都运用于柏拉图,也许是犯了一个时代的错误。

尼赫马斯:这些对话中有一些特征可以说是形式的。这就是我在说反讽或风格时的意思。这些特征是我感兴趣的。对于我们显然认为是用非哲学的风格来说明哲学问题的东西,我还没有集中研究过其使用问题。实际上,我确实有一种理论涉及《斐德洛篇》(*Phaedrus*)的神话。但涉及这些对话中的故事时,我没有一个总体的思考。它们的介入一般是在某个论证到达结论但又没有说服人的时候。柏拉图当然认为这些故事由于其修辞而具有强大的说服力,也许他在使用这些故事的时刻,就是他认为由于某种原因他的论证不够充分的时刻。这就表明,柏拉图很看重修辞法,对修辞法的使用比许多人想象得更广泛,尽管柏拉图在《高尔吉亚篇》(*Gorgias*)中对修辞学有所批判。但是,我们从《斐德洛篇》知道,他认为修辞学是极端重要的,人们始终应该对自己的写作和言论以量体裁衣的方式去满足受众的要求。柏拉图把修辞的手段运用于哲学目的没有错。我个人觉得，很难想象，柏拉图写《理想国》这部巨著时认为，占据后十页的神话可以替代前边的内容。与其说神话是换一种方式来说服那些无动于衷的人们，倒不如说它以难忘、真实和动人的方式总结了他在该书中的成就。但我仍然真的是感到困惑。我想具备把他搞清楚的能力，但到现在我还没有成功。

哈佛哲学评论：在《尼采：作为文学的生活》一书中，你讨论了尼采对各种文学体裁的安排以及他使用这些体裁的目的。此时，你的注意力集中在两种体裁：格言和夸张。你提出，这些体裁的功能具有贵族气质，而夸张的哲学目的是为了展示那种如此强势的观点，致使他的读者不得不认为，这显然是尼采的观点。那么，这个希望得到的效果是，只有那些坚定地赞成透视主义（perspectivism）的人才能读懂尼采的夸张手法。

尼赫马斯：我不能肯定，我会把其中任何一个归为贵族或强势。我认为，一旦你认识到尼采的观点是夸张的，认识到他的表述比本来可能的方式更为极端，你就不会忘记这是他的观点。但你继续做什么还没有确定下来。你可以确定的是，这是尼采的观点，而且是荒谬的；或者正是因为它是尼采的观点，你才决定接受它（一个愚蠢的原因）；你可以决定的问题是，"这是尼采的观点：我是否同意？我应该怎样对它做出反应？他正确吗？"最后，如果你同意他，你会意识到你同意*他*，部分地接受他的生活图景，而不是仅仅同意某种抽象的真理，对于你怎样生活，这种真理没有任何结论，我觉得，夸张手法的修辞功能并不特别地具有贵族气质。

哈佛哲学评论：那么好，让我们来看看格言的问题。当尼采在《道德谱系》(*The Genealogy of Morals*)一书的开始谈论格言时，当他说格言永远需要解释时，他不仅仅是在提出他的观点。同时，夸张也让他把文学方法后面的透视主义思想隐藏了起来，致使你不得不认为它是多么的个人化。

尼赫马斯： 当你在面对夸张时，你第一个反应是想知道它说的什么蠢话。因此，你问："他为什么喊了这么多？"你得到解释后才能理解。格言的情况是相同的：从表面看不出它的意义，这就是尼采在《道德谱系》中所说的：对任何事物的理解都需要你自己下功夫。但可以说，在你自己下功夫的过程中，你就在改变自己，因此夸张与格言的效果让你问的问题不是"尼采对它的理解正确吗？"而是"努力理解他所说的话，结果使我变成了谁？"

哈佛哲学评论： 格言和夸张似乎是两种文学风格，尼采用它们掩盖了他的确切的哲学意义，他没有明确地说出他的所指。例如，在夸张方面，他说得如此过分，致使你能够理解到这是他自己的观点。至于格言，读者就需要有一定水平的解释了。你是否发现，至少是在柏拉图本人力图猜出苏格拉底之谜的早期对话中，这种情况与苏格拉底的反讽之间存在着有趣的相似之处？既然你对尼采终生与苏格拉底的关系感兴趣，你是否发现其中存在着有趣的相似之处？

尼赫马斯： 是的，这里真的存在一种联系。尼采和苏格拉底互为镜像的情况有很多：对于尼采来说是夸张，对于苏格拉底来说就是低估。苏格拉底总是贬低自己，承认无知，他说："我不知道，你告诉我。"而尼采则相反，比如说，总是"咄咄逼人"：他总是推荐自己，说话时仿佛就像他各方面的知识都比别人略胜一筹。但如同他所说的，通过使用需要做很多解释的格言，他使你难于准确理解他所说的内容。现在，就像我在《生活的艺术》一书中说的那样，人们从来没有搞清楚，反讽者（夸张和格言中也有反讽的因素）是否始终知道他们说的内容。因此，这些文学策略在某种情况下也说明了尼采本人并不那么肯定，他也在尝试。一方面，你听到他的声音中有这种非凡的确定性，另一方面,当你仔细倾听这个声音时,你会发现表达了那种极大自信的技巧又对这种自信有瓦解作用。在这种情况下,你会认识到,他作为一个哲学家,教条主义的东西实际上比他所说的要少多了!而且由于他观点的内容对教条主义是一种攻击,我们在这里又一次拥有了风格与内容的联合。因此,尼采的策略是苏格拉底式的,因为它们是面具,因为它们是反讽的,因为它们促进了愿意不断尝试提出我认为是对柏拉图早期对话中的苏格拉底至关重要的思想。同时,它们要求有个人化的回应。思想塑造生活,因为它们是生活的组成部分,而不是生活的对照物。尼采和苏格拉底都知道这一点,而且使它成为生活的核心。

哈佛哲学评论:在《尼采:作为文学的生活》一书中,你不断地论证,根据尼采的观点,最好是把我们与世界的关系理解为解释者与文本之间的关系。这里有一个具体实例,你写道:"我认为,尼采通常把世界看作是一个艺术品;具体地说,他把世界看成一部文学作品。"海德格尔则把自己关于尼采的讲演录第一卷用于从艺术创作的角度解释权力意志:"对于我们来说,艺术是最熟悉、最明白的权力意志结构……但在艺术范围内的创作发生在艺术家的生产性活动中。"你的愿望是,把尼采的思想理解为我们与世界之关系,这样,我们的权力意志就与世界相遇了,这就像对文本进行解释一样,而海德格尔的愿望是从艺术创作的角度来理解权力意志,你认为在你和海德格尔的愿望之间会产生有趣的冲突吗?你的模式更多地具有旁观者的性质,尽管解释也可以被认为是一种创造性艺术。

尼赫马斯:这正是我要说的。尼采对权力意志最明确、最认真的讨论是在《道德谱系》一书的中间部分,即这部中期著作的正中间,他在那里讨论了惩罚。他说,这是一条普世的法则,即使在基本的层面上,在每一个事件中,都有权力意志在运作。他使用了什么来阐述这个论断呢?解释!对于他来说,创造某一事物就是以全新的方式解释另一事物。无中生有（ex nihilo）是不存在的，这在某种程度上是要归为历史主义者的观点，他和海德格尔都是历史主义者。你永远要面对一些事件，一些事实，一些对象，一些你不得不接受的制度，什么是要有创造性呢？就是要采纳它们，重新解释它们。什么是重新解释？可以说就是把它们投入新的使用。这就是要看到人们不曾看到过的可能性（我现在用旁观者的语言讲话）。看到人们以前不曾看到的可能性同时也就有所创造。"如果一座庙宇要矗立起来，首先必须拆除一座庙宇。"这是尼采在《道德谱系》中所写的内容。我相信，尼采也许否认旁观者和创造能力之间的区别。尽管他经常攻击康德是从旁观者而不是从艺术家的角度观察艺术，但在他自己的艺术哲学里，并没有把旁观者放弃不管，而是力图说明旁观者也是一位创造活动的参与者。

这里有一个很大的不同之处（我也不知道尼采是否同意，我只是在说我的观点），这就是，对于康德和可以上溯至西塞罗的传统来说，我们与艺术的互动包括了几个分立的阶段。西塞罗认为有四个阶段，当代美学则遵循康德，认为有两个阶段。第一阶段是解释，也就是理解；然后是评价，也就是判断。首先，你说："这就是那首诗涉及的内容"，这个阶段大都被当作一种认知活动，其中没有任何创作的成分；然后，你就确定这首诗美不美——这里也没有任何创作。于是，你就完成了这个阶段。但我认为，情况是相反的，对美的判断早在你与艺术品互动的时候就出现了。我认为，对美的判断并不是批评的顶峰，我把它看作是起点。当你认为某一事物是美的，你就对更好地了解它感兴趣，去接受它，把它当作你生活的一部分。鉴赏力判断即这个陈述"这是美的"，不是我们在解释一件艺术品之后得到的结论，这就像司汤达（Stendhal）所说，美是"快乐的一种承诺"，尼采在《道德谱系》中引用了这个短语。认为一个东西是美的，就是在怀疑、猜想、拥有这样一种感觉：它给予你的东西要多于你到目前为止能够从它那里得到的东西。

按照康德的理论，我认为你在与一件作品的互动的最后阶段确实做出了判断。当他说鉴赏力判断"是不受制于概念的"，他指的正是没有任何对象的描述能够隐含着对象是美的（除非你回避问题的实质，并且在你的描述中暗暗地加入一些评价性的词汇）。尽管我同意这一点，但我认为判断不是紧随其后的原因是，它没有被认为应该紧随其后，因为判断根本就不是结论。当我们看到、读到、听到或者以其他什么方式接触到我们认为美的事物时，我们就有了一个大体的感觉：我们想知道那个事物的更多内容，不管它是什么，它在某个我们仍然不知道的方面是有价值的。鉴赏力判断具有预期性，而不是回顾性。它是一种猜想，一种假说。如果它是假说，就是超越证据的，如果它是超越证据的，它就不可能来自我们已经知晓的对象之特征。只要你觉得你尚未穷尽某种事物，你就会觉得它是美的。

哈佛哲学评论： 在你的关于尼采和苏格拉底的著述中，最为突出的一个方面是，你总结道，在尼采的作品中，贯穿着一种尚未解决的担忧，他的规划（project）与苏格拉底的规划没有非常大的不同，而他对自己怎样具有原创性并不肯定。为什么这两人的规划之间的相似性威胁着尼采规划的原创性呢？

尼赫马斯： 没有威胁。我认为，他是害怕有威胁，因为他不仅想显示出他与其他哲学家不同，而且想成为真正认识到哲学家到底在干什么的第一人，但由于我不认为有一件事情是所有的哲学家都始终在做的，所以我也不认为那是个问题。我的感觉是，尼采创造并且留下的哲学人格本身就是巨大的成就。这应该足以使他满意了。但这种哲学人格并没有使他满足；也许他还想取得更大的成就。

然而，这并不等于说他是一个苦难的人。有人在评论《生活的艺术》一书时说，尼采导致了一种悲惨的生活，他没有为我们树立一个可以效法的榜样："我不希望任何人过这种生活，甚至是卢梭。"我感到奇怪的是，这是什么意思呢？说"我不希望任何人过这种生活"有意义吗？这句话的意思可以是我不希望任何其他人成为尼采。当然没有其他人能成为尼采！这种说法没有什么价值。但它的意思或许是，假如尼采不曾生活过，情况会更好。这显然是谬误的，对尼采是谬误的，对我们也是谬误的。相信这一点的人们认为，哲学家的"生活"就是除了他们的工作以外的一切事情。但这是愚蠢的。尼采的生活不可避免地与他的著书立说联系在一起：这些著作是他生活的核心部分，也许是最核心的部分。问题并不是"尼采除了工作以外，他生活得'好'吗？你是否愿意患有尼采的那种偏头痛呢？你是否愿意患有他的那种近视眼呢，还有他的失望情绪？"这些当然都不是问题。如果精神正常的话，谁会愿意偏头痛呢？谁愿意整天呕吐？谁愿意看不见前进的方向呢？真正的问题是："所有的痛苦都会被证明合理的吗？都是通过工作转移的吗？这就是构成值得过的生活的全部内容吗？这是有意义的生活吗？"如果这些就是使他能够写出伟大著作的原因，那你也许会说，这种生活根本不是那么坏。尼采朝气蓬勃，尽管他的身体并非健康；他作为一个人是成功的，即使他的书没有什么人买。

哈佛哲学评论：在《生活的艺术》中，你说生活艺术的哲学仍然具有生命力，仍然值得追求。这话听起来有点像宣言。照你看，今天生活艺术的状况如何，你认为当代有没有生活艺术的哲学家？

尼赫马斯：以哲学方式生活不是一件容易的事情。有趣的是，属于该传统的大多数哲学家大都不属于任何机构。苏格拉底可能有职业，他可能是一个石匠，但到我们在柏拉图的对话中与他相遇时，他就没有职业了，甚至没活干。人们知道，蒙田 38

岁就从政治生涯中退了出来，在他开始撰写《蒙田随笔》（Essays）之前，一直把自己关在书房里。结果，他也许比他自己承认的更活跃，他的生活非常不同于他当波尔多市长时的情况。尼采是一个教授，但他的大多数哲学研究工作只是在他从大学辞职之后才完成的，这时他只能靠个人的菲薄的收入过活。福柯始终与机构的关系处于非常矛盾的境地。我觉得，在机构内部过一种既哲学又具有个性的生活是非常不容易的。因此，我发现自己的状况很困难，因为我想说这样的话："看，把个人主义的生活方式与机构结合起来是有可能的"，我毕竟不正是在一所大学里教书吗？但我讨论的那些人大都在体制之外，这使我感到极不自在。然后我想到维特根斯坦，他是剑桥大学的哲学教授，但他讨厌这个职位。

对体制承担责任是普遍情况，但在我看来，在大多数情况下，生活的艺术强加了个人的需要。我想看到人们能把二者结合起来。如果你对我的个人化不介意，我要告诉你，我现在正在力争做到的事情是把所有我知晓的学术领域中的各个方面，包括哲学、文学批评还有古典学汇集起来，以这三个领域的方法进行写作，使它们在主题上和风格上都凝聚在一起。许多哲学家对这种凝聚不感兴趣，我不认为他们必须感兴趣。你的提问直指问题的核心：我是否能够做我想做的事情，同时仍然从属于一个机构？答案是我不知道，也许我根本做不到。我只是在尝试。

哈佛哲学评论：机构是否能够为生活的艺术做出贡献？

尼赫马斯：我认为不多。就像我说过的，必须对机构承担责任。我又想到了尼采，他写道，每一个创造都需要某种"专制"、某种机构存在，创造是从中涌现出来的。任何人都以这种或那种方式受到限制。在历史上，属于生活艺术的个人主义传统的人们一般都回避机构。教条主义或普世主义的哲学家们属于各种学派和机构，例如斯多葛学派哲学家通常都居住在一起，当然他们力图表述和遵循一种属于大家的共同生活方式。我所感兴趣的人们则是各自以不同于他人的方式生活。我尝试着兼得二者，然而不能。但这不能阻止我进行尝试。

哈佛哲学评论：现在你在做什么？

尼赫马斯：我正在思考美。我感到奇怪的是，为什么美与美学在最近几年又回到了学术讨论的中心。我不能肯定这是为什么。但有一件事我知道，这就是许多人的论证是，美导致公正、善和真，试图以此将这些问题与哲学联系起来。但我不相信这种做法。我的兴趣在于对美的重要地位的更为独立的证明，就像我相信我们需要对人文学科有更为独立的证明一样：我认为我们不应该对学生说，学习人文学科，会使他们更道德，给他们一份更好的工作。为人道德、为人富有也许是善，但不是唯一的善。学习人文学科，就像对美的崇尚，会使你成为一个更好的人，但变得更道德并不是变得更好的唯一方面。道德的善没有穷尽人的善。我相信我们忽略了非道德的善的领域。我相信审美有其本身固有的价值，美、复杂性、风格和高雅是美德，它们自身就需要被尊重和被爱，应该包括在值得过的人类生活中的因素。我们使艺术和人文学科成为我们生活的一部分，从而把这些美德引入我们的生活；我们使自己成为更复杂、更有趣和更投入的人，但这并不意味着我们在道德上恶化了；也不意味着我们在道德上变好了。我相信，生活中的审美因素是不可削弱的，我们应该比以往所做的更多地注意它。我们不应该否认它，就是因为它不等同于道德价值和世俗成功。

哈佛哲学评论：这种情况是否与当代对政治审美化的关注有联系？这似乎是你所谈论的美的观念经常受到批判的一个方面。

尼赫马斯：我并不想把政治审美化，那样既危险又无效。审美或多或少地（我在这里不想过于强化差别）是一个私人的、而不是公共的领域：说"私人性"也许过分了，也许我应该说个人性，这样就包括了对其他个人的参照，但同时又不涉及他们的政治或社会的整体环境。

哈佛哲学评论：你怎么会有兴趣把美的问题与电视联系在一起，并且把电视作为一种艺术形式来讨论？许多艺术哲学家和艺术批评者都不愿意这样做。

尼赫马斯：我在撰写《尼采：作为文学的生活》一书时，我租了一套带彩色电视的公寓住宅，在这之前，我没有彩电。由于我在晚间太疲倦了，不能阅读，我就看了大量的电视节目，终于，我对自己说，"要么我把生活中的大量时间浪费在看电视上，要么我就利用这个条件做点事情"。实际上，事情当然没有那么简单：这就是我怎么会这么晚才明白这一点。我认识到，许多电视节目是有趣的，有深刻含义。有些电视节目比形式更规范的作品和媒体更能满足人；有些电视节目比诗歌好；有些比小说好；有些则比奏鸣曲好。我们的错误是全盘地肯定或否定。这是愚蠢的。你必须逐个地观察作品，但逐个观察作品总是有危险的，因为如果它们实际上是不正当的，是堕落的，你也许就会在没有意识到的情况下变得不正当或者堕落，甚至还喜欢你已经变成的样子。你变化，但你对变好还是变坏不是始终都清楚的，在这种情况下，你对看电视的人们的特点所持的观点也就改变了：你不能像以前那样看不起他们。

哈佛哲学评论：我想你指的是你曾一度持有的观点吧？

尼赫马斯：关于这个领域，我真的是一个假内行。我生长在一个没有电视的国家，因此，一方面，当我来到美国，拥有了电视以后，我的确感到兴奋；另一方面，知识分子被认为是应该鄙视电视的。但尽管我鄙视电视，我最终还是发现自己对电视很投入。发现自己被那些曾一度受到你鄙视的东西所俘虏，会使人感到震惊，甚至是惶恐。你感到困惑的是，我应该使用什么标准呢？在我被迷惑前我拥有的标准告诉我，被迷惑对我是坏事，或者说，在我被迷惑后我拥有的标准告诉我，认为被迷惑对我是坏事，这种情况是愚蠢和无知的吗？你不知道。

我尤其感兴趣的是美学和通俗艺术形式之间的联系。在艺术史上最普遍的发展之一就是一个时代的通俗艺术，它曾一度受到谴责并被坚决地排斥在体面的社会生活和精神生活之外，但过了这个时代以后，它就变成了高雅艺术了。因此，例如，当英格兰的第一部小说问世时，它被当作绝对可怕的东西。柯勒律治（Coleridge）这样攻击它：与莎士比亚相比，阅读小说不是"在愉快地度日，而是浪费时间"。但在伊丽莎白时代，有一个叫亨利·普林（Henry Prynne）的人说，莎士比亚吸引的只是"恶棍和通奸者"。而现在莎士比亚已经近乎于人类无法可及的神灵。同样的情况也发生在电影、爵士乐、摄影和摇滚乐。因为通俗的东西在一个时期被称为有害的，但很快就转变成一种美的标准。

你以前曾谈论过柏拉图的相关情况。柏拉图在《理想国》中攻击过诗歌，这就为后来对大众文化和娱乐的攻击开启了先河，提供了基础。但就像通常的情况那样，柏拉图比其他任何人都诚实得多，他与那些诸如说电视没有审美价值的人不一样，他承认，尽管他鄙视荷马，但他还是喜欢荷马，只是与他保持距离，因为他觉得荷马是有害的。今天的人们，不管他们是因为感到耻辱还是困扰，他们都不会承认受到大众文化的吸引。但即使是电视，也是在逐渐地被接受：现在，我们又有互联网可以谴责了！18世纪的人们认为阅读是杀戮。这是真的！人们写道，阅读引起关节炎、癫痫症、肺病和中风。但如果阅读对你是坏事，那么一切对你都是坏事。正确的反应是要认识到，关键不在于某种艺术门类或某种传播手段，而是我们利用艺术门类或传播媒介所提供的具体个别的艺术作品的情况。

我们称之为"生活的艺术"也类似于这种情况。我们中的每个人必然面临不同于他人的局面、选择和境况。这些必然包括幸福与不幸。最终起作用的是我们能用什么来应对它们,通过它们我们是否能过上适合自己的生活。

科拉·戴蒙德
Cora Diamond

科拉·戴蒙德30多年来的教学和写作内容是维特根斯坦，她的工作对美国哲学家解读维特根斯坦的方法有着关键的影响。她编辑了维特根斯坦的《数学基础讲演录》（Lectures on the Foundations of Mathematics），并且撰写了十多篇直接涉及维特根斯坦的文章，其中最早的一篇是发表于1966年的《第二感觉》（Secondary Sense），最近，她发表了两篇文章，一篇是1999年发表的《这些骨骼的年龄有多大？》（How Old are these Bones?），还有一篇是2001年发表的《巴黎的标准米有多长？》（How Long Is the Standard Meter in Paris?）。她被普遍看做当代最主要的研究维特根斯坦的学者之一。但把戴蒙德仅仅认作是研究维特根斯坦的学者，就没有认识到她作品的重要意义，也误解了维特根斯坦思想对当代美国哲学的影响。戴蒙德著作的引人注目之处在于，很少有人像她那样仅仅是为了学术而解释维特根斯坦。更确切地说，这些解释紧密地相关于她对当代哲学一些令人烦恼的问题所做的论证，甚至是那些维特根斯坦似乎也没有意识到的问题，如动物伦理。

戴蒙德进入专业哲学领域的途径也与维特根斯坦极为相似。戴蒙德本科学位是数学学士，研究生是在麻省理工学院学习经济学。她曾是IBM公司的计算机程序员，然后进入牛津大学攻读哲学学士学位（维特根斯坦在进入剑桥大学学习哲学之前也是工程师）。戴蒙德与维特根斯坦一样，根本没有经历过传统的博士学位课程的学习阶段，这个专业选择无疑与她的一个与维特根斯坦极其相似的思想特点有关系：即一种范围宽广的敏感性，其特点是，在戴蒙德自己设置的难题和她解决这些难题的方法上，显然没有那种"粗俗"的气息。戴蒙德在英国教学十年（斯旺西大学、苏萨克斯大学和阿伯丁大学），之后于1971年在维吉尼亚大学任职，直到现在还在那里教书。

戴蒙德以她的著作《实在论精神：维特根斯坦、哲学和心灵》（*Realistic Spirit*：*Wittgenstein*，*Philosophy*，*and the Mind*）而闻名，该书于1991年出版，是一本论文集，开篇就是上面提到的1966年的《第二感觉》。这本书写作了很长时间，它反思了方方面面的话题，在戴蒙德的哲学发展中，这些话题一直占据着她，而这一发展又类似于维特根斯坦的情况：表面上突然的焦点转换掩盖了一组深层的、更为根本的关注。戴蒙德思想在这方面的最好例证也许是她对待《逻辑哲学论》和《哲学研究》的态度。通常，这两本书看上去就像其他任何两部哲学著作那样在方法和主题上是不同的，这两部著作的读者通常是两组完全不同的哲学家，他们关注的问题是完全不同的。另一方面，戴蒙德认真地对待维特根斯坦的这句格言：只有从《逻辑哲学论》的角度才能理解《哲学研究》。因此戴蒙德写下了一段文字，这段文字是理解她对这两部著作所持观点的核心，同时，也是她对维特根斯坦重要性所持的更为一般的观点的核心。

不论人们阅读的是维特根斯坦的《逻辑哲学论》还是他以后的著作，人们必然被他的这样一种坚持所打动，即他坚持不提出任何哲学主张或论题；或者被他的这样一个看法所打动，即这是不可能做到的……我认为，如果抛开了这样一种哲学观，那么在维特根斯坦那里，就没有任何有价值的东西，也没有任何可以把握的东西。但这个哲学观如果只能按照后期著作来理解的话，它本身就一定是首先出现在《逻辑哲学论》中的。

因此，戴蒙德的工作成果之一是，使她的同代人相信维特根斯坦早期和晚期著作是不可分割的；还有另一个同样重要的成果是，使维特根斯坦的思维方式与伦理学难题建立联系。在伦理学领域，维特根斯坦似乎没有说任何话，在《逻辑哲学论》之后的一次讲演中，他坚持认为，关于伦理学完全是不可说的。但戴蒙德《实在论精神》的最后五篇论文显然涉及了伦理学问题，即动物伦理、伦理学与文学的关系以及论证在伦理学中的作用。这些话题中的最后一个清晰地展示了戴蒙德对维特根斯坦的爱好，这种情况尤其表现在她的这样一个观点：论证只不过是千万种说服手段中的**一个**，这种手段用于一个人说服另一个人相信自己的观点。但《实在论精神》这本书的教益之一是，**所有**这些文章都以微妙的方式受惠于维特根斯坦（准确地表明它们之间是**如何**联系的，正是该书的任务之一）。要理解怎么会是这样，就要求戴蒙德的读者放弃这样一种看法，即认为维特根斯坦提出了某些特定的话题供人们思考（并且不太**限制**这些话题的范围），而是要认识到，维特根斯坦的著作首先教会人们一种思维**方式**，思考当代或者未来的哲学家们最终遇到的各种难题。

[本文图片由玛丽·伯纳德（Mary Bernard）提供]

科拉·戴蒙德：
"在太阳上是几点了？"

采访者：西蒙·德蒂奥（Simon Dedeo）
采访时间：1999 年

哈佛哲学评论：我想从我对你工作中最感兴趣的部分开始：你关于谜团（riddle）的概念，你关于某些哲学问题可以被改变成谜团的思想。在什么时刻我们可以把一个谜团看做是无意义的？维特根斯坦在《哲学研究》中似乎把某些谜团当作无意义的加以排斥。用你在一篇文章中用过的词，维特根斯坦是在什么时候成了安瑟伦愚人（Anselm's fool）？

戴蒙德：嗯，我觉得这是一个很难的问题，从某种意义上说，我们不应该从一个哲学问题开始，而应该从"在太阳上几点了？"这样的问题开始。这是维特根斯坦在《哲学研究》一书中所举的一个例子。我认为，他想说的是，我们拒绝那个谜团就像我们拒绝我们所问的哲学问题一样。有人很可能想把"在太阳上几点了？"这个问题当作我们不想与之发生关系的问题加以拒绝。

另一方面，人们可以想象，有人拿这个我们不曾见过的问题做起文章来，因此，当此人给出一个答案时，我们说，"对"，这就仿佛是对他说，"你用这个习语所做的事情真的很精彩"。

所以我觉得其中的含义是,就哲学问题而言,我们并不是在规定着你以前也许不曾加以利用的东西,但是我们有时要说,它并不是一个我们在这一点上想与之发生关系的问题。它只是一个习语,我们把它与我们所使用的其他习语加以比较。我们不知道我们与它有什么关系,即使它对我们有吸引力;它不适合我们所熟悉的任何语言活动。

哈佛哲学评论:你在著作中讨论了这样一个思想:谜团的答案具有"适当之善(goodness of fit)",而这种适当之善大概就是正确的,也就是某种机智的东西出现了。在阅读奥斯丁(Austin)时,似乎有这样的情况,我们对适当之善的感觉类似于对他所说的正确性的感觉,类似于对他表达方式的满意度的感觉。你是否感到其中有一种联系?是否与达成(令人惊讶的)一致的满意度有一种联系?

戴蒙德:我觉得奥斯丁多少认为语言的各种资源给出了答案。但我对此却没有把握。

哈佛哲学评论:也就是说,没有对语言的再造,对吗?

戴蒙德:我们要采取的更进一步的、想象的步骤是不存在的。

哈佛哲学评论:在阅读你的论述安瑟伦关于谜团的文章时,仿佛你在处理一种非常特殊类型的谜团。但是,人们可以把一个谜团说成是这样的:"有一个男人总是撒谎,总是说实话……"

戴蒙德:是的。

哈佛哲学评论:在我看来,这个谜团与你在那篇关于安瑟伦的文章中所涉及的谜团非常不同,因为这个谜团仅用逻辑手段就能解决。不存在对其中所需要的语言做出修正。在这两种谜团之间的联系意味着什么呢?在这个谜团与你提出的那个用于考察的谜团之间有什么关系呢?

戴蒙德:我认为,这不是试图找到事物朝不同方向行进的一条确切路线的问题。维特根斯坦在某个地方说过，这是语词使用的情况，是同一语词使用的情况，它的意义在于，它向我们表明怎样玩这个游戏。而在某些谜团的情况中，熟知语词并没有向我们表明我们与它有何关系。

我在这里想到了《哲学研究》中的一个段落，在第563节，维特根斯坦问道，在下棋时，如果我们用王这个棋子来抽签以决定谁先走，那么我们是否也要把这算作它所起的作用呢？这里的观念是，如果存在一种本质的联系，它必然与这样一个事实相关，即你意识到，你是在新的语境中使用王这个棋子。

而在奥斯丁的情形中，比如，"意外"和"错误"（"accident" and "mistake"）这两个词，我认为它们被看做是向你表明了你应该做什么。这些词的同一性被看做是对这个问题给出答案。而这正是在我们更倾向于认作是谜团的情形中我们所没有的，我们没有那种词语的同一性来告诉我们要做什么。

在我的关于谜团的论文中，我使用的例证有一个来自于对我外甥女的教养，当她在18个月大时，我妹妹告诉她："吻你的胳膊肘。"她努力去这样，显然，她知道该做什么。吻和胳膊肘这两个词你已经很熟悉了，它们告诉你让你做的事情，只是你做不到。后来，我妹妹说："吻你的耳朵。"这时我的外甥女先吻了自己的手，然后把手放在耳朵上。语词的同一性根本没有告诉她怎样解释这个指令，是她自己发明了解决这个谜团的方法。

哈佛哲学评论： 从某种意义上讲，这个解决的方法不是为了胳膊肘而发明的，因为另一个东西太近了，所以不可能做到。

戴蒙德： 有人会说，要求你做的事情是十分明确的。但在另一种情况下，语词的同一性却根本不告诉你要求你做什么事情。维特根斯坦自己的例证之一是，"镜子是什么颜色的？"你又知道了这两个语词，"镜子"和"颜色"，但这些语词的同一性没有告诉你怎样回答这个问题。而这个例证就更近似于那个哲学问题了。

哈佛哲学评论：在你的著作中，还有一个问题我觉得很有趣，这就是对维特根斯坦的怀疑论以及维特根斯坦的怀疑论态度与你对辛格（Singer）为素食主义所做论证的批评之间的关系。在阅读这个批评时，仿佛你讨论的是某种道德怀疑论。有人就是不相信任何道德问题的存在，而不是质疑其程度。打个比方说：这不是说桌子是否是真实的，而是有人宣称，桌子根本不存在。你认为这里的道德与怀疑论之间是什么关系？

戴蒙德：这是一个复杂的问题，因为有了那种被我们视为核心的怀疑论，也就是针对外部世界的怀疑论，针对他人心智的怀疑论等等，就像卡维尔（Cavell）指出的那样，也就有了我们怎样与他人相处、我们怎样对他们做出回应的问题。而我们把这种问题错误地归结为一个认知问题。因此我想指出的是，如果只是把它当作一个标准的怀疑论问题，如果我能够把它们进行如此的归类，直接地归类为认知问题，那就错了。它们呈现出一种认知问题的样子，但认知问题并不一定是唯一的。在我看来，这是卡维尔指出的若干问题中的一个。

另一方面，我想提出的是，就我们对伦理学的哲学处理走错了路而言，错误开始于我们莫名其妙地把某些伦理学思考（在某种程度上）比做我们认为显然是认知活动的东西。假如我集中在"认知"问题上，那么，它们作为认知的整个问题都必须要经过考察，尽管如此，我还是想把这些"认知"问题看做是显而易见的。因此，我们着眼的问题是，人们是把什么样的伦理判断当做核心的，集中在我们的哲学困惑的问题上，我们就要问，它是否是客观的，我们要问，对于它来说什么是合理的，我们寻求某种必定是"合理的"、"无偏见的"结构。我认为，这对于辛格来说就是核心之处，它部分地来自黑尔（Hare）的工作。

总之，我们最终关心的不是伦理思考中这样一些成分，它们与关于世界和他人的判断之类的东西确实有一定的距离。我们关心的是，某人的伦理思考得以在他给出的事实性描述中产生的情况。

有一个非常明显的例证是，列维（Primo Levi）对奥斯威辛集中营（Auschwitz）生活的描述，总的来说，他在其中并没有使用很多道德语言。它是那种直白的描述性语言。但话又说回来了，那并不是通常意义上的直白的描述性语言，因为他在建构那个描述时，充满了道德情感。他的道德情感贯穿在他对"事实性语言"使用的全过程。在描述中可以具有道德张力，并且以这种方式反映了说话者和写作者的存在状况，这种想法并不十分匹配于我们关注的问题，如经典的怀疑论问题。

还有一个例证，我没有确实的把握知道怎样从它过渡到这个问题，但我想展开这个例证，然后争取将它过渡到这个问题。最近，一位南非作家出了一本新书，这位作家的名字叫库切（Coetzee），书的内容涉及动物以及我们的生活与动物的关系。该书曾经是一个系列讲演，有些人对讲演做出过回应，其中包括彼得·辛格。后来讲演和回应都发表在一个单卷本的书中。库切的讲演采取了小说的形式，其内容是关于一位英语文学讲师困惑于那种深层的罪孽，这种罪孽源于我们对待动物的方式，源于我们对这种罪孽没有认识。辛格将此简单地视为阐述论证的独特方式。他没有能够将此视为伦理思考。他在回应中对库切的书的理解是，人们仿佛是这样想的：这就是我的论证——我应该怎样把它诉诸文字？——好吧，我或许可以也让它成为小说式的叙事。

而库切实际所做的就是使它先于、并且在某种程度上独立于我们对伦理难题结论的追求，是在世中的存在（如果你想用一个术语表达的话），它包括了对我们生命中引人注目的、令人困惑的和受到伤害的特殊事件的回应。有些人能够带着伤痛度过人生，而这样的伤痛就是提问我们与动物联系的方式究竟意味着什么。

我认为，这就是我正试图理解的库切所做的事情。他要问的问题是，我们从哪里来？我们出自于其中的生命是什么？同时，他要求我们把这样的问题全都忘记：我们是否应该做这个，我们是否应该做那个。而辛格想做的事情是把这种理性的和伦理的生灵视为与这样一些问题相关：我们应该做这个，我们应该做那个，为这个所做的论证是什么，为那个所做的论证是什么。在这种情况下，他不能对库切的工作做出回应，就像对其他任何事情一样。

现在我不知道其中的情况。也许它类似于卡维尔在谈到我们与他人的关系问题时所说的内容，类似于在表达怀疑论置疑时被改变和被扭曲的方式。

哈佛哲学评论：当我读到逃脱形而上学的奴役这一思想时，我的解读是逃脱怀疑论的奴役。这就使得我们一下子从某一具体语言的困扰中解脱出来，我们被要求使用这个语言达到（比如说）对桌子的证明。

戴蒙德：我通常是以这样的角度来看这个哲学问题的：在什么条件下我们能够谈论桌子。这完全是一个从不同角度看的同一个问题。令我非常感兴趣的是我看做人们误读维特根斯坦的各种方式，也就是认为他规定了意义条件。因此从这个意义上说，在这种误读的情况下，我们仍然着眼于怀疑论问题，但却是从另一个方向。问题不在于说我们能否对桌子做出论断，我们要问的是，在什么条件下我们可以对桌子做出为真或为假的论断，然后，我们继续：我们必须在判断中达成一致，我们必须有这个，我们必须有那个，我们必须玩有这些特征的语言游戏。

因此我认为，我要反对的，我视为形而上学的，是那些让我们做这做那而必须怎么样的观念，是以这种方式把维特根斯坦视为理论化的观念。现在这样把他视为理论化，就相当于认为他与我们正在谈论的那种怀疑论问题有关系，有密切的关系。

哈佛哲学评论：你在处理安瑟伦谜团时，讨论了马尔科姆（Malcolm）的论证，这个论证引用了维特根斯坦来表明，愚人的主张是前后不一致的，你与这样一个伪论证做了类比：人们不能说《旧约》中的上帝是"杀人狂"，因为在这个语言游戏中，"上帝是善的"。因此，论证继续下去，你在"游戏之外"，你"不再玩了"。但你在一篇关于吃肉的文章中写道："我们吃宠物在道德上没有错，吃宠物的人在宠物这个词意义不变的情况下就没有宠物了。如果我们把正在成为我们餐桌佳肴的动物称之为宠物，我们就开了一个本质相似的拙劣玩笑。"在我看来，假如在《旧约》里我们有一个"邪恶"的上帝，那我们为什么不能吃宠物呢？

戴蒙德：这是一个有趣的问题。在这里我想说的是，在思维方式不同的人们之间发生的各种冲突没有根本的解决途径。在这个情形中，我认为马尔科姆在真正的冲突方面只是在做微不足道的工作。我认为，它是一个非常非常有趣和重要的问题，我真正面对这个问题是在我刚刚草拟完的一篇论文中。有人请我写一篇文章，内容涉及维特根斯坦关于宗教信仰的讲演。它已经被看做是包含了维特根斯坦的这样一个论述：信徒和非信徒不可能发生矛盾，这就非常接近于你提到的马尔科姆的观点。

维特根斯坦在讲演中所做的是，设想信仰"最后审判"（the Last Judgment）的人们对他提出这样的问题："你认为它是正确的还是错误的？"他说："我不能做出回答，我不能说这个人错了。"照我看，他在这里是以非常个人的方式做出回答的。他说的不是没人能够说他们是错的。他说的是，他不应该把自己视为处在对他们做出回应的位置，他与他们所说的东西无关。

我认为你不能把上述情况变成这样的论断：如果你处于某一

种语言游戏,你不可能与其他语言游戏中的人们有矛盾,你不可能有真正的冲突。这些冲突是有趣的,而且难以描述,而且通常属于那种最剧烈的冲突。

例如,我见过人们有这样的论断,在救世主是否已经来临和耶稣是否为救世主的问题上,犹太教和基督教没有真正的矛盾。这个论断还说,在犹太教的语言游戏中,他们是以某种方式谈论救世主的,而在基督教的语言游戏中,则是以另一种方式谈论救世主的。因此对于这些人来说,没有真正的矛盾。我认为,这真的是遗漏了正在说的东西,比如说,在把《旧约》中的上帝视为"杀人狂"的看法中,你确实不能说,这种看法忽略了那人正在努力做出的论证。也许可以说:因为人们使用语词的方式不同,所以也不容易发生冲突。而这样说是错误的:"哦,这有一种真正的矛盾,我用逻辑学的眼光洞察矛盾的本质,而按照我的逻辑学眼光,如果你是在玩各种不同的语言游戏,那你就不会拥有其中的任何一个。"

现在来说宠物的问题,如果它是你的宠物,你就不能吃它,我当然要考虑动物的不同方式之间的真正矛盾。我认为,在努力弄清这样的冲突到底是怎么回事时,人们应该意识到这是语言使用的问题。当然,也许有可能存在一种谈论动物的方式(我认为并不存在),其中人们确实使用了宠物这个词,也就是英语宠物这个词,而他们的语言和生活与我们有所不同,而且在他们和我们思考动物的方式之间也确实存在着冲突,这些思考方式都体现在"宠物"这个词的使用上。其中有些是我们共有的,但也有些不是,就像救世主这个词,有些意义是基督教与犹太教共有的,有些就不是。

但我认为宠物这个词没有这种情况。我认为,我们之间的冲突并不集中在那个词上。在力图以哲学的方式思考这个问题的语境中,也许没有集中在那个词上。

哈佛哲学评论：在这些讨论中，有一个问题被推到前面来了，这就是，两个人必须要有多么近才能玩同一个游戏？

戴蒙德：是的，我觉得这个"玩同一个游戏"的问题已经在哲学中被提出来了，并且被过度使用。我想说的是，维特根斯坦自己在使用它时，他所说的"那个相同的游戏"或者"一个不同的游戏"的东西，其实是在谈论他想到的一个具体的哲学难题。因此，为什么我们应该说（或者为什么他应该说，就像他在一些讲演中说的那样）：当你谈论"我记得X"，比如"我记得今天早上是在那个车站下火车的"（这个情况可以得到别人的证明等等），这就是一个游戏；如果你说："在我做某事以前，我记得想到了X"，这就是另一个游戏了。它之所以是另一个不同的游戏，是因为其中不存在人际间的、主体间的因素。

为什么把它称为"另一种不同的游戏"？因为他正与之谈话的那些人认为，记忆是某种东西，就是说，存在一种记忆的本质。只有在把记忆看做是一种你正在试图关注的具体心理过程的情况下，说"这是一种游戏，这是另一种游戏"才是有用的。而在不同的语境中，为什么就不谈论我们把记忆作为一种游戏来谈论的各种方式呢？

回到这个问题上来："我们是否在说同一个游戏？我们必须有多么近？"我认为，在我们的分歧中，有许多涉及的是我们用词方式的复杂分歧。我认为，即使我们说我们玩的是不同的游戏，也不会使我们相互远离，所以我们并不是真正有分歧。

哈佛哲学评论：这样说来，我们就不得不贸然结束这个论证。

戴蒙德：是的。有一个正在进行的讨论，涉及到希拉里·普特南（Hilary Putnam）和在刚刚过去的夏季问世的两篇论文，一篇是我的，另一篇是史蒂夫·杰拉德（Steve Gerard）的，内容涉及普特南在部分回应迪克·罗蒂（Dick Rorty）① 时提出的问题。

你提出的问题是：如果人们正在玩"不同的游戏"，他们到底何时会有分歧。我们涉及到的问题是，"如果人们正在玩不同的游戏"，我们何时能说他们是相互一致的。有一个例子是普特南从罗蒂那里继承来的，或者说就是普特南的例子，但它是对罗蒂例子的一个回应。罗蒂的例子是，有人曾在10世纪说过一个拉丁文句子，后来牛顿把它用于表述一个运动定律。根据罗蒂的观点，我们可以说他说出的是一个真句子，但假如我们遵循他所认为的海德格尔的观点，即如果它真的只是一个句子，而它并不在言说者们的语境中起任何作用，我们就将不考虑它是真的还是假的，这样或许会更好些，就是说，我们会在实用上具有更好的方式。

因此，这个10世纪的句子是存在的：它就等于是17世纪的句子，但说它是真的，只是给出我们自己的一种奇怪的恭维。这就是罗蒂的思路。普特南的例子是要假定，在17世纪有一些骨骼被挖掘出来，那时有人怀疑"这些骨骼，我怀疑它们是否有数百万年的历史"。现在我们知道这些骨骼有数百万年的历史，是我们，是现在。我们能否说他是正确的，同时又不是仿佛再次给出我们自己的恭维？

假如我们是普特南，我们不想做的事情是说出这样的话：使这种情况一致的、使得可以正确地说"是的，他搞对了"的因素是，这个人与某个柏拉图式的实体有关，也就是与一个命题有关，该命题被认为是无时间性的、并且与我们的存在完全无关的东西。他不想沿着这条路走下去。但我们为什么不应该把他看作正在说与我们所说的内容相关的东西呢？在某种意义上，作为一

---

① 迪克·罗蒂即理查德·罗蒂（Richard Rorty）。

种猜测，他所说的内容就是我们现在知道是正确的东西。因此，存在着一种对 what 从句的使用：他所说的（what he said），我们知道是正确的。没有把它具体化为一个高悬在柏拉图天国中的命题性（propositionality）。

因此，在这里，对于在多大程度上我们必须接近分歧这个问题来说，我们有了一个相反的问题；我们在多大程度上接近一致。对于普特南来说，这就与这样一个问题连在一起了：假定17世纪的人们说某个东西是水的方式，与今天的化学家谈论水的方式很不相同；这并不意味着我们不能像他们那样以普通的方式使用"水"这个词，去谈论我们能够理解的东西，也不意味着他们与我们所说的不相称。我认为，其中的问题是跨越语言活动之间的关系，跨越所有这些不同的语言游戏，那么，为什么不说语言游戏在许多我们可以列写出来的方面是不同的？我的意思是，他们的确做了我们不做的事情，他们拥有的标准的确与我们的不同。但这并不意味着我们不能是一致的，正如标准的差异并不意味着不存在我们可以描述为分歧的东西。

这个解释太啰嗦！但我想说的是，一致与分歧都是我们所了解的，我们不必为了搞清楚我们与他人这种一致与分歧的关系，而从语言游戏或其他角度假定某种逻辑支持，如在柏拉图天国中的命题。

哈佛哲学评论：沿着同一个脉络，我想到了你举的一个奥威尔（Orwell）的例子，像他没能射击一个跑步穿越火线的提着裤子的法西斯分子。你想象出他的中尉说，废物，朝他开枪，他是法西斯分子。你对此事的理解是，他们是有分歧的，即使还没有触及什么命题是中尉和奥威尔所共有的这样的问题。

戴蒙德：彼得·温奇（Peter Winch）对这类问题有过一个很长的、很有趣的讨论。奥威尔写过一篇文章，强烈地批判了甘地，文章开头的那句话很精彩："圣贤应该被假定是有罪的，直到被证明无罪。"总之，甘地和奥威尔的思想在许多方面都很不同。他们对社会和政治问题的视角差异很大。温奇在这里想指出的是，你不能说由于他们是在做不同的语言游戏，所以他们的观点就没有真正的冲突。你不能用我们研究哲学的方法来划定边界。

哈佛哲学评论：我们暂且换一个话题：你对《逻辑哲学论》的讨论以及"神话化"，这种神话化已经发展到了好像让人们可以提出这样的问题：在《哲学研究》中，维特根斯坦提出语词有一个"家"，语词可以从这个"家"中离开，我们是否可以将这个思想当作一个新的"神话"？我们又在语言可能所是、看上去所像的东西上加上了限制？

戴蒙德：哦，那你就有另一个危险而又复杂的词悄悄混入了，这就是限制。尽管在《逻辑哲学论》中显然存在着语言限制的概念，但也有一个非常严肃的问题：这个概念是怎么回事？因为维特根斯坦在这里并没有提出，我们用语词做的事情存在什么限制。他在这里提出的是，我们通常认为自己具有使用语言做某事的意图，而在某种意义上说，对该语言的思考没有什么结果，问题反而越来越多，以至于进一步推动这些意图会使我们最终看到，我们根本不曾想说任何话，还会使我们撤退，从那条路撤回。

从某种意义上说，语言本身并没有限制，如果你有想说的话，可以尽管说。这就是我为什么认为"如果有你不能谈论的东西，你就必须对它保持沉默"，把这种说法简化为"你不能说的事情，你就不能说"。但这不是说有一些内容，有一些你不能说的"东西"（what），所以你不能说。我认为，最终的情况是，如果你发觉你没有在说任何内容，那么你就是没有说任何内容。不存在真正的、特别的东西是你不能表达的。限制的概念是有的，就像你从其他思想家那里得到这种概念一样，例如，从罗素那里，你确实有了"出自于那里的事物"（what's out there）的概念，我们只是不能到达那里；从某种意义上说，我们回到了"事物的背后"。我不认为这是你从《逻辑哲学论》中得到的语言限制的情况。

另一方面，还有一个情况也同样是真实的：从某种意义上说，有许多种语言的使用是他没有兴趣考虑的。例如，语言在诗歌中的使用。显然，他本人也阅读诗歌，但在诗歌的语言使用方面，他未置一词。从某种意义上说，他根本没有接触过诗歌语言的使用。他写过一封信给希望发表他著作的人，维特根斯坦写道，他在书中没有写出的部分是最重要的。因此，他并没有写到的语词的许多其他用法，并不能算作（的确不能算作）《逻辑哲学论》处理语言的意义上的语言。

我想回过头来看看最初的神话概念，它在维特根斯坦那里是作为批判术语出现的，针对的是在我们无视自己的词语使用方式的情况下臆想出来的东西。这里我尤其想到了这个概念在克里普克这样的人那里的各种表现形式，以为我们使用语词的目的是要与各种意义建立某些联系，而这些意义会使我们清楚地回答任何问题。这样，我们就可以清楚地回答（比如说）这个或那个术语是否适合某种情况这样的问题了。克里普克认为，如果我们不能与这些事情建立联系，我们就要落入某种怀疑论的境地：我们并没有确定意义，而我们以为这对弄清我们讲话内容的意义是必需的。克里普克没能看到这样一些情况，比如用他的另一个例子，要度量某物，我们不必非得与被认为是独立于英制的一个长度建立某种联系。

你知道，在维特根斯坦的一段评论中有这样的内容：我们把路标视为一块木头，当我们把一块木头从某种有生命的事物中抽象出来时，就把它视为无生命的东西了。但从克里普克的观点看，情况仿佛是，我们所需要的东西是把指示方向的性质包含在自身之中。而一块木头不是这样的,就像我们看到的那样,它不包含指示方向的功能。由此可见,克里普克没有看到这样的事实:在这种活动范围内,人们是对被定位于某项活动并以某些方式被使用的某些种类木头做出反应。他所要确立的是,我们为了真正地得到往哪里走的信息,就必须拥有方向指示牌,而一块木头是不能指示方向的。对于我们来说,由于一块木头具有一定的长度,即 1 英尺,所以它只能是 1 英尺的一个量度器,因此对于我们来说,它就是一种样板,它所代表的东西与木头自身无关。

假定说有一个 1 英尺长度,这就是我们做度量时确实需要的东西。我们需要与这个长度建立联系,相比而言不是与这块具体的、死去的树木建立联系。因此,克里普克感兴趣的并不是我们有这样的游戏,我们可以与一块木头做对比,他对这种游戏怎样进行不感兴趣。他所做的事情就是说,为了进行度量,我们必须与某个东西建立联系,它自身就告诉了我们物体的长度是多少。为了传达出意思,我们必须与某种意义建立联系,这样做将告诉我们,我们是否正确地使用了那个语词。因此在所有这些情况中,他所做的事情就是确立我们为了真正弄清我们活动的意义而需要的东西,而不是能够把他的注意力转向语词的"家"(为了用上"家"这个概念),把他的注意力转向日常的概念。因此,如果你想把这种情况称为一种取代(我不能肯定是什么被取代了,是语词还是那个人),这似乎是他自己被取代了,似乎是与他自己的活动、他自己的生活失去了联系。

哈佛哲学评论:我想暂且回到哲学中的谜团概念,回到在那篇文章中你举的例子,就是奥威尔不能向法西斯分子射击,你可以把这件事变成一个谜团,问题可以变成:"何时一个法西斯分子就不成其为法西斯分子了?"要把貌似哲学的问题变成一个谜团,人们能够走多远?

戴蒙德:我觉得这是个有意思的问题。在维特根斯坦所做的事情中，有一件就是在某处说过这样的话：作为哲学家，他所努力做的事情就是让你把某些事情放在一起看，让你远距离看某些事情。他似乎正在改变人们看待事物的方式。在摩尔（Moore）的笔记中记录了这个情况，那是1933年的几次讲演的笔记，其中他谈到了伦理学和美学。他在笔记中指出，在一个美学的论证中，人们是"以这种方式而不是那种方式"表达事物的，人们正在使事情发生变化：你以这种方式观察这个问题，让我邀请你从那个方式观察它。这种情况非常接近你的情况，既把他视为法西斯分子，又把他视为一个人。把这个人视为法西斯分子，视为敌人的情况，是与人们对此做出反应的方式联系在一起的，如果把此人视为同胞就是以一种完全不同的方式看待当时的环境了。我们是在重组人们对当时境况的感知，其中，人们的感知相关于他们理解哪些是正确的和恰当的反应所采取的方式。

当然，在我们对境况转变的理解方面，可能有许多观念是我们可以使用的，这种对境况转变的理解甚至还有我们怎样在一种谜团境况（situation-riddle）中使用语言，而这种理解对于其中的一些是非常好的，但我们不一定把它们聚合在一起。

哈佛哲学评论：你目前在做什么工作？你正在思考什么问题呢？。

戴蒙德：有些东西是我想回归的，有些是我在这种情况下和这个时刻必须研究的东西。我曾经提到过一篇文章，是我必须要为"维特根斯坦与宗教信仰"学术会议撰写的，还没有完成。但这不是我的选择。

我要给1999年12月的美国哲学协会（American Philosophical Association）写一篇文章，我必须马上决定写什么。我想探究延展真理（unfolding truth）的概念。让我先谈一点这方面的内容。

弗雷格（Frege）有些论证反对给真理是由什么构成的下任

何定义。他说，真理通过逻辑法则得到了延展，后来他也说过类似的话。因此，就有了这样的思想：当我们理解与真理相连的规范的思维结构时，就懂得了什么是真理。现在，延展真理是一个非常非常有趣的概念。你放弃了真理论、符合论、连贯论、冗余论。（尽管有一些弗雷格的因素得到了发展，并且导致了冗余论，但我不认为你应该把这些都归因于他。）相反，你想明白指向真理的思维中都包括什么内容，这项活动的规范是什么，你就掌握了这种延展真理的思想。

哈佛哲学评论： 当你在确定某事的真理时，你是在做什么？

戴蒙德： 对，当你为自己的陈述做证明时，你是在做什么？如果你是在给出证明，那就受制于逻辑法则。在这种情况下，如果你要为你说的话做证明，从本质上说就是，你在寻求建立一种真理。因此，这种情况表明，某事物为真取决于什么是真理，因此，你澄清什么是真理，是由于表明了在我们试图建立真理的时候我们所认同的规范。

我认为，维特根斯坦在《逻辑哲学论》中拒绝了这样一个观念：你拥有对弗雷格所起作用的那些逻辑法则。在维特根斯坦看来，你也可以使用这些法则，但它们的地位就与在弗雷格那里不同了。命题本身是你需要的唯一证明。因此，只要延展真理就像你能够看到的那样，在《逻辑哲学论》中作为一个观念具有一席之地，它就会对包括在命题中的内容以及它们之间的相互关系有延展作用。如果你做到了这一点（从某种意义上说，《逻辑哲学论》是这么做的），那么，你就"延展了真理概念"。因此，你也就有了延展真理概念的一种转化。这自然就引出了这样一个问题：从维特根斯坦后期哲学的观点看，"延展真理"会是什么。

这就是我想涉及的问题，但在我看来（但这不是一个全新的问题），彼得·温奇曾说过的某些话导致了严重的困难。这个问题是，如果你着眼于建立在各种语言游戏中为真的事物的方式，并凭借这一点就开始说你延展了真理，那在我看来，你就不理解某些问题的意义，如为什么我们应该在这些活动之间建立联系，为什么我们应该把真理无论如何都看作是"一个东西"。同时，我也认为你失去了或者可能失去对这样一个问题的洞察力：在达米特（Dummett）的"使某命题为真的事物"的思想中包含了什么。总之，如果你不是在提出一种符合论，不是在提出对命题的柏拉图式理解，那你对真理还能有什么样的理解呢？

好了，温奇把你推回到了你做出那个原始断言的语言游戏的情况中。但这种情况在我看来很奇怪，回到我们以前说过的事情，原教旨主义者说这个动物已经存在，这种情况可能是，比如说（这是相当原始的说法），他们在《圣经》中读到过这种动物。而另一个人说这个动物或者这个物种已经存在，情况可能是，他是从现代生物学上看待它。现在的事实是，这两个人是在不同的情况下做出断言的，而这个事实并不意味着，他们做出的陈述不以这样或那样的形式发生冲突。

这不是一个新问题。从某种意义上说，这个问题引起了希拉里·普特南的注意，也以另一种方式引起了约翰·麦克道维尔（McDowell）的注意。我想联系延展真理的概念来研究这个问题。我不知道我能否为12月份的那个会议做这件事。而这是我想多下一点功夫的事情。

真理引起了我很大的兴趣，这是因为，一方面，它是一个道德概念，我曾对此写过一些东西，但不是在《实在论的精神》中，而是在别的地方。真理作为一个概念引起我的兴趣，是因为它是当代意义理论中的概念，在这种理论中，真理通常完全是从它在其中具有道德意义的环境中抽象出来的。因此，从某种意义上讲，我的愿望是有能力把这些脉络整合在一起。我从两个不同的方面对真理做了研究，我的愿望是，自己有能力多做一些工作，使这些东西整合起来。这是一件事情。

同时，我也对这样一个思想感兴趣：有一句话，让我们把它称为一个谜团，这句话是："真理只有一个。"你想就这句话做什么呢？你是不是想忽略它呢？在语言游戏的世界里，它是否离开了你的视野？它有什么重要意义吗？我能弄清它的意义吗？

我有一篇文章，是我以前从报刊上剪下来的，我不能肯定文章的作者目前在做什么，他是彼得·马丁（Peter Matin），文章事关批判马丁·路德·金（Martin Luther King）的一个同事，他叫阿伯克龙比（Abercrombie），曾写过马丁·路德·金的性生活。人们说，阿伯克龙比受到批判是因为他玷污圣贤，至少是玷污了圣贤的形象，而这是不应该做的事情。但马丁则认为，这种思想方法是错误的，事实上，这样做可以加深对马丁·路德·金的理解，把他视为与其他任何人都一样的人，和大家一样，他也有一些不那么光彩的事情。既把他视为伟人，也把他视为普通人，这是很重要的。在文章的结尾，他想用"真理只有一个"的概念纠正这个错误。从某种意义上说，我们不应该回避看到一个人的完整真相。

总之，对"真理只有一个"这个概念有一种道德理解。还有一个观念是一个非常非常重要的逻辑概念：有人认为，所有的真理都是相互兼容的。而语言游戏图景似乎把这个观念变成一个难题。为什么在一种语言游戏被言说的事物就应该与在其他语言游戏中被言说的事物有关系？为什么有些东西在一种语言游戏中不能得到断定，而其他东西在另一种语言游戏中却可以得到断定？它们之间有什么关系？用更强的哲学语言说就是，我们似乎丧失了"客观实在性"的概念，而正是因为这种客观实在性，所有的真理才是兼容的。

所有这些观念都被柏拉图主义者以一定的方式加以强调并且神话化。而这些给我们留下了什么呢？一旦柏拉图式的误解是我们能够被视为误解的东西,那么,"真理只有一个"的观念或者类似的观念与我们有什么关系呢?我喜欢维特根斯坦的话:他不能说出任何"比他自己更真"的任何事情(尽管我认为很难理解这个翻译;但我不认为"真"和"真实的"之间的区别在德语中与在我们这里的方式是相同的)。但我认为,什么是对真理的承诺,他有自己的理解,而且他崇仰弗雷格对真理的承诺,这些都属于道德问题,而这些道德问题是怎样与我们认为的逻辑问题相联系的呢?正是这些话题联系着我们所说的在语言游戏之间的一致与分歧的概念。

  我想在伦理学方面多做一些事情。最近,有人请我做这做那,而且也是令人感兴趣的,但这些或者涉及维特根斯坦或者涉及早期的分析学派,或者从某种意义上说是二者兼有之。但在最近两年间,我发现自己承诺要做的事情都与对伦理学的直接研究无关。因此我想回到这种研究中去。

彼得·昂格尔
Peter Unger

和现在的情况一样，1979年很少有人同意这样的陈述："我不存在。"但这却是彼得·昂格尔在那年发表的一本书中的一篇文章。昂格尔是纽约大学的哲学教授，他是以煽动和涉足各种哲学极端思想而著名。长期以来，昂格尔一直是一个怀疑论者，是最苛刻的伦理学家之一，而且他追寻的哲学事业经常相左于惯常的智慧。但他并不总是处于孤立无援的境地。

昂格尔在斯沃斯莫尔学院（Swarthmore College）哲学专业毕业后，在牛津大学跟随斯特劳森（Strawson）和艾耶尔（Ayer）完成哲学博士课程，在艾耶尔的指导下完成博士论文，但论文并没有预示出他那富有争议的生涯。在论文中，他为某种形式的可靠主义辩护，他的论证是，当你的某些信念并不仅仅是偶然为真，而是在范围宽广的各种境况中都能够以各种方式受到持续的支持，而这些方式确保你将拥有正确信念，则这些信念就算作是知识。尽管他很快离开了这种可靠主义，但在他早期的文章中，以类似的方式在他称为"值得尊敬的"哲学话语的范围内探索了各种思想，这些文章发表于20世纪60年代后期，当时他在麦迪逊的威斯康星大学担任助教。

终于，昂格尔不仅与可靠主义产生了分歧，而且发现它是完全不可靠的。1971年昂格尔在《哲学评论》上发表了一篇文章，题目是《为怀疑主义一辩》（A Defense of Skepticism），昂格尔进入了认识论领域的一个几乎无人涉足的边缘地带。在这个地带，他为自己的主张奠定了基础，这个主张是，人不可能真正了解任何事物。在后来的四年里，他一直就怀疑主义进行写作，在此期间，他获得了古根海姆（Guggenheim）奖学金，也出版了他的第一部著作《无知：一个怀疑主义的个案》（Ignorance：A Case for Scepticism，in1975），但他在哲学界却没有什么支持者。到那时为止，人们疏于问津怀疑主义至少有70年了。他进入纽约大学也是在这个时期，直到现在，他还在那里任教。

昂格尔在大胆思维和反传统方面的声誉日渐增长。昂格尔在怀疑主义中拖延了五年之后，他已经不仅是怀疑事物的存在，而且距离主流哲学更远了。昂格尔发展了一种极端的形而上学的虚无主义，他认为，几乎所有被认为是存在的事物都不存在。昂格尔发表过这样一些文章：《普通的事物不存在》（There Are No Ordinary Things）、《为什么人不存在》（Why There Are No People）以及上面提到的《我不存在》，他否定了岩石、椅子、行星和植物的存在。也许是为了抵消这种激进理论，他在1982年发表了《展望常识心理学》（Toward a Psychology of Common Sense）一文，文章探索了一种机制，人们凭借这种机制来说服自己：几乎所有的具体和普通的名词都指称着实际的事物。

从那以后不久，他考察了怀疑主义的另一面：如果不是任何事物都不存在，那么一切事物都曾经存在过又是什么情况呢？这里，昂格尔给出的本体论内容过于丰富，他为之论证的观点是，无限多的世界包含着全部可能性，包括懂哲学的鱼（philosophizing fish）。他认为，任何对事物整体性的排斥，包括排斥这种懂哲学的鱼都是武断的。

1990年出版的昂格尔的书《同一性、意识与价值》（Identi-

ty, *Consciousness and Value*）使他接近了他称为"社会能接受的"哲学。这本书历经八九年的写作，回归到了更具常识性的形而上学，包含了某种形式的物理主义（physicalism）。他认为，大多数物理实在的存在是理所当然的，他的论证是，确保我们作为个体人生存的是那种连续性，就是我们核心的心理状态中具有足够持续性的物理实现。

昂格尔回顾了往事，思考了他的下一步：围绕伦理学，对做某些事的愿望进行反思，这些事关系到我们怎样指导自己的生活，也许还能做点好事贡献世界。1996 年出版的《高端生活与听任死亡》（*Living High and Letting Die*）就是他沿着这个方向思考的结果。这本书的副标题是"我们对清白的幻想"（Our Illusion of Innocence），在该书中展开的论证回忆了生或死的道德思想实验，有许多人都做过这个实验，包括朱迪思·贾维斯·汤姆森（Judith Jarvis Thomson）和弗朗西丝·卡姆（Frances Kamm）。该书发现这样一个共同假定并没有坚实的基础：即我们避免把收入和财富中的大部分用于拯救第三世界的穷人，这在道德上是可以接受的。该书受到彼得·辛格（Peter Singer）的《饥荒、富裕与道德》（*Famine*, *Affluence and Morality*）一书的启发，分析了具体个案研究中人们的道德直觉，以反对那种普遍的道德直觉，这种普遍的道德直觉使我们在面对穷国中发生的易于防止的死亡时，有一种心安理得的态度。昂格尔的论证引导读者得到这样一些戒律，它们禁止人们在面对一些遥远的苦难时采取消极的行为，这种引导作用比大多数哲学家所达到的程度高得多。昂格尔问道，如果我们认为怕弄脏自己的新车而拒绝腿部受伤者搭车前往医院的请求是错误的，那么，对非洲儿童死于疟疾不闻不问就是符合公认的道德规范吗？该书为一种要求苛刻的道德做了论证，这就像他的怀疑论一样，是把自己置身于伦理学的通常话语之外。这与大多数近期就该主题写作的人所支持的宽松得多的观点相矛盾。然而，事实证明，这本书是受欢迎的，与昂格尔的其他著作比较，《高端生活与听任死亡》是为普通的读者撰写的，总共印刷了六次。

昂格尔最近正在准备写另一本书，他估计这本书至少还要三年时间才能完成。这本书显示了向主流形而上学观点的回归。正如他在接受采访时所说的那样，他现在正在考察关于宇宙的"科学物质论"（scientiphical）假说，探寻被人们理解为常识形而上学的思想所包含的意义。他的思想旅程并不完全是圆形轨迹，但却是从《为什么他人不存在》的时期向一个尊重哲学的社会的回归。尽管他以反对派著称，但在访谈中，他却是自谦的；他花费时间执著地探求几种不同的、矛盾的世界观，现在，他觉得自己有点警觉于对任一具体的概念图式所承担的完整的学术责任。他说："我认为，哲学对于人来说是太艰难了，至少对本人是如此。"但是，由于他追求的雄心还不如他对知识可能性的否定，所以他的名声还是以激进的怀疑论者为主。他早期为怀疑论辩护的作品为他自己在丹尼特（Dennett）的名声不佳的《哲学词典》（*Philosophical Lexicon*）中赢得了一个如下的条目：

昂格尔，极端认识论的发育不良，通常发展为一种腐朽的怀疑论。"没有人知道今天早饭吃的是什么这个动议，正是出自于昂格尔。"

彼得·昂格尔：
科学与哲学的可能性

采访者：亚历克斯·圭雷罗（Alex Guerrero）
采访时间：2001 年

哈佛哲学评论：五年前，你撰写了《高端生活与听任死亡》一书，这本书被彼得·辛格称为是"这个十年中出版的最重要的伦理学著作之一"。从那时起，你的写作主要是在形而上学方面。为什么会发生从伦理学到形而上学的转变？目前在形而上学领域你关注的是什么？

昂格尔：首先我要说的是，我始终认为形而上学是哲学最核心的部分。实在的本质，我的本质，我是怎样与实在的其他部分相联系的（假定唯我论是错误的），什么样的实在不是我？我与什么相像？我能否大体把握实在的其余部分是什么样？在我和实在的其余部分之间主要是一些什么样的关系，这里主要指像我这样的其他生命体所构成的部分，比如说你。要作一个贝克莱式的唯心主义者，谈何容易。存在之物的大部分与我们都不太相像，包括有思想的存在物和我们的纯思想。有些存在的东西，不论它是什么，都被称为物质，是纯物质，没有感觉、没有思想的物质。我正在做的部分工作就是争取了解这些问题究竟是什么，在多大程度上我们可以形成系统的理解。这就是我最近三四年的工作,也是我未来至少三四年的工作。我这本小书的写作已经完成了一半;至少我希望它是一本小书。我不想强加给我的朋友们这样一本书:他们可能只是匆匆地浏览了一遍,然后就因为没有好好阅读朋友的书而感到内疚。(笑)

哈佛哲学评论:这在某种程度上涉及到你称之为"科学物质论"(Scientiphicalism)的东西吗?

昂格尔:是的,你说得对。其中有很多东西以某种形式涉及到科学物质论。科学物质论当然是一种形而上学,它几乎占据着所有受过教育的西方人的头脑。科学物质论的起家与伽利略的思想发展有关:这个世界的大部分由物质构成,等等。你只是集中在其明显的物理性质上,而任何引起人的兴趣的事物,如颜色和气味等等,就像副现象论者,这些东西都集中在头脑中,而忽略了第二性的东西。我们似乎无论走到哪里,头脑中都带有这种思想。世界真正的运转就是在这个基本的、或者说是足够基本的、具有物理性的"无论它是什么"的事物中进行。夸克和轻子或者不论我们下面要说是什么东西,不论它们构成的东西是否有趣,比如构成的是你,或者至少是你的躯体,它们基本上都在做同样的事情。唯一的差别是,当这些东西就像我们看到的那样,处于一种有趣的物理性安排,它们要起的作用就是构成像你一样这些有趣的复合体。当它们处于另一种安排时,它们就是枯燥的,浮动在星际空间的空气中。它们可以构成半有趣的东西(something semi-interesting),如岩石。唯一的差别是在时空上的物理排布不同,这是否就是副现象论的结果?所有的支配力量都具有基本的物理性。我认为,在很大程度上,任何人的头脑中都有这种概念。至少在最近的几个世纪中,受过教育的西方人都是如此。它一直是主流哲学中盛行的形而上学,类似于"分析"哲学的那种东西,从那时起,从事形而上学的研究就再次成为值得尊敬的事情。

哈佛哲学评论： 你指的是什么时候？

昂格尔： 大约在1960年和1965年间，当时维特根斯坦的影响近乎终结，他开始成为一个历史人物，一种历史兴趣。在最近的20年里，他确实处于这种情况：仅仅是一个历史人物。那些著名的、极受尊敬的哲学家，他们对现在被认为是维特根斯坦的东西感兴趣，其中大多数人的兴趣是在克里普克（Kripke）写的一本关于维特根斯坦和遵循规则的书中表达的思想。如果那真的是克里普克，而他又没有正确地理解维特根斯坦（谁知道什么叫做正确地理解维特根斯坦），那么，对维特根斯坦的研究所做的工作确实非常少。

哈佛哲学评论： 除了做过很多解释性的工作。

昂格尔： 是的，就像尼采、康德、休谟和笛卡尔等人那样，他也成为历史人物。大多数哲学家都不把他的问题当作有待我们研究的问题。我的意思是，他的主要观点之一是，不要继续研究形而上学了。这全都被认为是一种幻想。或者，真的是某种系统性的哲学研究。但在几十年前，它确实消退了。自从那时之后，就有大量的工作投入到形而上学中，或者说投入到依赖形而上学的哲学中，如心灵哲学，甚至是元伦理学。这种形而上学基本上是用科学物质论的方式（Scientiphical，我在它的拼写中使用了"phi"确实是因为哲学原因）解释了科学、主要是物理学（大概它是最基础的科学）被认为应该提供的什么东西。在我们头脑中总是存在着这些内容。现在，大多数在理论哲学界有影响的人把它视为理所当然，很少费心对它表示支持，但它就在那里。一般认为，凡是真实的而又不以物理的方式"伴随于"物理性的东西，不论它的意义何在，人们都不能真正了解它的意义。每个人的解释都略有不同，因此那些留意他人解释的人发现了错误之处，但也发现另有正确的东西。不论它是什么，它都与旧式的副现象论没有很大的不同。要考察那些被认为是应该避免旧式副现象论错误的东西，这是一个比较好的方法。

因此，这是流行的观点。一旦你开始努力思考这个观点时，它就有很多问题。首先，要理解什么是"物理的"东西就有困难。大多数人认为，"哦，这好办，我们需要弄清楚的正是'伴随性'事物"。天知道，我没有任何**关于**伴随性事物是什么的线索。但是，更基本的问题是：人们最好把什么是"物理的"东西这个问题搞清楚：即什么是更为基本的实在，而其他一切事物、一切"具体的"事物都被认为是要伴随它的。我们必须对它的本质搞得更清楚，用形象的说法就是它的"固有本质"。然而，如今在形而上学领域内，很少有人完全以它为业。我认为这是一个非常糟糕的局面。我在这里给出我认为糟糕的部分原因，这应该使你对我的想法有所感觉。一旦我们把"性质"（诸如可感知的颜色一类的事物）从物理世界里移除，我们就不能真正搞清楚什么是物理的东西。那是伽利略做过的事情，从那以后，还有笛卡尔和洛克等人。我们实际上无法得到这样一种看法，可以恰当地区分两种形态的物质世界：一种是牛顿的粒子世界，即微观的物质世界，其中粒子在空间内相互碰撞、相互吸引和排斥；还有一种是"瑞士干酪"式的充满物质的空间，其中有微型球状真空泡，即一种完全真空的泡状空间。在这个世界里，真空泡的轨迹被说成是在时间上完全对应于牛顿世界中的粒子的轨迹。而真空泡的轨迹被认为是取决于充满物质的空间的一种波动的倾向，其结果是泡状真空上下左右的随机运动。那么，我们是否真正感知到这两个不同的世界呢？还是我们仅仅拥有了两套词汇，一套是物质充满式的词汇，一套是粒子式的词汇？其中真正的差别是什么？二者似乎都太抽象、太缺乏实际内容了，以至于在我们头脑里根本没有留下任何确定的内容。在某种意义上，甚至在一些最简单的拥有物理世界的个案中，我们真的不知道我们在讨论什么。解决问题的方法是，推翻伽利略、笛卡尔和洛克强加给我们的东西，而回到这样一个图景中，即把"性质"返还给被认为是物理的东西，暂且这么办吧。这是要做的第一件事。

哈佛哲学评论：你有一篇文章，题目是《自由意志与科学物质论》（*Free Will and Scientiphicalism*），文章涉及的是在采纳科学物质论的世界观时所产生的问题。在理性解释（reasons explanations）是否能够和/或应该还原为因果性解释这个问题的一般性辩论中，你认为你的工作是否适合？你是否认为你的工作直接涉及这个问题？

昂格尔：我认为，如果我们在这个问题上有选择，我们最好在自己智力的范围内，在各种可能性中做出选择，就像我们要弄清人的生命的意义，不仅是要弄清伦理问题，也要弄清其他问题。这看起来仿佛它不可能被理解为任何一种物理的力量，无论如何解释"物理的"。一定存在着超出被大多数哲学家认定为因果性的东西，因果性被他们认为是事件因果性。他们认为，这种"事件因果性"更符合那些基本上是物理之物的一切事物，或者更符合伴随于这种物理之物的其他东西，等等。实际上，事件因果性是否与物理的进程有关系是不确定的。许多人都注意到了这一点，至少回到了贝特兰·罗素（Bertrand Russell），他曾写了大量的东西支持这样的观点：在诸如物理学这样的事物不断推进的过程中，因果性概念实际上并没有任何地位。我们通常认为，我们通过观察科学来理解原因和结果。在科学中，人们通常认为从原因到结果有一种指向性；被认为有一种不对称性，原因被看作是先于事件，并且产生了事件。但这与科学有什么关系呢？在科学中，你有了牛顿式的粒子，它们通过时间的演进相互吸引。或者说，一个电子和一个质子在时间维度上相互排斥。那么在这其中发生了什么呢？我们说这个电子趋向于这个质子的"原因"是质子的"吸引"或其他什么？这实际上并没有什么意义。我们可以用这种方式说话,但我们感到这确实是言之无物的。这是其他事物映射于那些与原因或结果根本无关的东西。我认为,罗素是正确的。但情况还不止于此,我觉得,我们理解得最好的原因的根源概念,接近于贝克莱的概念。现在大家都认为贝克莱是一个伟大人物,但没有人认真对待他说过的东西,阅读他只是出于对历史的兴趣,这与休谟不同,据说是休谟制定了这项任务。但实际上贝克莱也应该被认为部分地制定了这项任务。情况是这样的:我们理解得最好的真正的因果性概念是一种有意向的行动者概念,这个行动者所做的事情就是实施自己的意志和智慧。这就是我们所真正理解的内容。我给这个概念举的一个实例是,我想象一个红色光碟或一个蓝色光碟,或无论什么东西。你所拥有的是你能够真正理解的东西,就像某人带来一种变化,也许在这个实例中,这只是一个他自己思想中的变化。还有一件东西,就是物理的东西,正是这些惰性的"无论何物"在世界上横冲直撞。这大概就应该是某个事件。那么,这个事件是否就会**产生**其他事件?这确实没有多大意义。我们开始处理那些把原因称为小的"半个行动者"(semi-agents)之类的东西。现在,值得怀疑的是,因果性的根源概念,即行动者的因果性概念,在多大程度上被真正展示在实在的世界里。也许真正的世界是感伤之地,其中的一切都是幻象,只有某种物理的流动存在。我们希望情况不是这样,这种希望似乎是合理的想法。我们真正相信的是,我们能起作用:我们相信我们确实造成了变化,我们使某些变化存在。我使用的词"造成"在大多数情况下所起的作用与"引起"是一样的。引起某事发生,造成某事发生。

哈佛哲学评论:通常,"造成"与有目的的行动联系在一起。以这种方式谈论粒子,通常看起来是不恰当的,至少是具有隐喻性的。

昂格尔:确实是有目的的行动。某人做饭,做一碗饭,也就是引起那碗饭的存在发生。尽管我不是信徒,但还是要引述上帝造世、上帝造人这两句话。我觉得,对"引起"的根源性理解与这样一个概念有关系,即一个行动者使得某事发生。着眼于这个难题,另一种方法似乎开始让难题退却。

哈佛哲学评论:这很有意思,因为人们一般都把因果性解释当作理解得较好的实例,而理性解释则比较复杂。

昂格尔:我认为,我们一般对理性解释理解得比较好。只是在我们理解理性怎样适合于我们对世界的根本看法方面是非常困难的,而这就是科学物质论的工作,是物理的进程。理性解释应该怎样在自身的范围内适合于这种情况?这是一个难以回答的问题。

哈佛哲学评论:我们已经讨论了一些明显的难题是伴随科学物质论、或者说一种基本的科学理解。我有一个问题是,你怎样理解"科学的成功"?怎样理解用科学方法行事,似乎可以把许多事情办好?你怎样理解它成为支配的形而上学?似乎科学还相当有发展,因为它允许我们控制我们的环境,允许我们做我们以前认为不可能做的事情。

昂格尔:我觉得它与两件事情有关。我的确认为,在科学家们正在谈论的一种实在中,有大部分内容都超越了他们和我们以及我们的思想。科学物质论的形而上学有正确**之处**;我在面对许多物理的事物时,被称为"实在论者"的那种人。但很难知道我在其他哪些方面是实在论者。让我来说一说事情的另一方面,尽管在很大程度上这已经不时兴了,如果我们问具有哲学倾向的物理学家,他们对自己的所作所为持什么观念,其中相当一部分人**不会是**实在论者。即使是爱因斯坦也认为,科学中有相当多的事情是建立公式,这些公式是一些工具,它们对于预言经验和控制世界的用处之大令人难以置信。这在相当大的程度上是贝特兰·罗素的立场。爱因斯坦阅读过罗素,我认为,他支持罗素的思想。现在，我不同意罗素。我不是现象主义者，而那时的罗素则是，但我不完全肯定的是，当我面对物理世界我是实在论者时我是什么，我怎么会被认为有别于这些现象主义者？

哈佛哲学评论：当你说你不同意现象主义者时，你和现象主义者的分歧是什么呢？

昂格尔：我不认为，物理世界全部是由我们的经验或感觉材料或知觉建构起来的。同时，我也不认为，物理学家所说的物理实在是由可感知对象"建构"起来的，也就是说仅仅出自这些事物，如桌子和椅子、电子显微镜以及这些显微镜下的图像，即我们能够直接感知的东西，或者足够直接感知的东西。因此我也不同意工具主义者，工具主义者是现象主义者的亲戚，但不像它那么极端，那么具有心灵主义的性质。这里有一件有趣的事情与我所相信的事情非常的不同：在普林斯顿，有一位非常著名的哲学家巴斯·范·弗拉森（Bas van Fraassen），他相信上帝，却**不**相信电子。是的，我相信电子，却不真正相信上帝。但我仍然不完全肯定，当我相信电子时，我相信的是什么？我正在争取得到一个更好的概念。这就是我现在正在做的事情。

哈佛哲学评论：再谈一个一般性的问题。你说过，对哲学来说，形而上学比伦理学处于更核心位置。我猜测有一个问题似乎是明显的：为什么要研究哲学？仅仅是因为兴趣吗？如果仅仅是因为兴趣，那么，为什么在我们处理对这个世界显然更紧迫的问题之前要去研究哲学呢？比如你在《高端生活与听任死亡》一书中提出的问题。

昂格尔：在还没有把整个事情弄得过于棘手之前，我认为，更重要的事情（假定某些事情比其他事情更重要），是做人们急迫需要我们能做的事情，而不是去追求艺术或形而上学。因此，在刚刚过去的三四年间以及在今后的三四年间，我将要做的事情远没有我应该做的事情重要，远没有帮助有迫切需要的人重要，而在这方面,我们每个人都能做许多事情。从这个意义上说,我不觉得很奇怪。人们并没有那么好。当我们面临的情况明显地促使我们面对真正应该做的事情之时,面对世界的真实情况之时,我们往往就要对真正重要的事情有所回应。假如我落入可阻止的那种恐怖的非洲惨剧中,而且我也没有能力离开,尽管我可以做出选择,或者一天花费几个小时做形而上学,或者一天花费几个小时做一些涉及它的事情,在这种情况下,我或许会花费几个小时做与此相关的事情。但如同我在自己的书中说的那样,这种事情非常苍白无力,并且离开了我的领域。平时,我很少留意这种事情,但我很容易被其他事情所占据。

哈佛哲学评论:这也是我们中的大多数人在大多数时间里的情况。

昂格尔:的确。其中有一件要记住的重要事情,这就是,如果你所居住的国家中的大多数人都在你周围致力于这种事情,那这样做就容易得多。但如果你周围的人们都致力于建立好的居家和饮食之类的事情,那么做这件事情就更难。大体上说,人们做的事情大致相同,过的生活大致相同,其他的人们在他们的社会里也是一样。我的生活也与大多数的大学教授一样,与大多数居住在风景优美的乡间社区的专业人士一样。

哈佛哲学评论:利亚姆·墨菲(Liam Murphy)刚刚撰写了一本书,叫《非理想理论中的道德要求》(*Moral Demands in Non-Ideal Theory*),在书中,他涉及了一些这样的关注。我想知道,你对他的研究有什么想法,就是说,你是否认为他的立场可以引导人们走出困境。

昂格尔:首先我必须立即承认,我没有仔细完整地阅读过这本书。我计划在即将到来的春季就此书开一门课,但我尚未仔细检查这个已经完成的作品。也就是说,我肯定能看到其中有许多好的东西,即使是刚刚看到的初稿也是如此。但我仍然不能相信他的立场是正确的。我认为，我的立场更接近于真理。他的立场感觉更好一些，因为它要求不高，因此，从某种意义上说，我想让他的立场正确。看，这里有一个利亚姆的观点，无论如何总是一个重要的推进：我们每一个人都应该做工作中的自己的"合理份额"，以减轻贫困者的痛苦和损失，如那些营养不良的第三世界的患病儿童。我们每个人应该做的工作量仅仅是**需要**我们做的工作量，因为其他每个生活良好的人已经做了别人需要**他们**做的事情。因此，如果你们**没有**通过联合国儿童基金会（UNICEF）和牛津饥荒救济委员会（OXFAM）等组织提出别人需要你们给出的相当大的数量（很大的数量），并不意味着我就必须给他们我所得到的几乎全部。我认为，这肯定意味着我已经"全力以赴"。他"想"从我们每个人这里得到的是那些更容易得到的。我认为或曾经认为是正确的立场，现在使我感到迷惑的是，到了我们能说你真的**能**做一些事情给予帮助的程度，但你没有尽力解除正在发生的苦难，那才是真正的错误。但是，有可能出现这样的情况：在一个比我曾允许的大得多的范围内，只是隐含地说，生活富裕的人们去做许多事情在心理上是不情愿的。情况可能是，就他们所处的实际情况而言，就他们所具有的实际的精神状态而言，他们确实不能比他们正在做的事情有更多的作为了。也许他们中的大多数所做的事情不能多于利亚姆体系的要求。

哈佛哲学评论：我觉得这是一个经验的问题。

昂格尔：是的，是个经验的问题，我真的不知道答案是什么。它在很大程度上是个经验问题，但从确定人们能与不能的确切含义方面看，也部分地具有哲学性。但这个问题经验性居多。其答案是什么，我真的不知道。

哈佛哲学评论：现在让我们回到你目前正在做的工作，你最近有一篇文章有一个略有不同的话题，文章的题目是《感知力的存活》（*The Survival of the Sentient*），在文章里，你写道："为了更好地理解我们自己，我们必须继续把我们自己在本质上看作有思想、有感情的个体。"你能否谈一谈这段引文后面的一些思想，以及在一般情况下，它与我们先前讨论的科学物质论有怎样的联系？

昂格尔：在这篇文章中的主要对立面是生物学方法，这可以追溯到亚里士多德。我只是关注当代的一些人，他们认为，我们在更基本或者说更本质的意义上是生物体，而不是心理学意义上有思想、有感情的存在物。但我和其他许多人认为，心理学意义上的性质才是本质的，而生物的则是第二位的。假如你能够把我的一些生物部分置换掉，尤其是我头脑中的支配思想的部分，取而代之一些由无机物构成的内部装置，置换过程是一点一点的，逐渐的。每周或者是每天都把我头脑中的百分之一置换成无机的奇妙物质，这些物质会继续与我头脑的其他部分产生互动，从而在总体上，这些微小部分对我的那种常规性的思维活动有支配作用，也对我的快乐和痛苦的感觉有支配作用。这个过程会持续100天左右。你最终拥有了一个带有生物躯壳的、有思想的生命体。这种无机物质现在行使着我从前的脑所行使的功能，把它从生物躯壳中拿出，然后让它与一个合适的缸连接。然后让蒸汽压路机之类的东西从躯体上面碾过。我随后也就会以非生命的个体存在了。我就是一个与以前的自我完全相同的实体，这个实体曾经始终具有**我**的那种思考能力和**我**的那种经验能力。如果我的生命还有什么值得做的事情，我就会届时展示我的各种能力，因此我有时会思想，有时会经验。

哈佛哲学评论：这似乎就像是功能主义的解释，对吧？

昂格尔：哦，不是，我的意思是，这不是说**为什么**是这样，我只是在说，假定你**能正确地**进行这种操作。但至少从这些概念来看，似乎它仍然是我。这就是一些好的疗法，去战胜某些退行性疾病，或者其他任何疾病。

哈佛哲学评论：我猜测这就是我说的功能主义解释，因为经历了时间保留了下来的东西，即相对于先前，你现在所是的东西确实是这个系统，或者类似的东西。

昂格尔：不管它是什么，它拥有**你的**思考和经验能力。我不肯定世界就是以这种方式运转的，但如果这类事物保持着意识和经验，它就确实显示了与思考有同类倾向。它就是你。你能否用非生物物质取代生物物质，这在某种程度上是一个经验问题。但这些概念发展到目前为止，其意义似乎是：心理能力是重要的能力，而不是生物能力。

哈佛哲学评论：这个事例产生了一个一般性问题，该问题涉及哲学，尤其涉及一些事例在哲学中的使用，这些事例包括死亡电车（deadly trolley cars）和缸中之脑（brain in vats）之类。在你的著作《高端生活与听任死亡》以及你最近的一些著述中，对这些事例的依赖程度很高。我觉得，我有兴趣听你谈一谈使用这些事例的通常做法：这些事例能够提供什么样的信息？它们应该怎样进入哲学论证等等？我们从这种事例中学到了什么？

昂格尔：我认为，关于这些事例的使用，很少有普遍适用的规则。人们应该就每一个事例本身的优点进行评价。这里有一个规则：当你拥有一些富有创造性和想象力、并且能够引起哲学方面的兴趣的个案时，往往还有的个案比你认为应该展示的更好。如果你觉得有一些个案非常乏味非常浅显，你可以信任你对这些个案的反应。乏味的个案你可以信任。一个商人杀害了他的竞争对手，因为他想不惜一切代价取得成功。他是否做错了事情？这是理所当然的。这是一个乏味的例证。同样的情况在哲学的其他分支学科里也存在。这里有一个个案是：有一个球置于桌子上。这个个案是否也说明了球下有桌子，或者桌子支撑着球？是的，似乎如此。乏味。没有内容。当有些实例更为有趣、或者当它们另有作为时，人们也很难知道它们能在哪些方面引起哲学的兴趣。

哈佛哲学评论：那么即使知道，你又如何推进呢？你最近撰写了两篇文章，其中有许多涉及到必须被称为是"富于创造性"的事例，如这样一个事例：你的宠物被逐渐地变成了无机物，我们被要求思考我们对这个宠物的态度。你是怎样处理这个问题的？

昂格尔：你不能对它们太信任。这真的就是我能做到的最好情况。这些个案似乎是具有说明性的事例，而不是在歪曲。但是你不能那样肯定。因此，你也不能对你的论证那样肯定，因为你的论证是建立在这些事例之上的。你不应该具有那样的信心，我也是。（笑）

哈佛哲学评论：这里有另一个话题，这个话题产生于我们先前的讨论，讨论的内容是对维特根斯坦的研究中所做的工作。这个话题是，有人从历史维度研究哲学，有人则脱离具体问题所在的历史语境研究哲学，联系这两种情况，你有什么想法？与此相关的一个问题是，哲学系应该怎样给学生提供准备知识？

昂格尔：我认为，你可以从那些普遍公认的经典哲学家那里学到大量的东西，而且也应该经常不断地回到他们那里。比起古代和中世纪哲学家，我从近代哲学家那里得到的东西更多，而且也觉得他们更容易接近，如笛卡尔这样的人，对于我来说如此，我觉得对于大多数人来说也是如此。他们的总体情况与我们的如此不同，以至于我们至少是有时难于知晓他们的寓意。我有一个同事很出色，他叫基特·法恩（Kit Fine），他好像发现了亚里士多德在形而上学上许多有趣和重要的内容。从个人角度讲，我从更为晚近的作者那里得到了更多的东西，甚至从洛克那里，他是一个糟糕的作家。我认为，你应该回归的是这样一些人，他们真的解决了大难题。如今糟糕的情况是，在专业人士中发生了分裂，一些人具有历史的学识，他们的学术性**非常**强，乃至于进入到了对文本解释的细微差别，而另一些人则按照自己的标准研究哲学。你不可能使这两种人充分地吻合在一起。在较老一代人中，有人研究经典人物，也许他们不是最伟大的，在文本方面也不是最纯粹的，但他们是有趣的，具有启发性。我的一位老师彼得·斯特劳森（Peter Strawson）擅长于此。但这种分裂在极大程度上一直存在着。有些学者把全部精力都投入到这种非常封闭的文本工作中，而另一些学者却没有从那些经典人物中学到足够的东西。这似乎是一种坏的趋势。当老一代的学者离世之后，那些学究气十足的学者们只顾在自己人之间对话，而另一些人则总是从头再来。

哈佛哲学评论：这似乎是一种耻辱，重复别人已做过的工作。

昂格尔：是的，如果你做的是真正的**严肃**哲学，你就真的需要回归那些历史人物。如果你想从知道事情原委的人们那里获得知识，你可以站在他们的肩膀上，以便看到更多的东西。我在自己的工作中正在争取做到这一点，因为这些历史人物是远比我所希望的伟大得多的思想家。因此我力争回到历史中去，去面对它，向那些早已离世的人们学习什么是真正的核心问题。我所做的是这方面的部分工作，如我的文章《物质之神秘》（*The Mystery of the Physical*）。

还有一个令人伤感的趋势：被主流哲学家群体视为严肃内容的相同性。每个人似乎都是科学物质论者。这里有什么含义呢？含义之一是，从任何唯心主义的观点看来，你几乎是一无所有的，从任何严肃二元论的观点看来，你也是一无所有的，其中一点差别也没有。在很大程度上它们是完全相同的；只有细微的差别。人们都在接受同一种基本的世界观，其中物质的东西几乎就是存在的全部，也许就是全部，至少是严肃内容的全部。那么这种情况是什么呢？它的本质不是精神，有时它聚集在一起构成精神的东西,但不论它是什么,它还是它。观点没有真正的多样性。这是很遗憾的。这里有一件有趣的事情:我已经被邀请出席一个关于人类形而上学的学术会议,就在今年夏季。出席者中大多数资深人士是有神论者。在这些资深的人士中,我可能是唯一的无神论者,甚至可能是唯一的非有神论者(non-theist)。这个群体成了唯一具有真正的观点多样性的群体。他们确实把其他人的另类观点作为自己的形而上学观。耶鲁大学的鲍勃·亚当斯(Bob Adams)要出席该会,我听说他就像贝克莱一样是一个唯心主义者。遗憾的是,他没有在这个领域发表过作品,至少到目前为止还没有。还有几位英国有神论者,他们发表过一些作品,论述了以不同的方式看世界的问题。其中有些人在牛津大学,如约翰·福斯特(John Foster),他是贝克莱式的唯心主义者,还有理查德·斯温伯恩(Richard Swineburn),他是一个十足的二元论者,就像笛卡尔一样。但是确实只有有神论者才能说出这些观点。尽管他们在牛津大学,他们在很大程度上就像是置身于校外。他们几乎没有影响。事实上,并不是他们的有神论使他们处于这种不利的情况。不是。起作用的是这样一个事实:他们竭力推崇的观点根本地和全面地相左于处于主导地位的科学物质论,有了这种理论,在最近的约 50 年里总是维持着老旧的局面。这是非常**令人遗憾**的。

总之,应该有大量的非有神论者提出各种深刻观点。占据主导地位的科学物质论者应该严肃地、非常严肃地对待这些具有深刻可选择性的非有神论者。只有这样,当今的哲学才会更有趣。

哈佛哲学评论:为什么你认为这些观点如此地不受欢迎?你是否认为这只是因为人们认为这些观点,包括唯心论和二元论等已经或正在被击败?是否只是因为人们觉得它们是谬误的?

昂格尔:我只是认为这是个时代的问题。不同的事物在不同的时代受欢迎;不同的事物开始受欢迎了;我们墨守成规已经有半个世纪或更长的时间了，布拉德雷（Bradley）和黑格尔的绝对唯心主义认为整个世界是非物质的，是一个单独的非物质实体，自从摩尔（Moore）和罗素（Russell）对这种绝对唯心主义提出反对之后，就发展出一种"常识"性的东西，它仍然存在于目前的思潮中，并一直具有影响力。在最近的50年时间里，在主流的理论哲学界，这样一个设定还在流行，并且仍然具有影响力：常识必定在99%的时间里是正确的。我们可以做几个小的调整，但我们必须建立我们的哲学，使常识的命题成为公理的想法化为泡影。

哈佛哲学评论： 这有点像事例使用的问题，即我们提倡的是我们对个案的"直觉"反应。

昂格尔： 没错。自从摩尔以来，人人都必须非常注意常识，要不然就被大家认为是一个怪人。这是一个令人遗憾的事情。第二点是，我们认为科学确实告诉我们世界是什么样。科学给出的是实物；而关于事物是什么这个问题，我们谈的是第二性。但我们首要的事情是与常识取得一致。这对哲学来说是相对新的事物。

哈佛哲学评论： 哲学的作用肯定是非常有限的。

昂格尔： 我们不能让哲学赢得太多，因为常识必定要赢。关于世界是什么样，你不可能有很多解释，因为你不是科学家。你被迫退到一个角落。你可以做伦理学，因为没有伦理学的科学。但很难知道你真正在做的事情，因为其中**也许**没有事实存在。**总之**，如果你努力做形而上学，你真的不能指望做很多事情。你确实被迫退到一个角落。

当代美国哲学家访谈录
选自《哈佛哲学评论》
Philosophers in Conversation
Interviews from
The Harvard Review of Philosophy

承蒙托马斯·斯坎伦为本书撰写前言
WITH A FOREWORD BY
Thomas Scanlon

编者：S. 菲尼亚斯·厄珀姆
EDITED BY
S. Phineas Upham

承蒙《哈佛哲学评论》的奠基人乔舒亚·哈兰提供咨询
IN CONSULTATION WITH HRP FOUNDER
Joshua Harlan